U0142672

圖解
系列

圖解

五南圖書出版公司 印行

港埠經營管理

張雅富／編著

閱讀文字

理解內容

觀看圖表

圖解讓

港埠經營管理

更簡單

自序

一般港埠（港口）管理指的是國際（國內）商港的經營管理，而港埠設施的建設屬港灣工程與機電工程的大範疇，本書的內容是以商港的經營管理為架構，介紹業務管理、港務管理及行政管理，還有輔以港航最新的管理方向及發展介紹。

港埠管理過去偏重於公權力的港政管理及港灣棧埠的營利業務，自英國 1981 年開始採取將國營事業民營化，各國也開始將港口的港航公權力執行及營運業務採取「政企分離」，我國也自民國 101 年 3 月 1 日進行航港管理體制改革，臺灣國際商港也改設置商港經營事業機構來經營管理，商港經營也面臨國外航運營運型態及船舶技術發展的巨大變化，相關講授教材內容也需有所更新。

本書撰寫的方式仍以「**簡單易學、實用入門**」為主旨，多數內容以自繪圖表再輔以說明，對有心瞭解商港運作或參加港埠管理工作的讀者，希望本書是能給予方便的入門學習踏腳石，輕鬆閱讀之餘能對工作及知識有所幫助，也可以當運輸、物流及國貿課程的輔助教材。雖然多次曾編修講義及多年在大學校園授課，但內容仍或許有些缺漏，尚請讀者及各界先進能給予指正及建議。本書能夠順利撰寫發行要感謝參考各界先進的資料、臺灣港務股份有限公司給予良好的工作環境，以及五南圖書出版公司對航港專業出版品的一貫支持。

張雅富

2021 年冬於高雄港

CONTENTS 目錄

自序

第一章　港埠緒論

Unit 1-1　港埠定義　2
Unit 1-2　港埠分類　4
Unit 1-3　港埠功能　6
Unit 1-4　港埠經濟　10
Unit 1-5　我國商港　12

第二章　港埠設施

Unit 2-1　港埠設施定義　18
Unit 2-2　港埠設施介紹　22
Unit 2-3　港埠設施投資　26
Unit 2-4　港埠設施管理　30

第三章　港埠政策與法規

Unit 3-1　港埠政策　34
Unit 3-2　港埠法規　38
Unit 3-3　歐盟港埠政策　42
Unit 3-4　主要國際法規　44

第四章　港埠規劃

Unit 4-1　港埠發展規劃　50
Unit 4-2　港埠調查與分析　54
Unit 4-3　港口水域與碼頭　58
Unit 4-4　環境評估與景觀　62

第五章　港務管理

Unit 5-1　港政與管理　66
Unit 5-2　作業管理　70
Unit 5-3　安全管理　74
Unit 5-4　危險物品管理　80

第六章　業務管理

Unit 6-1　商港營運發展企劃　86
Unit 6-2　商港設施經營管理　90
Unit 6-3　港埠業務費及費率　94
Unit 6-4　自由貿易港區業務　98

第七章　棧埠管理

Unit 7-1　作業介紹　104
Unit 7-2　裝卸作業　108
Unit 7-3　倉儲作業　112
Unit 7-4　貨櫃作業　116
Unit 7-5　客運作業　120

第八章　港埠物流

Unit 8-1　物流概述　124
Unit 8-2　國際物流　128
Unit 8-3　航運物流　132
Unit 8-4　貨櫃物流　136

第九章　港埠行銷

Unit 9-1　行銷概念　142
Unit 9-2　港埠社群　146
Unit 9-3　媒體行銷　150
Unit 9-4　客戶服務　154

第十章　港埠投資

Unit 10-1　投資觀念　158
Unit 10-2　多角化策略　162
Unit 10-3　可行性分析　166
Unit 10-4　風險管理　170

第十一章　港埠資訊應用

Unit 11-1　資訊應用概念　174
Unit 11-2　港埠資訊系統　178
Unit 11-3　資訊應用技術　182
Unit 11-4　大數據的應用　186

第十二章　環保與職安衛

Unit 12-1　環保規定　192
Unit 12-2　港區環保管理　196
Unit 12-3　職安衛規定　200
Unit 12-4　港區職安衛管理　204

第十三章　港埠作業技術

Unit 13-1　貨物作業　208
Unit 13-2　什雜散貨作業　212
Unit 13-3　液體貨作業　216
Unit 13-4　貨櫃作業　220

第十四章　港埠營運績效

Unit 14-1　績效評估　226
Unit 14-2　作業績效　230
Unit 14-3　財務績效　234
Unit 14-4　財務報表　238

第十五章　綠色港口

Unit 15-1　綠色港口發展　244
Unit 15-2　港埠環境影響　248
Unit 15-3　港口環境監測　252
Unit 15-4　綠色港口指標　256

第十六章　智慧科技

Unit 16-1　產業演變　260
Unit 16-2　智慧船舶　264
Unit 16-3　智慧碼頭　268
Unit 16-4　智慧物流　272

第十七章　新南向相關航港組織

Unit 17-1　東南亞區域　276
Unit 17-2　東協區域內次級國際組織　286
Unit 17-3　南亞區域　290
Unit 17-4　南太平洋區域　296

附錄

附錄1　港埠統計名詞定義　302
附錄2　水運統計名詞定義　311
附錄3.1　臺灣港務股份有限公司從業人員甄試命題大綱_港埠經營管理（師級）
317
附錄3.2　臺灣港務股份有限公司從業人員甄試命題大綱_港埠經營管理（員級）
318
附錄4.1　考選部公務人員高等考試命題大綱_港埠經營管理（航運行政）　319
附錄4.2　考選部公務人員普通考試命題大綱_港埠經營管理概要（航運行政）　320
附錄5.1.1　臺灣港務股份有限公司從業人員甄試試題_港埠經營管理（師級）
321
附錄5.1.2　臺灣港務股份有限公司從業人員甄試試題_港埠經營管理（師級）
322
附錄5.1.3　臺灣港務股份有限公司從業人員甄試試題_港埠經營管理（師級）
323
附錄5.1.4　臺灣港務股份有限公司從業人員甄試試題_港埠經營管理（師級）
324
附錄5.1.5　臺灣港務股份有限公司從業人員甄試試題_港埠經營管理（師級）　325
附錄5.2.1　臺灣港務股份有限公司從業人員甄試試題_港埠經營管理概要（員級）
326
附錄5.2.2　臺灣港務股份有限公司從業人員甄試試題_港埠經營管理概要（員級）
327
附錄5.2.3　臺灣港務股份有限公司從業人員甄試試題_港埠經營管理概要（員級）
328
附錄5.2.4　臺灣港務股份有限公司從業人員甄試試題_港埠經營管理概要（員級）
329

附錄6.1.1　109年公務人員高等考試三級考試試題　330

附錄6.1.2　108年公務人員高等考試三級考試試題　331

附錄6.1.3　107年公務人員高等考試三級考試試題　332

附錄6.1.4　106年公務人員高等考試三級考試試題　333

附錄6.1.5　105年公務人員高等考試三級考試試題　334

附錄6.1.6　104年公務人員高等考試三級考試試題　335

附錄6.1.7　103年公務人員高等考試三級考試試題　336

附錄6.2.1　109年公務人員普通考試試題　337

附錄6.2.2　108年公務人員普通考試試題　338

附錄6.2.3　107年公務人員普通考試試題　339

附錄6.2.4　106年公務人員普通考試試題　340

附錄6.2.5　105年公務人員普通考試試題　341

附錄6.2.6　104年公務人員普通考試試題　342

附錄6.2.7　103年公務人員普通考試試題　343

第一章
港埠緒論

Unit 1-1　港埠定義
Unit 1-2　港埠分類
Unit 1-3　港埠功能
Unit 1-4　港埠經濟
Unit 1-5　我國商港

Unit 1-1 港埠定義

港埠以往是水陸客貨運輸的轉換點，現代更是航運物流網路及全球供應鏈關係中的一個重要運輸及倉儲的節點（Node）。關於港埠概念似乎並沒有一致性的定義，有些相關名詞一般較易會混合使用，因此先個別依辭典及政府統計名詞作分類說明：

一、教育部重編國語辭典重修本【註1】

【港】河流或海灣深曲處，可以停泊船隻的口岸。如：「海港」、「商港」、「軍港」。

【埠】碼頭，停泊船隻的地方，如：「港埠」。通商的口岸，如：「商埠」、「開埠」。

【港埠】港口、碼頭。如：「基隆是臺灣北部的重要港埠。」

【港口】在河、海岸邊設置碼頭，便於船隻停泊、乘客上下和貨物裝卸的地方。如：「這個港口的設備十分現代化。」

【港灣】港口的通稱。由自然條件或人工設施形成，便於船隻停泊，大多有防風、防浪的設備。

【口岸】港口。如：「高雄港是臺灣重要的國際通商口岸。」

【商港】供商船進出貿易的港口。

二、交通部交通統計名詞定義【註2】

【港埠（Port）】除具有良好之港灣條件外，還必須備有碼頭、倉棧、修護設備及供水、供油，以供船舶裝卸貨物及旅客上下之需，是水路交通的樞紐。

【港灣（Harbor）】指具有天然或人工的屏障，並具有足夠之水域與水深，可供船舶安全碇泊者。

三、商港法用詞定義

【商港（Commercial Port）】指通商船舶出入之港。

【註1】 教育部重編國語辭典重修本 http://dict.revised.moe.edu.tw/cbdic/

【註2】 交通部交通統計名詞 https://www.motc.gov.tw/ch/home.jsp?id=61&parentpath=&mcustomize=statistics102.jsp

⚓ Port & Harbor 的差異

差異	港（Port）	灣（Harbor）
基本定義	「港」通常是供商業目的使用的處所。	「灣」是提供船舶泊靠的處所或能提供保護功能（如避風）的停靠處。
構造	「港」通常是由人工修建的海運設施。	「灣」可由天然或是人工增建而成。
設施	設備會設有裝卸、起重機、石油化學儲存設施、船員服務設施、與其他運輸工具連接。	僅提供船舶泊靠的有限設施，較少有供商業使用的作業設施。
可及性	「港」是透過航道、海運航線、運河、鐵路、公路，與其他運輸工具相連接。	「灣」相對的對外連接是有限（僅水路）。

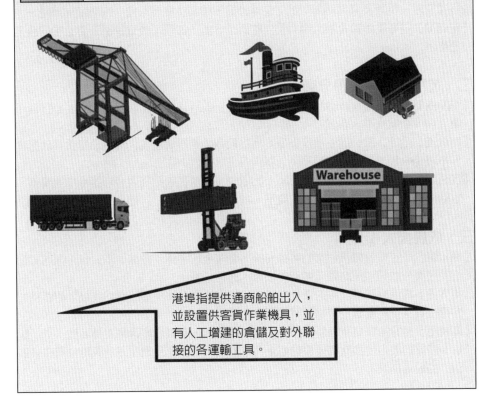

港埠指提供通商船舶出入，並設置供客貨作業機具，並有人工增建的倉儲及對外聯接的各運輸工具。

Unit 1-2 港埠分類

　　港埠的分類是指港口由於用途、所在地理位置、規模大小、地位及功用的不同而形成不同類別，並無一致性的規定。

一、按用途分類

【商港】依交通部的「商港法」，係指通商船舶出入之港，如花蓮港。

【軍港】供國防上軍事艦艇使用之要塞堡壘地帶，如左營軍港。

【漁港】依行政院農業委員會的「漁港法」，係指主要供漁船使用之港，如散布在各沿海縣市的各級漁港^{【註3】}。

【工業港】依經濟部的「工業專用港或工業專用碼頭規劃興建經營管理辦法」，係指由中央主管機關自行興建及經營管理，或經中央主管機關核准由公民營事業投資興建及經營管理，供該產業園區內使用之港埠設施，如雲林縣麥寮港、花蓮縣和平港。

【遊艇港】是專供遊艇及海上娛樂使用的碼頭專區，如墾丁後壁湖港及新北市龍洞南口遊艇港。

二、按所在地理位置分類

【海岸港】是建在海岸或海灣內的港口，主要是為近洋與遠洋航線船舶的客貨運輸作業服務，如東京港、香港。

【河口港】位於入海口或受潮汐影響的河口段內，兼為海船及內河船舶提供客貨運輸作業服務。如上海港，與海岸港通稱為海港。

【江河港】位於天然河流或人工運河上的港口，為內河船舶提供客貨運輸作業服務，包括湖泊及水庫上的港口，如重慶港、武漢港。

三、依規模大小分類

【樞紐港】在定期貨櫃航運業的航線安排，會在全球選擇少數重要港口作為運送貨物的集中與分散的作業地點，如新加坡港、鹿特丹港。

【集貨港】提供樞紐港貨源的區域性港口，有密集的航線與樞紐港相連接，如菲律賓各港口貨物會經高雄港併船再轉往世界各地。

【區域港】是分布在集貨港周圍的小型港口或碼頭，運用小型運輸工具如拖卡車、駁船，將貨物集中至集貨港後再轉運至其他港口，如長江及珠江三角洲沿岸港口（碼頭）的駁運作業。

---

^{【註3】} 依漁業法第4條規定：漁港分為第一類漁港及第二類漁港，分別由中央主管機關，及直轄市、縣（市）主管機關管理。

商港法的商港定義說明

商港之經營及管理組織如下：

國際商港：由主管機關設國營事業機構經營及管理；管理事項涉及公權力部分，由交通及建設部航港局辦理。

說明：國營事業機構是由交通部設國營臺灣港務股份有限公司，公權力部分（港務警察機關及港務消防機關協助處理違反港務法令事項時，兼受航港局之指揮及監督）；現行交通部將在行政院組織改革後將改名為交通及建設部。

國內商港：由航港局或行政院指定之機關經營及管理。

說明：臺灣澎湖馬公港及嘉義布袋港由航港局經營及管理（目前委託臺灣港務股份有限公司經營及管理），金門縣及連江縣國內商港由縣政府設港務處經營及管理（航政監理業務仍由航政機關辦理）。

國際商港：指准許中華民國船舶及非中華民國通商船舶出入之港。

說明：許可供國際通商船舶出入之商港，會設有CIQS等邊境檢查單位（海關檢查（Customs）、證照查驗（（Immigration）、人員檢疫及動植物檢疫（Quarantine）、安全檢查及海運保安（Security）），如高雄港、基隆港、臺中港等。

國內商港：指非中華民國船舶，除經主管機關特許或為避難得准其出入外，僅許中華民國船舶出入之港。

說明：國內商港僅限本國籍船舶出入，但如經主管機關（交通部）特許，例如國際郵輪經特許專案航行澎湖、金門等國內商港某航次。

Unit 1-3 港埠功能

　　最原始的港口是天然港口，有天然海灣及河口供船舶停靠，隨著商業及航運業的需要，今日港口增加防波堤、人工碼頭、裝卸機具等設備。港埠依水岸而建並隨人口及經濟發展而逐漸改變其服務功能，早期港口的功能是海運貨物的轉運、臨時儲存及貨物的收發等，港口是海陸運輸的樞紐。隨著工業大量生產及原料運送需要，港口周邊又增加能使貨物加值的工業生產園區，港口成為裝卸、生產及提供商業服務的功能。

　　由於都會區的人口、經濟成長的發展與港區範圍逐漸相接，港口更增加運輸、貿易、資訊、配送、轉運（轉口）的功能，使港口成為內外貿易的物流中心，也是跨國企業的全球供應鏈不可或缺的運輸節點。現代物流強調貨物在流通環節中作多功能的整合，即從運輸、裝卸、倉儲、配送、流通加工、資訊服務等各個環節進行全面的服務，而港口具有這方面的區位優勢。

　　現代港埠面臨許多挑戰如船舶大型化、航運聯盟重組、碼頭專業化、海洋環境保護、資訊與通訊網路應用，專業及新興科技在港口的應用趨勢，使智慧港口成為能在處理大量資訊應用及交換、節省人力提高作業服務品質等層面，成為港埠提升對外競爭力的發展重點。

港口的發展階段[註4]

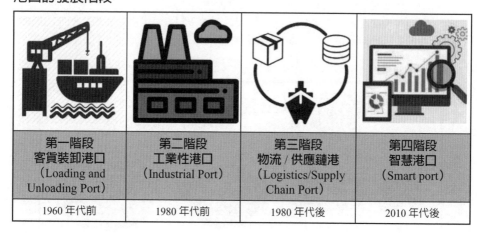

第一階段 客貨裝卸港口 （Loading and Unloading Port）	第二階段 工業性港口 （Industrial Port）	第三階段 物流／供應鏈港 （Logistics/Supply Chain Port）	第四階段 智慧港口 （Smart port）
1960 年代前	1980 年代前	1980 年代後	2010 年代後

[註4] The role of change management in sustainable and smart port development
https://www.researchgate.net/figure/ports-generations-Source-Deloitte-2017_fig4_342570776

港埠發展的演進【註5】

　　人類生活一開始逐水草而居，世界很多文明古城市都是依海岸或近海河口而建立，利用天然穩定的河灣進行船運及貨物搬運的作業，民眾開始沿水岸碼頭群居聚集進行商業交易活動，這時港口是利用天然避風的水域及簡易的碼頭作業，泊靠船舶大小及水深都不大。

　　隨著對水上與陸地經濟活動增加後，港口作業腹地需往內陸擴張，以滿足更多貨物的短時間儲存及停放空間，因應貿易量增加及造船技術進步，船舶規模增大及引進機具協助人工裝卸作業，碼頭開始沿水岸擴張作業後線腹地及水域較深處擴建碼頭，相關的行政管理（入出管制、船運貨物代理等）及服務設施（對外交通運輸設施）開始出現。

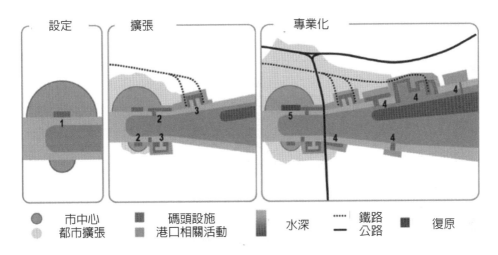

　　隨著工業化及機器化製造，大量的原物料進出口需利用更大更深的碼頭，以接納更多的貨物及船舶（如煤、鐵、礦砂等），為加速貨物裝卸效率，運用專業的機具輔助作業，專業化碼頭開始產生（如石化原油碼頭、貨櫃碼頭、駛上駛下（Roll On/Roll Off）碼頭等），更多貨物的生產及交換延伸至離港口更遠的內陸區域，隨著港埠經濟腹地的擴張，對外聯接的鐵公路（水道駁運）開始延伸至港口碼頭。現代港口背後往往是產業發達的都會區，噪音、空氣及水質污染、交通擁擠也影響到港埠及都會區的互動及發展，而往離岸深水區海域發展便成為新的選項。

【註5】　The Evolution of a Port
　　　　https://porteconomicsmanagement.org/pemp/contents/part2/changing-geography-of-seaports/spatial-evolution-port/

港埠的功能【註6】

1. 從地理性的因素來定義港埠

(1) 位置（Location）：港口在本國的位置及與鄰近港口的對應位置關係，是否儔有效的對外聯接航運網路，以及與內陸經濟腹地相連接。港埠的貨源除來自本地（另與本國國內相鄰腹地），以及海外國家的貿易往來貨物，故需以其他交通運具來方便延伸本身港口的貨源，故以鐵公路、水運（駁運）作運輸聯結，例如上海港、漢堡港。

(2) 場地（Site）：港口的實質設施特性，例如天然條件（水深、進出航道），以及可供使用的土地，特別是供興建碼頭使用。現代由於都會區與港埠發展時會競逐水岸土地，另因船舶往大型化發展，需要腹地更大、水深更深的碼頭，港口需要有能夠從沿海岸及河口往外海進行填海造陸的擴建發展之可行性，例如高雄港、釜山港。

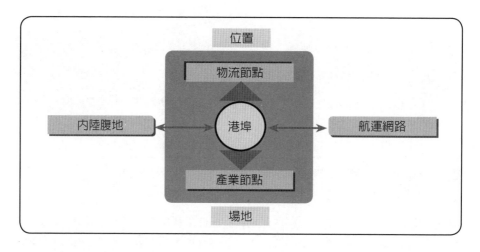

2. 從功能性因素來定義港埠

(1) 物流節點（Logistics node）：港埠的附加價值大小是來自本身的運輸功能，包括裝卸、集貨及疏運配送。因此多數港口會鼓勵產業投資國際物流中心及自由貿易港區，以吸引跨國企業進行航運貿易貨物的流動及進行簡易加工作業，例如鹿特丹港、新加坡港。

(2) 產業節點（Industrial node）：港埠本身能否成為貨物交易可依靠的平臺，可提供原物料的輸入與配件、製成品出口的作業場地。製造業在港埠周邊設廠可產生

【註6】 Defining the Seaport
https://porteconomicsmanagement.org/pemp/contents/introduction/defining-seaports/defining-the-seaport/

群聚效應，縮短供應鏈的運輸距離（成本），因此會規劃設置加工出口區或專業工業區，以鼓勵創造就業及經濟成長，例如臺中港、胡志明港。

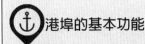 ## 港埠的基本功能

1. 船舶服務業務：提供船舶進出港導航、泊靠補給、船舶維修、船員等服務。
2. 港埠設施及基礎建設：在商港區域內，為便利船舶出入、停泊、貨物裝卸、倉儲、駁運作業、服務旅客、港埠觀光、從事自由貿易港區業務之水面、陸上、海底及其他之一切有關設施。
3. 貨物作業及物流服務：貨物裝卸承攬、理貨公證、貨櫃集散站、各式專業機具與倉庫。
4. 行政管理功能：港區通行申請、營運及公共設施維護、作業規章增修訂、建立資訊交換平臺及進行環境保護等。
5. 客運服務設施：除貨運設施外，也提供國際、本國國內客運服務（如客運場站、旅運交通接駁、旅遊通關等）
6. 商貿服務功能：港區除運輸與倉儲物流等，也提供金融、裝卸、餐飲、旅館、商業會議、交通轉運及其他經核准在港區營運之事業發展機會。
7. 產業發展基地：依商港法在商港區域內劃定範圍，供漁業、工業及其他特定用途之區域。商港區域內，除商港設施外，得按當地實際情形，劃分各種專業區，並得設置加工出口區、自由貿易港區。
8. 海洋國防功能：港埠之規劃使用，應考慮海洋保護、國防戰備之需要，協助軍事公務艦艇停泊、補給作業的場地。
9. 港埠管理：商港法第一條規定「商港之規劃、建設、管理、經營、安全及污染防治，依本法之規定」。另商港法第七十五條規定「商港安全及管理事項涉及國際事務者，主管機關得參照國際公約或協定及其附約所定規則、辦法、標準、建議或程式，採用施行」。故港埠管理機關（構）需依國內與國際相關法規內容，進行港埠管理工作。

Unit 1-4 港埠經濟

　　港埠作為水陸運輸的連接點，在運輸網路有極重要的作用，港埠的發展被視為可促進所在地區的經濟成長因素，可創造就業機會，對外輸出資源換取外匯，20 世紀 50 年代的臺灣港埠設立加工出口區引進外商投資，對高雄及臺中地區的經濟發展幫助很大。近代各國港口發展自由港、水岸開發、航運交易中心等，使港埠經濟更加發展多元化。

　　影響港埠發展的因素很多，而在經濟方面的因素主要有以下幾種【註7】：

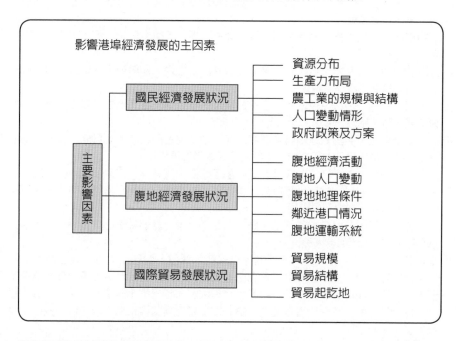

　　港埠建設是國家交通發展重要的一環，特別是依賴對外貿易以促進國民經濟成長的國家，港埠基礎建設及對外聯接運輸設施與各式專業區，可以吸引大量外來投資，也促進港口所在都會地區的建設及經濟互動。港埠的發展也需要倉儲、運輸、加工、貿易、金融、保險、代理、資訊等相關輔助行業，並帶動國際物流、造船維修、代理等相關產業發展。

【註7】　張犄、尹傳忠主編，「港口物流」，上海交通大學出版社，2012 年。

⚓ 港口腹地（Port Hinterland）

港口吞吐貨物和旅客集散所涵蓋的地區範圍。腹地內的貨物經由該港進（出）在運輸上是比較經濟合理的。其範圍一般是通過調查分析確定。港口腹地分為：直接腹地和中轉腹地。通過各種運輸工具可以直達的地區範圍稱為直接腹地，例如南臺灣地區貨物以高雄港為進出；經過港口轉運的貨物和旅客所到達的地區範圍稱為中轉腹地，例如東南亞地區貨物以新加坡港轉運至歐美地區。

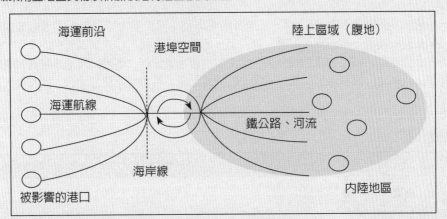

圖片來源：The hinterland-seaport-foreland or port triptych model
https://www.researchgate.net/figure/The-hinterland-seaport-foreland-or-port-triptych-model-Source-Ducruet-2005_fig3_312056499

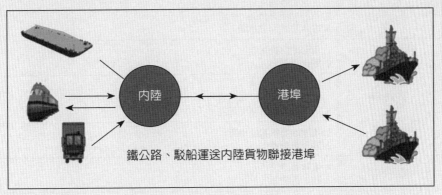

圖片來源：http://estradaportconsulting.com/puertos-secos-y-la-penetracion-en-el-hinterland-de-los-puertos/

Unit 1-5 我國商港

我國航港管理係行政監理與經營合一，為提升港埠競爭力，並配合政府組織再造進程及將企業化精神導入港口之經營，故設立「航港局」，專責辦理航政及港政公權力事項；港務局則朝「公司化」方向改制為港務公司，101年3月1日設立國營「臺灣港務股份有限公司」，統轄基隆、臺中、高雄及花蓮四個港務分公司，專營港埠經營業務，提升港埠經營效能及彈性，促進國際商港區域之發展，帶動區域產業經濟繁榮。

港務公司的發展策略與目標，以現有的港埠核心服務為主要業務，並且順應國際港埠經營的趨勢，透過資產開發、轉投資、國際化等方式，尋求業務範圍的多角化經營。主要包括：國際物流相關業務、由港埠業務水平延伸之郵輪碼頭、娛樂購物等新業務，以及走向國際港埠經營管理的地區多角化等，希望藉此提高非核心業務收入比重。

發展地位

港口	發展定位
基隆港	1. 近洋航線貨櫃港 2. 國際郵輪母港
臺中港	1. 兩岸客貨運及產業加值港 2. 能源及大宗物資儲轉港 3. 臨港工業發展基地
高雄港	1. 洲際貨櫃樞紐港 2. 智慧物流運籌港 3. 客運及觀光遊憩港
花蓮港	1. 東部地區貨物進出港 2. 觀光遊憩港
臺北港	1. 遠洋航線貨櫃港 2. 海運快遞及海空聯運港 3. 汽車及其他產業物流港
蘇澳港	1. 蘭陽地區貨物進出港 2. 觀光遊憩港
安平港	1. 散雜貨港口 2. 觀光遊憩港

臺灣商港位置圖（含金門、連江縣）

臺灣國際商港由交通部設置國營「臺灣港務股份有限公司」經營管理，國內商港由航港局委託「臺灣港務股份有限公司」經營管理，金門及連江縣國內商港由行政院指定當地縣政府設港務處經營管理。

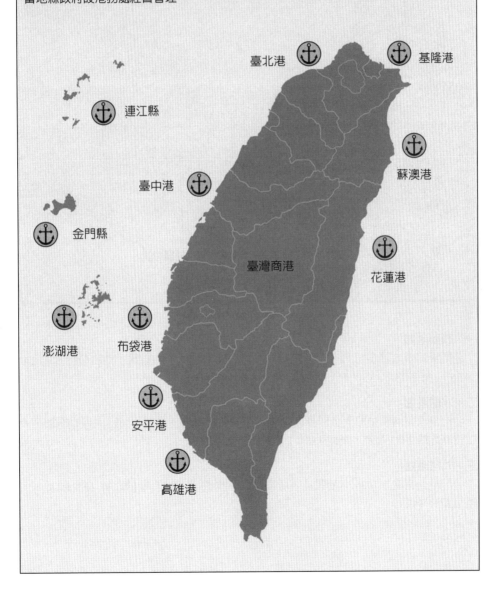

金門國內商港【註8】

　　民國八十九年十二月四日奉行政院核定為國內商港，並分為一港三港區，包括料羅港區、水頭港區（小三通）、及九宮港區。金門國內商港規劃為一港三港區，包括位於大金門島東南側之料羅港區、西側之水頭港區，以及位於小金門島之九宮港區。

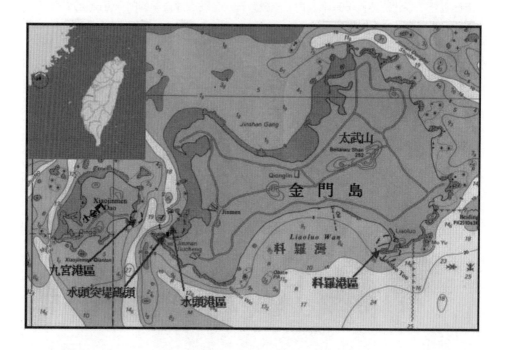

一、料羅港區

　　金門港料羅港區位於大金門島東南端、料羅灣東端之近岸海域，港口位於北緯 24°24'36"、東經 118°25'30"。

二、水頭港區

　　金門港水頭港區位於大金門島西南側、浯江溪口南岸、金門港道西側近岸海域，港口位於北緯 24°25'22"、東經 118°17'7"。

三、九宮港區

　　金門港九宮港區位於小金門島煙墩山腳之近岸海域，港區位於北緯 24°25'33"、東經 118°15'44"。

【註8】　金門縣政府港務處 https://harbor.kinmen.gov.tw/Default.aspx

馬祖國内商港【註9】

馬祖福澳國內商港，八十六年十一月二十六日奉行政院核定成立，八十九年一月一日設置連江縣港務處，負責相關港務管理工作。馬祖福澳港（包括南竿福澳、北竿白沙、西莒青帆、東莒猛澳及東引中柱等五座碼頭）

一、南竿福澳港

本港區位於北緯 26.05°、東經 119.943°，為馬祖港五碼頭區中最具規模者。因其所在位置南竿鄉為連江縣政經中心，故此碼頭區成為馬祖地區與台灣本島、馬祖各離島以及小三通之主要客、貨運港口。

二、北竿白沙港

本港區位於北緯 26.205°、東經 119.967°，本碼頭區可分為內港區與外港區，後線則為港務大樓。

三、東莒猛澳港

本港區位於北緯 25.957°、東經 119.968°。本碼頭區主要利用突岬地形興建防波堤構成，僅單支防波堤，後線設施僅有廣場上之旅運中心一棟。

四、西莒青帆港

本港區位於北緯 25.968°、東經 119.934°。港池主要由南防波堤及內堤所圍出之二個水域所構成，後線設施有候船室及旅客服務中心各一棟。

五、東引中柱港

本港區位於北緯 26.376°、東經 120.481°。本碼頭區大致可區分為深水碼頭區、軍用碼頭區以及小型碼頭區等三部分。

◎金馬與福建省小三通航線

民國 89 年 12 月 13 日，行政院根據《離島建設條例》通過《試辦金門馬祖澎湖與大陸地區通航實施辦法》，以作為小三通的管理依據。並於 90 年 1 月 1 日開始實施定點定時的客運船班。

1. 金門地區小三通客運航線，計有金門－廈門、金門－泉州 2 條航線。
2. 馬祖地區小三通客運航線，現階段計有 2 條航線（南竿福澳－琅岐、北竿白沙－黃岐）。

金門　　　　　馬祖　　　　　福建省

【註9】 連江縣政府港務處 https://www.mtha.gov.tw/MTHA/index.aspx

馬祖與臺灣交通圖

圖片來源：連江縣政府觀光局

第二章
港埠設施

Unit 2-1　港埠設施定義
Unit 2-2　港埠設施介紹
Unit 2-3　港埠設施投資
Unit 2-4　港埠設施管理

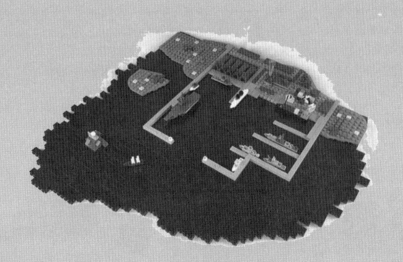

Unit 2-1 港埠設施定義

港埠設施（Port facilities）是港口營運人提供船舶運送人與貨主服務的固定場所與移動式機具、車船等，設施規劃是否完善與充足，影響港埠營運收入、作業效率與未來擴充能力，因此需考量貨物、船舶特性，當然也包括投資報酬與鄰近港口的競爭因素。

在我國商港法第 3 條有對相關商港設施作用詞定義：

【商港區域（Commercial Port Area）】指劃定商港界限以內之水域與為商港建設、開發及營運所必需之陸上地區。

【商港設施（Commercial Port Facilities）】指在商港區域內，為便利船舶出入、停泊、貨物裝卸、倉儲、駁運作業、服務旅客、港埠觀光、從事自由貿易港區業務之水面、陸上、海底及其他之一切有關設施。

【船席（Berth）】指碼頭、浮筒或其他繫船設施，供船舶停靠之水域。

【錨地（Anchorage）】指供船舶拋錨之水域。

商港設施亦可分類指在商港區域內之下列設施：

1. **基本設施（Primary facilities）**：供通商船舶出入、停泊及安全維護、管理之設施。
2. **公共設施（Public facilities）**：供教育參訪、民眾休憩等非營利目的（廁所、資訊服務站等），提供入出港區民眾使用之相關設施（停車場）。
3. **一般設施（General facilities）**：公用事業設施（水電、電信）、相關產業設施（專業區）及輔助商港功能之其他必要設施（公務處理辦公場地）。

商港經營事業機構於接獲船舶入港許可後，應安排船席，提供該船舶停靠，並提供下列作業服務：

1. **港勤作業服務**：提供曳船、帶解纜車船、給水、加油、垃圾清理及其他相關服務。
2. **棧埠作業服務**：提供裝卸、搬運、倉儲及其他相關服務。

提供作業服務及使用者的用詞定義（商港港務管理規則）如下：

1. **棧埠作業機構（Wharf and transit shed operators）**：指經營船舶貨物裝卸、倉儲或服務旅客之公民營事業機構。
2. **委託人（Entrusting persons）**：指委託棧埠作業機構作業之船舶所有人、運送人、貨物託運人或受貨人等。

⚓ 商港應有的設備

外廓設備（Contour facilities）	防波堤（breakwater）、導流堤（training jetty）、船閘（lock）、護岸（revetment）
水域設備（Water facilities）	航道（channel）、錨地（anchorage）、港池（basin）
泊靠設備（Mooring facilities）	碼頭（wharf）、岸壁（quay wall）、棧橋（landing pier）、浮筒（buoy）
旅客設備（Passenger facilities）	候船室（waiting room）、行李房（baggage room）、旅客月臺（passenger's platform）
裝卸設備（Stevedoring facilities）	起重機（crane）、堆高機（forklift）、通棧（transit shed）、貨櫃場（container yard）、貨櫃集散站（container freight station）、油倉（oil tank）、筒倉（silo）、危險品碼頭（dangerous cargo wharf）
臨港交通設備（Port traffic facilities）	鐵路（railway）、公路（highway）、運河（canal）、渡輪（ferry boat）、橋樑（bridge）
儲存設備（Storage facilities）	倉庫（warehouse）、堆貨場（storage yard）、危險品儲存場（dangerous cargo yard）、儲木池（timber reservoir）
導航設備（Navigation facilities）	航道標誌（navigation aids）、信號台（signal station）、燈塔（light house）、船舶交通服務（vessel traffic service）
船舶供應設備（Vessel supplying facilities）	加水（water supply service）、加油（fuel supply service）、修船（ship repairing service）
污染防止設備（Pollution control facilities）	污染防止設備（decontamination facilities）
廢棄物處理設備（Waste disposal facilities）	焚化爐（incinerator）、填海（reclamation）
航運服務及安全設備（Service and safety facilities）	拖船（tug boat）、挖泥船（dredger）、起重船（floating crane）、消防船（fireboat）

資料來源：湯麟武，「港灣及水域工程」，中國土木水利工程學會，2004，臺北。

港埠基本設施說明

【錨地】錨地（Anchorage）是指有天然掩護或人工掩護條件能抵禦強風浪的水域，船舶可在此錨泊、等待靠泊碼頭或離開港口。錨地也要求有足夠的水深，使拋錨船舶即使在較大風浪所引起的升沉與搖擺情況下仍有足夠的富裕水深。

【防波堤】防波堤（Breakwater）是一種人工結構物，以人為方式減少水體的波浪強度，來抵禦海岸或建築的地基被潮水沖蝕的堤壩建築形式，通常採用透水性較強的網格形式建造。

【燈塔】燈塔（Light house），是位於海岸、港口或河道，用以指引船隻方向的建築物。燈塔大部分都類似塔的形狀，透過塔頂的透鏡系統，將光芒射向海面照明。

【船舶交通服務（管理）系統】船舶交通服務（管理）系統（Vessel Traffic Service 簡稱 VTS），也譯作船舶交通服務系統是由港口當局建立的船舶交通監控系統，類似於飛機的空中交通管制。典型的船舶交通管理系統使用雷達，閉路電視，特高頻（Very High Frequency, VHF）無線電話和船舶自動識別系統，來保持對船舶移動的跟蹤並在有限的地理範圍內提供航行安全。

【碼頭】碼頭（Wharf, Pier, Quay）又稱渡頭、渡口、埠頭，它多數是人造的土木工程建築物，也可能是天然形成的，作為渡輪泊岸上下乘客及貨物之用，其次還可能是吸引遊人，及約會集合的地標。

【倉庫】倉庫（Warehouse），又名貨倉，是一些用作儲存貨物的建築物。是一種服務於生產商、商品供應商、物流組織的建築。為方便合作，倉庫通常鄰近碼頭、火車站、飛機場等。

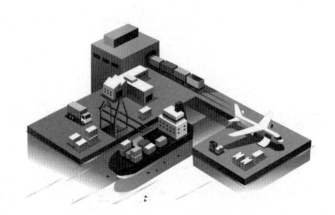

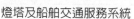

燈塔及船舶交通服務系統

⚓ 貨櫃船的演進（Evolution of Containerships）

由於船舶技術的進步及航運規模經濟的效應，全球重要航運公司的貨櫃船隊船型愈來愈大，對港口的設施如航道寬度、水深、裝卸機具及技術、碼頭設計標準也造成重大影響，為維持或增強競爭地位紛紛投入港埠設施的改建。

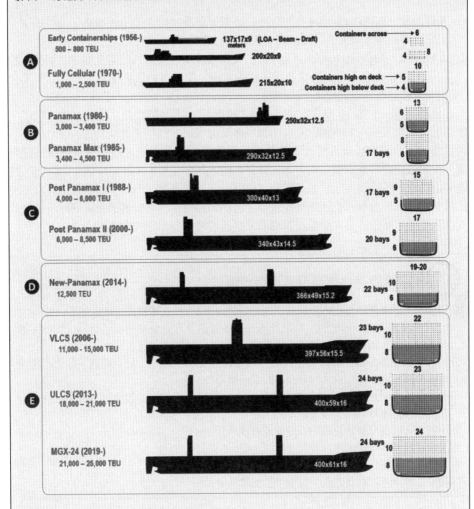

資料來源：The Geography of Transport Systems
https://transportgeography.org/contents/chapter5/maritime-transportation/evolution-containerships-classes/

Unit 2-2 港埠設施介紹

港埠設施投資金額大、回收年限長，其提供服務（產品）又無法儲存或轉移作其他用途，通常由公私部門協商分工建置，公部門撥款建設基礎公共建設，私部門經協商合適條件後自行設置作業設施，以求時效及合乎專業性的操作需求。其主要分為兩大類：

1. **基礎設施（Infrastructure）**：在港口泛指管理當局提供如港區道路、浚挖航道、船席、導航及水電等公共建設的規劃及基礎建設。
2. **上層設施（Superstructure）**：是指由使用者或承租人自行規劃及興建（購置）的設施，例如在港區碼頭後線合作興建的倉庫、安裝貨物裝卸機具、專用的作業設施等，都是在基礎建設之上的建設。

在我國商港法的第 10 條規定中：「國際商港區域內各項設施，除防波堤、航道、迴船池、助航設施、公共道路及自由貿易港區之資訊、門哨、管制設施等商港公共基礎設施，由政府委託商港經營事業機構興建維護外，得由商港經營事業機構興建自營，或由公民營事業機構以約定方式投資興建或租賃經營」。規定中明定防波堤、航道、迴船池、助航設施、公共道路及自由貿易港區之資訊、門哨、管制設施等為商港公共基礎設施，由政府委託商港經營事業機構興建維護。另交通部「航港建設基金收支保管及運用辦法」第 4 條亦有對商港公共基礎設施支出經費來源。

航港建設基金收支保管及運用辦法

依交通部「航港建設基金收支保管及運用辦法」第4條規定本基金之用途如下：
一、防波堤、航道、迴船池、助航設施、公共道路及自由貿易港區之資訊、門哨、管制設施及其他商港公共基礎設施支出。
二、基於航港政策需要與配合國際公約辦理之研究發展規劃、調查研究、參與國際港口相關組織、港口保全、管制及設備建置等支出。
三、配合航港發展需要有關之聯外交通設施、環保節能設施、污染防治設施、商港交通管理設施及商港土地取得等支出。
四、航港局經營及管理之國內商港營運支出。
五、管理及總務支出。
六、其他有關支出。
前條第二款商港服務費收入，全數用於國際商港建設。

商港部分基礎設施圖例

燈塔（Light house）	防波堤（Break water）	航道（Navigation channel）
浮筒（Buoy）	過港隧道（Cross harbor tunnel）	港區聯外道路（Connection road）
港口門哨系統（Automated gade）	船塢（Ship repair yard）	船舶交通服務系統（Vessel traffic service）
起重船（Heavy lift vessel）	加油船（Refueling vessel）	疏濬船（Dredge vessel）
消防船（Fire boat）	引水船（Pilot boat）	警艇（Police boat）

圖片來源：取材自各網路資料

商港部分營運設施圖例

拖船（Tugboat）	工作船（Work boat）	無動力駁船（Barge）
堆高機（Forklift）	移動式起重機（Mobile crane）	貨櫃超重機（Container crane）
Rubber type gantry crane, RTC	Straddle carrier	Rail mounted gantry crane, RMG
風能補給駁船（Barge）	自航式駁船（Barge）	貨櫃（Container）
拖車（Trailer）	車架（Chassis）	油罐車（Tank Truck）

圖片來源：取材自各網路資料

商港部分專業碼頭圖例

客運碼頭（Passenger terminal）

遊艇碼頭（Yacht wharf）

貨櫃碼頭（Container terminal）

海上風電工作碼頭（Offshore wind wharf）

大宗散貨碼頭（Bulk terminal）

駛上駛下碼頭（RO/RO terminal）

原油碼頭（Oil terminal）

穀物碼頭（Grain silo）

圖片來源：取材自各網路資料

Unit 2-3 港埠設施投資

　　欲投資港埠設施者得依交通部的「**公民營事業機構投資興建或租賃經營商港設施作業辦法**」申請辦理，該辦法是依依商港法第十條第二項規定訂定。

　　各項商港設施提供公民營事業機構投資興建或租賃經營者，商港經營事業機構得自行規劃辦理或由公民營事業機構提出申請。經營機構得依商港經營發展需要及案件性質採下列方式辦理前項業務：

1. **綜合評選**：指經營機構擬訂評選項目、基準與權重等相關事項，透過公開程序甄選公民營事業機構投資經營商港設施之方式。
2. **單項評比**：指經營機構擬訂單一評比項目及基準，透過公開程序甄選公民營事業機構投資經營商港設施之方式。
3. **逕行審查**：指符合本辦法第七條之情形，經營機構得不經公開程序甄選公民營事業機構投資經營商港設施之方式。
   ◎ 主管機關為交通及建設部。
   ◎ 公民營事業機構應就契約記載之土地、設施與投資經營事項繳交租金與管理費，經營機構得就公民事業機構使用水域計收管理費。

　　公民營事業欲投資商港設施另可依據財政部主管之「**促進民間參與公共建設法**」之規定方式，民間機構參與公共建設之方式如下：

1. 民間機構投資新建並為營運；營運期間屆滿後，移轉該建設之所有權予政府。
2. 民間機構投資新建完成後，政府無償取得所有權，並由該民間機構營運；營運期間屆滿後，營運權歸還政府。
3. 民間機構投資新建完成後，政府一次或分期給付建設經費以取得所有權，並由該民間機構營運；營運期間屆滿後，營運權歸還政府。
4. 民間機構投資增建、改建及修建政府現有建設並為營運；營運期間屆滿後，營運權歸還政府。
5. 民間機構營運政府投資興建完成之建設，營運期間屆滿後，營運權歸還政府。
6. 配合政府政策，由民間機構自行備具私有土地投資新建，擁有所有權，並自為營運或委託第三人營運。
7. 其他經主管機關核定之方式。

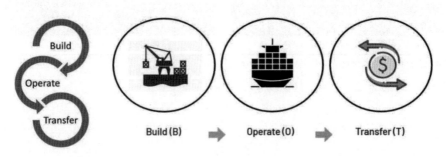

公民營事業機構投資興建或租賃經營商港設施作業辦法

第1條

本辦法依商港法第十條第二項規定訂定。

第5條

綜合評選之評選項目，至少應包含下列項目：

一、相關經營實績或經營理念。

二、投資經營計畫書，其內容如下：

（一）興建可行性；但租賃經營案得免提。

（二）營運可行性。

（三）財務可行性。

（四）法律可行性。

（五）其他經營機構認定需納入評選之項目。

三、前款投資經營計畫對商港經營管理之整體效益。

第6條

公民營事業機構經綜合評選或單項評比符合評選基準且比序最優者，取得優先與經營機構議約權利。

依前項取得優先議約權利之公民營事業機構，應將投資經營計畫書報經經營機構同意，並就公告內容所列可議約事項與經營機構進行議約。

公民營事業機構應於招商公告規定期間內與經營機構完成簽約，未能依限完成簽約者，喪失其權利，經營機構並得自符合評選基準且比序次優者依序遞補之。

第7條

經營機構辦理公民營事業機構投資經營商港設施案件，符合下列情形之一者，得採逕行審查方式辦理：

一、增租毗鄰土地或設施，其增租面積累計不超過原契約租賃面積百分之五十者。

二、申請加入自由貿易港區經營自由港區事業者。

三、為配合港埠作業需要之辦公或存放機具設備處所。

四、為配合港埠作業需要，租賃土地埋設管線者。

五、租賃期間一年以下，未興建設施且不得續約者。

六、配合政府政策、港口發展或港灣建設發展需要者。

前項第二款申請經營自由貿易港區事業者，應於取得簽約權利後，依自由貿易港區事業營運管理辦法辦理。

◎ 本法所稱主管機關，為財政部。

◎ 本法所稱主辦機關，指主辦民間參與公共建設相關業務之機關：在中央為目的事業主管機關；在直轄市為直轄市政府；在縣（市）為縣（市）政府。

◎ 本法所稱民間機構，指依公司法設立之公司或其他經主辦機關核定之私法人，

並與主辦機關簽訂參與公共建設之投資契約者。

前項民間機構有政府、公營事業出資或捐助者，其出資或捐助不得超過該民間機構資本總額或財產總額百分之二十。

◎ 民間機構得自所參與重大公共建設開始營運後有課稅所得之年度起，最長以五年為限，免納營利事業所得稅。

 促進民間參與公共建設法施行細則

第1條
本細則依促進民間參與公共建設法第五十六條規定訂定之。

第2條
本法第三條第一項第一款所稱交通建設，指鐵路、公路、市區快速道路、大眾捷運系統、輕軌運輸系統、智慧型運輸系統、纜車系統、轉運站、車站、調度站、航空站與其設施、港埠與其設施、停車場、橋梁及隧道。

第一項港埠與其設施，指商港區域內之下列各項設施：

一、投資總額不含土地達新臺幣十億元以上之船舶出入、停泊、貨物裝卸、倉儲、駁運作業、服務旅客之水面、陸上、海底設施、遊艇碼頭及其他相關設施。

二、投資總額不含土地達新臺幣二十五億元以上之新商港區開發，含防波堤、填地、碼頭及相關設施。

三、投資總額不含土地達新臺幣十億元以上之各專業區附加價值作業設施，含廠房、倉儲、加工、運輸等必要設施。

營運

Operate

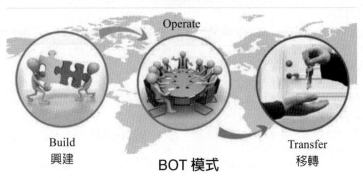

Build
興建

BOT 模式

Transfer
移轉

歐洲港口投資方案架構

歐洲海港組織（European Seaports Organization, ESPO）分析歐洲港口基礎設施投資的不同方案架構，由於港埠建設投資期長、金額龐大，除了財務考量外，港口對社會經濟有重大影響（經濟成長、就業率等），除了公共基金適度投入外，仍需設計吸引民間資金投入港埠建設。

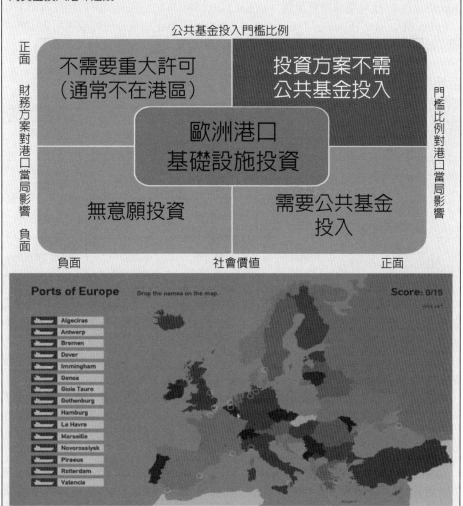

資料來源：The infrastructure investment needs and financing challenge of European ports
https://www.espo.be/media/Port%20Investment%20Study%202018_FINAL_1.pdf

Unit 2-4 港埠設施管理

今日港埠經營管理型態已多元化，除公營提供服務外亦有民間參與投資或租賃設施營運作業，例如高雄港與臺北港由航商採取 BOT 方式的貨櫃專用碼頭、民間自行興建營運的工業專用港（麥寮港、和平港），國外亦有新加坡國際港務集團（PSA International）、香港和記港口（Hutchison Ports）、馬士基集裝箱碼頭公司（APM Terminals）、杜拜環球港務集團（Dubai Ports World）、招商局港口控股有限公司（China Merchant Holdings International）等進行國外港口全部港埠或專用碼頭的營運，因涉及港口管理型態差異，故對港埠設施的投資及提供來源會有所差異。

港埠設施管理型態[註1]

港口型態	基礎建設	上層建設	裝卸勞工	其他功能
服務港 （Service port）	公部門 提供	公部門 提供	公部門 提供	主要公部門 提供
工具港 （Tool port）	公部門 提供	公部門 提供	民間提供	主要公部門 提供
地主港 （Landlord port）	公部門 提供	民間提供	民間提供	主要民間提供
民營港 （Private port）	民間提供	民間提供	民間提供	主要民間提供

港埠設施基本可分為營運設施、公共設施及其他設施等；營運設施可分為直接作業設施（如拖駁船、起重機、倉庫、拖卡車等）及輔助服務設施（如挖泥船、設施維護保養、管理室、聯外交通運輸等），公共設施為提供入出港區作業人員服務的各項行政管理及服務設備（門禁管理、水電及通信設備、工安環保、治安消防等），其他設施為因應法規及社會責任需要所設置（場地綠美化、公益活動場所等）。

民間部門投資港埠設施主要為能直接營運能獲取報酬的營運設施（如各式倉庫、車機船、碼頭作業管理資訊系統等），其他輔助營運設施則視政府政策及投資優惠條件（如租稅優惠、擴大融資、法規豁免、公權力協助土地取得等），以吸引國內外業者的投資。

港埠設施管理是指服務企業的工程及管理人員通過熟悉和掌握設備設施的原理性能，對其進行正確的使用、保養與維修，使之保持最佳運行狀態，從而為業主和使用人提供一個舒適、安全的環境。同時港埠設施（海運）依行政院國家關鍵基礎設施安

[註1] Public Private Partnership (PPP) in Ports
https://www.slideshare.net/ShyamAnandjiwala/public-private-partnership-ppp-in-ports

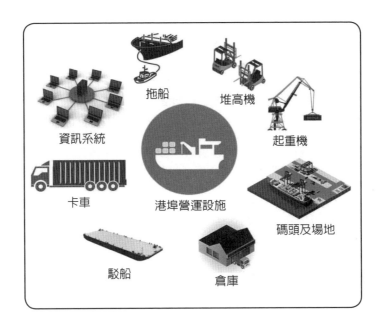

全防護指導綱要對於國家關鍵基礎設施（Critical Infrastructure, CI）定義為：「公有或私有、實體或虛擬的資產、生產系統以及網絡，因人為破壞或自然災害受損，將進而影響政府及社會功能運作，造成人民傷亡或財產損失，引起經濟衰退，以及造成環境改變或其他足使國家安全或利益遭受損害之虞者」。港埠設施管理的角色，除傳統的資產管理及工程維護保養外，在防止恐怖攻擊及天然災害損害，由預防、減災、應變、復原等 4 個階段來達成，透過預防及減災以因應緊急事件應變，降低對關鍵基礎設施影響，並藉由應變及復原程序，於最短時間內恢復關鍵基礎設施最低可接受服務水準。

港口設備及船舶安全保全評估（Port Facility Security Assessments）

自動化碼頭（Automated terminal）

現代港口設施，特別是貨櫃碼頭作業，是投資金額相當巨大的營運設施，為配合超大型船舶作業，減少人工及文件作業、加快提領櫃、減少空氣污染，開始運用融入物聯網感知器、大數據分析、雲端計算、人工智慧、5G通信等先進技術，進行貨櫃碼頭作業的全面（或部分）自動化規劃及作業，如中國大陸的上海洋山四期港區、廣州南沙四期港區、天津港、青島港、廈門港及鹿特丹港及新加坡港港區均已進行貨櫃碼頭全面自動化作業的試驗，高雄港及臺北港的民間BOT碼頭也已在碼頭後線貨櫃場設置自動化機具。

傳統的港口碼頭屬於人力密集作業，自動化程度低、人工成本很高，亟需藉助遠端控制技術以實現無人化；後來進展到自動化碼頭，主要透過有線網路來實現遠端控制功能，並開始進入數位化，未來進入5G世代後，將可真正提供全流程、全監管、全監控的體驗，邁向智慧港口的紀元。

以青島自動化貨櫃碼頭為例，是第一個利用5G技術實現岸邊裝卸無人化、水平運輸無人化、閘口查驗無人化的智慧碼頭，透過青島聯通的5G客製化網路，搭配邊緣運算、5G工業控制閘道器、衛星定位等技術，提供智慧港口的自動化設備通訊基礎架構。

歐洲最大港口荷蘭鹿特丹港，打造完整的船聯網架構，計畫在整個港區橫跨42公里的海側及陸側廣佈感測器，藉以蒐集有關潮汐、洋流、溫度、風速、水位、能見度及泊位可用性等資訊，即時蒐集水文與氣候資料，並以整合性儀表版的型態提供給船長、領航員、港口營運單位及相關單位，實現安全、即時、高效率的港口營運管理。

第三章
港埠政策與法規

Unit 3-1　港埠政策
Unit 3-2　港埠法規
Unit 3-3　歐盟港埠政策
Unit 3-4　主要國際法規

SEA PORT

Unit 3-1 港埠政策

　　商港是一國對外國際貿易和國內客貨運輸的重要交通樞紐，也是地方經濟發展的重要推動引擎，而港埠的基礎設施投資金額相當巨大，計畫實施期限長，並涉及國際商港的區域競爭、國際航運發展趨勢、本國產業發展規劃、國土發展計畫等，故港埠政策。依教育部的辭典釋義：

【政策】泛指某一團體組織為達到設定目標所採取的方法、策略。

　　港埠政策及發展計畫制定及修改涉及多面向的考量，商港依管轄單位不同分別有「臺灣國際商港未來發展及建設計畫」及「國內商港未來發展及建設計畫」，由臺灣港務股份有限公司及交通部航港局分別提報每期五年的商港發展計畫，並參酌港口所在地方政府的意見後提報交通部審議及報請行政院核定。

　　交通部的港埠政策可參考民國110年（或歷年）在立法院交通委員會的「交通部業務概況報告」[註1]：

　　面臨近年全球海運市場變化快速、中美貿易、新興能源應用興起，以及台商產業回流、環保安全意識提升、資產多元活化開發等營運環境影響，港務公司將積極透過各項港埠設施之興建改善，推動港埠多元業務發展，攜手航港相關產業關係人創利興利，開創永續航港營運環境。

[註1]　中華民國交通部 - 重大政策 - 立法院施政報告
　　　　https://www.motc.gov.tw/ch/home.jsp?id=1594&parentpath=0,3

(1) 強化國際商港營運設施
(2) 推動鞏固核心本業發展策略
(3) 落實綠色港埠發展計畫
(4) 打造水岸遊憩觀光
(5) 發展離岸風電關聯產業
(6) 啟動海外事業投資布局
(7) 推動臺灣港群智慧化發展
(8) 推動自由貿易港區導向之港務發展策略
(9) 未來展望

　港務公司聚焦國際航港產業發展趨勢，掌握港口營運環境變化，以「港群」分工概念，擘劃各港發展策略，建構完善港口服務設施，優化港埠經營環境，提高港群營運綜效，並推動自由貿易港區招商引資，提供貨物加值增設營運空間，穩固貨量成長，持續深耕港埠核心本業發展；發展客運觀光經濟，攜手地方政府共同發展水岸觀光，擴大港區資產開發招商成效，同時積極開創多元佈局，打造離岸風電產業基地，拓展港埠關聯業務及海外投資版圖，另透過新興科技導入港埠作業，擘劃智慧港口藍圖，期以智慧科技打造創新、優質、永續之現代化港口願景，提升我國港口競爭力。

　港埠政策制定相關機關（構）

◎ 國家發展委員會 https://www.ndc.gov.tw/
◎ 交通部運輸研究所 https://www.iot.gov.tw/mp-1.html
◎ 交通部航港局 https://www.motcmpb.gov.tw/
◎ 臺灣港務股份有限公司 https://www.twport.com.tw/chinese/

 工業專用港或工業專用碼頭規劃興建經營管理辦法

第1條
本辦法依產業創新條例第五十八條第五項規定訂定之。

第3條
本辦法所用名詞，定義如下：
一、工業專用港：指由中央主管機關自行興建及經營管理，或經中央主管機關核准由公民營事業投資興建及經營管理，供該產業園區內使用之港埠設施。
二、工業專用碼頭：指經中央主管機關自行興建及經營管理，或經中央主管機關核准由公民營事業投資興建及經營管理，供該產業園區內使用之碼頭設施。
三、專用碼頭：指經中央主管機關核准，由產業園區內興辦工業人於承租之工業專用港內碼頭用地興建及自行使用之碼頭設施。
四、工業專用港或工業專用碼頭區域：指劃定工業專用港或工業專用碼頭界限以內之水域及為工業專用港或工業專用碼頭開發、建設、經營與管理所必需之陸域。

第4條
依本條例第五十六條規定辦理工業專用港或工業專用碼頭之設置，應由中央主管機關擬訂設置計畫，會商交通部後，報請行政院核定。
前項設置計畫，內容應包括：
一、規劃產業園區位置、規模、主要產業項目。
二、建港需求。
三、鄰近商港是否得提供服務之評估分析。
四、初步規劃構想，含位置、規模、功能及服務內容。
五、評估意見及實施方法。

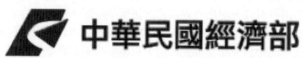

◎ 工業專用港或工業專用碼頭主管機關：經濟部
◎ 國際商港及國內商港主管機關：交通部
◎ 金馬地區國內商港主管機關：行政院指定機關（當地縣政府）

港口腹地的發展方式

港口吞吐貨物和旅客集散所能及的地區範圍。腹地內的貨物經由該港進（出）在運輸上是比較經濟合理的。其範圍一般通過調查分析確定。港口腹地分為：直接腹地和中轉腹地。通過各種運輸工具可以直達的地區範圍稱為直接腹地；經過港口中轉的貨物和旅客所到達的地區範圍稱為中轉腹地。港口在擬定港埠發展政策時，透過港口發展定位及經濟腹地的調查，以擬定建設及營運發展計畫，確認提供服務的船舶與貨物規模。

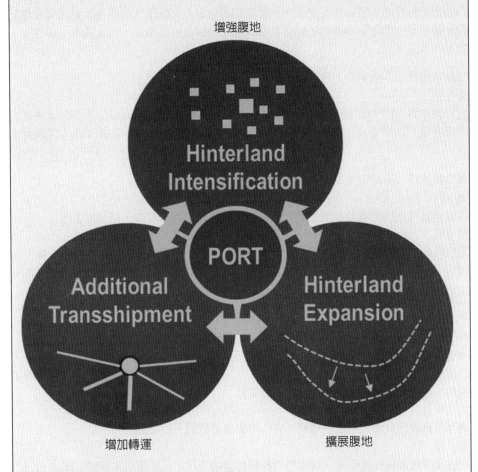

資料來源：Port Economics, Management and Policy
https://porteconomicsmanagement.org/pemp/contents/part7/port-and-economic-development/

Unit 3-2 港埠法規

　　政府的港埠政策會透過立法及施政綱領（預算）加以公告及推動，因此港埠的經營管理不外規劃、建設、管理、經營、安全及污染防治等項，其中涉及港區劃設（陸域及水域範圍）、土地取得及使用內容劃分、港埠營運業務範圍（含民間投資）、安全及管理（國際與國內法規）、生態保護及污染防止（國際與國內法規）等，

國土計畫法（本法中央主管機關，為內政部）
第 1 條
為因應氣候變遷，確保國土安全，保育自然環境與人文資產，促進資源與產業合理配置，強化國土整合管理機制，並復育環境敏感與國土破壞地區，追求國家永續發展，特制定本法。

海岸管理法（本法中央主管機關，為內政部）
第 1 條
為維繫自然系統、確保自然海岸零損失、因應氣候變遷、防治海岸災害與環境破壞、保護與復育海岸資源、推動海岸整合管理，並促進海岸地區之永續發展，特制定本法。

都市計畫法（本法中央主管機關，為內政部）
第 1 條
為改善居民生活環境，並促進市、鎮、鄉街有計畫之均衡發展，特制定本法。
第 3 條
本法所稱之都市計畫，係指在一定地區內有關都市生活之經濟、交通、衛生、保安、國防、文教、康樂等重要設施，作有計畫之發展，並對土地使用作合理之規劃而言。

商港法（本法中央主管機關，為交通部）
第 1 條
商港之規劃、建設、管理、經營、安全及污染防治，依本法之規定。
第 75 條
商港安全及管理事項涉及國際事務者，主管機關得參照國際公約或協定及其附約所定規則、辦法、標準、建議或程式，採用施行。

國營港務股份有限公司設置條例（本法中央主管機關，為交通部）
第 1 條
交通及建設部為經營商港，設國營港務股份有限公司，其設置依本條例之規定。
港務公司由政府獨資經營。
第 2 條
港務公司業務範圍如下：

一、商港區域之規劃、建設及經營管理。

二、商港區域海運運輸關聯服務之經營及提供。

三、自由貿易港區之開發及營運。

四、觀光遊憩之開發及經營。

五、投資、轉投資或經營國內、外相關事業。

六、其他交通及建設部或目的事業主管機關委託及核准之事項。

國營事業管理法（第 7 條國營事業之主管機關，依行政院各部會署組織法之規定。）

第 1 條

國營事業之管理，依本法之規定。

第 4 條

國營事業應依照企業方式經營，以事業養事業，以事業發展事業，並力求有盈無虧，增加國庫收入。但專供示範或經政府特別指定之事業，不在此限。

第 16 條（財務）

國營事業之會計制度，由主計部依照企業方式，會商事業主管機關訂定之。

第 18 條（業務）

國營事業每年業務計劃，應於年度開始前，由總管理機構或事業機構擬呈主管機關核定。

第 31 條（人事）

國營事業人員之進用，除特殊技術及重要管理人員外，應以公開甄試方法行之。

前項甄試，以筆試為原則。其甄試方式、應考資格、應試科目、成績計算與錄取標準等事項，由國營事業主管機關定之。

第一項特殊技術及重要管理人員，應由國營事業建立項目、職位及所需資格條件陳報主管機關，並上網公告。

促進民間參與公共建設法（本法中央主管機關，為財政部）

第 1 條

為提升公共服務水準，加速社會經濟發展，促進民間參與公共建設，特制定本法。

第 2 條

本法所稱公共建設，指下列供公眾使用且促進公共利益之建設：

一、交通建設及共同管道。

二、～六項（略）

七、觀光遊憩設施。

獎勵民間參與交通建設條例（本法中央主管機關，為交通部）

第 1 條

為獎勵民間參與交通建設，提升交通服務水準，加速社會經濟發展，特制定本條例。

第 5 條

本條例之獎勵，以下列重大交通建設之興建、營運為範圍：

一～四項（略）
五、港埠及其設施。
六、停車場。
七、觀光遊憩重大設施。
八、橋樑及隧道。

自由貿易港區設置管理條例（本法中央主管機關，為交通部）

第 1 條

為發展全球運籌管理經營模式，積極推動貿易自由化及國際化，便捷人員、貨物、金融及技術之流通，提升國家競爭力並促進經濟發展，特制定本條例。

第 6 條

國際航空站、國際港口之管理機關（構），得就其管制區域內土地，擬具自由港區發之可行性規劃報告及營運計畫書，向主管機關提出申請；經主管機關徵詢所在地直轄市、縣（市）政府及財政部之意見，經初步審核同意，並選定自由港區之管理機關及加具管理計畫書後，核轉行政院核定設置為自由港區。

海洋污染防治法（本法中央主管機關，為行政院環境保護署）

第 1 條

為防治海洋污染，保護海洋環境，維護海洋生態，確保國民健康及永續利用海洋資源，特制定本法。本法未規定者，適用其他法律之規定。

第 11 條

各類港口管理機關應依本法及其他相關規定採取措施，以防止、排除或減輕所轄港區之污染。

各類港口目的事業主管機關，應輔導所轄港區之污染改善。

公司法（本法中央主管機關，為經濟部）

第 1 條

本法所稱公司，謂以營利為目的，依照本法組織、登記、成立之社團法人。

公司經營業務，應遵守法令及商業倫理規範，得採行增進公共利益之行為，以善盡其社會責任。

第 6 條

公司非在中央主管機關登記後，不得成立。

政府採購法（本法中央主管機關，為行政院公共工程委員會）

第 1 條

為建立政府採購制度，依公平、公開之採購程序，提升採購效率與功能，確保採購品質，爰制定本法。

第 3 條

政府機關、公立學校、公營事業辦理採購，依本法之規定；本法未規定者，適用其他法律之規定。

國營港務公司角色

交通及建設部為經營商港，設國營港務股份有限公司，其設置依「國營港務股份有限公司設置條例」之規定。港務公司由政府獨資經營。國營事業管理法規定：國營事業以發展國家資本，促進經濟建設，便利人民生活為目的。國營事業除依法律有特別規定者外，應與同類民營事業有同等之權利與義務。

Unit 3-3 歐盟港埠政策

　　歐盟的港埠政策[註2]，依據歐盟專家會議提出的報告，港口與內陸航運是串連歐洲運輸網路（trans-European network）的重要部分，為因應船型規模愈來愈大，以及地球溫室效應所要求的航運減碳排放規定，歐洲港口現面臨氣候變遷、運輸能源使用型態轉變及海上離岸新能源業務發展挑戰，依歐盟運輸部門（Mobility and Transport）研究，提出新的港埠服務規定、國家協助控制、提供複合運輸不同使用燃料的選項及配合數位化發展的運輸活動，建議可作為歐盟港埠政策的發展重點。

　　由於歐洲貨運量成長可促進就業機會（每百萬噸貨量平均可增加當地港口 300 個工作機會），歐洲地區航商訂購的貨櫃船舶尺寸大小已超過 22,000TEU（Twenty-foot Equivalent Unit），而巴黎協議明確要求航運部門必須進行因應溫室效益的污染減排動作，對港埠的基礎建設及新興能源供應業務也產生新的商機。歐盟的港埠政策希望提出運輸的雙贏的策略而不是替換機會。創新的作為（如 Smart port management）將有助於降低碳排放、船舶閒置時的能源及成本消耗、使用數位控制到港時陸域最佳使用（如船席自動調派）、創新的移動式觀念、新能源與發電廠的聯結（如海上離岸風電）。

歐洲港埠政策故提出四項倡議（four initiatives）

1. 港埠服務規定（The Port Services Regulation）：增加港口服務的資訊透明度，對港埠收費及財務透明度提供可接觸的管道（註：歐洲有些港口是民間經營收費）；允許議會提出指引針對船舶改善污染程度，分類收取基礎設施的環境維持成本。

2. 國家提供協助（Modern state aid control）：針對綠色港埠發展，基於減少運輸污染的排放，鼓勵議會提出各式新能源的替代選擇方案（如離岸風電或液化天然氣燃料等（liquefied natural gas, LNG）。

3. 多重燃料選項（Multimodal and alternative fuel infrastructure）：改善港口與內陸航運的燃料供給選項（如船舶 LNG 燃料加注），為因應船舶減碳排放，港口增加新燃料加注的基礎設施投資。

4. 數 位化應用（Digitalization）：藉由簡化報表及資料分享，使海運運輸能更有效及容易整合在物流網路，建置智慧歐洲單一窗口使報表規格一致是最優先的議題。數位化方案及自動化可以協助船舶航行安全、區塊鏈（block chain）技術的應用，智慧港口計畫的推動。

[註2] The EU Port Policy and Green Ports
http://www.europeanenergyinnovation.eu/Articles/Autumn-2017/The-EU-port-policy-and-green-ports

荷蘭鹿特丹港 2030 年願景（Vision 2030）

荷蘭鹿特丹港的2030年願景是依據歐盟的港埠政策為發展基礎，扮演全球樞紐港（Global HUB）的角色，能永續的發展；擴展港口的貨物通過能量、改善與內陸的各種運輸連結效率、增加物流的作業效率、更好的資訊交換、最小化的物流生態足跡、吸引本地區的產業活動。

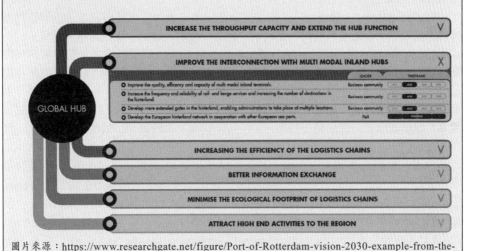

圖片來源：https://www.researchgate.net/figure/Port-of-Rotterdam-vision-2030-example-from-the-strategic-goals-EU-policies-have-also_fig18_293823920

 **歐洲海港組織**（European Sea Ports Organization, ESPO），
https://www.espo.be/
是由歐盟各會員國的港口管理當局所組成，共同促進港埠資訊交流、政府治理及發展生態港（Eco port）活動為目的。

 荷蘭鹿特丹港　　 比利時安特衛普港　　德國漢堡港　　 英國倫敦港

 歐洲主要海港

Unit 3-4 主要國際法規

　　國際商港之安全及管理事務，因涉及國際通商船舶及客貨運送安全，國際上常有兩國雙邊協議或國際組織訂定國際公約、規則以供會員國共同遵循，我國因國情特殊自退出聯合國後，聯合國對海運及港埠相關立法無從參與發表建議及簽署，但由於我國爲世界海運運輸大國，臺灣港口爲亞洲主要商貿及轉運中心，有關國際性的規定仍有跟隨各國一致性管理的必要。

　　依我國商港法第 75 條規定：「商港安全及管理事項涉及國際事務者，主管機關得參照國際公約或協定及其附約所定規則、辦法、標準、建議或程式，採用施行。」；我國船舶法第 101 條規定「其他有關船舶技術與管理規則或辦法，主管機關得參照有關國際公約或協定及其附約所訂標準、建議、辦法或程式，予以採用，並發布施行。」；航路標識條例第 12 條規定「航路標識設置及管理事項涉及國際事務者，主管機關得參照相關國際組織、國際協會、國際公約或協定及其附約所訂規則、辦法、標準、建議或程式，採用發布施行。」，這是我國主管機關[註3]依國內立法程序所採行「內國法化」的作法。

　　聯合國的國際海事組織（International Maritime Organization, IMO）所屬海事安全委員會（Maritime Safety Committee, MSC）及海洋環境保護委員會（Marine Environment Protection Committee, MEPC）所議訂公約內容主要爲有關船舶安全設備、船員訓練、廢棄物處理、船舶海上污染防治等：

◎ 海上人命安全國際公約（International Convention for the Safety of Life at Sea, SOLAS）（中央主管機關爲交通部）

◎ 防止船舶污染國際公約（The International Convention for Prevention of Marine Pollution For Ships, MARPOL）（中央主管機關爲交通部）

◎ 船舶壓艙水及沉積物管理國際公約（International Convention for the Control and Management of Ships' Ballast Water and Sediments）（中央主管機關爲交通部）

◎ 航路標識條例（中央主管機關爲交通部）

　　其他港埠相關業務之主管機關：

◎ 港埠檢疫規則（中央主管機關爲衛生福利部）

◎ 碼頭裝卸安全衛生設施標準（中央主管機關爲勞動部）

◎ 船舶清艙解體勞工安全規則（中央主管機關爲勞動部）

◎ 溫室氣體減量及管理法（中央主管機關爲行政院環境保護署）

[註3] 中華民國交通部 > 公務瀏覽 > 業務專區 > 航政業務採用國際公約資訊
　　　https://www.motc.gov.tw/ch/home.jsp?id=1102&parentpath=0,2,838

涉及國際公約之港航法規

商港法
航業法
航路標識條例
船員法
船舶法
船舶登記法
船舶丈量規則
客船管理規則
小船檢查丈量規則
船舶危險品裝載規則
船舶防火構造規則
船舶設備規則
船舶檢查規則
船舶艙區劃分規則
船舶散裝固體貨物裝載規則
液化氣體船構造與設備規則
化學液體船構造與設備規則

◎海上人命安全國際公約

第 I 章總則

第 II-1 章構造－艙區劃分及穩度、機械與電機裝置

第 II-2 章構造－防火、火災偵測及滅火

第 III 章救生設備及布置

第 IV 章無線電通信

第 V 章航行之安全

第 VI 章貨物運送

第 VII 章危險品之載運

第 VIII 章核動力船

第 IX 章船舶安全營運管理

第 X 章高速船安全措施

第 XI-1 章加強海上安全之特別措施

第 XI-2 章加強海上保全之特別措施

第 XII 章散裝船之追加安全措施

第 XIII 章符合驗證（IMO）

第 XIV 章極區水域營運船舶之安全措施

◎國際安全管理章程（International Safety Management Code, ISM Code）

係聯合國國際海事組織所制訂，提供了一個經營的船舶和污染預防和安全管理的國際標準。1994 年，海上人命安全國際公約通過 ISM Code 納入其第 IX 章中。ISM Code 的目的有：為了確保海上安全；為了防止人命傷亡；為了避免對環境和船舶的損害。

◎國際船舶與港口設施章程（International Ship and Port Facility Security Code , ISPS）

是 1978 年海上人命安全國際公約針對船舶、港口及港口國政府對於保全的一項修正案，於 2004 年開始生效。其規定港口國政府、船東、船上人員以及港口 / 設施人員察覺保全威脅及採取相對的預防措施，以防止保全事件影響從事國際貿易的船舶或港口設施。2001 年 9 月 28 日 IMO 大會針對船港介面活動、港口設施、船對船活動以及締約國政府確保實施前項活動之保全，新增及修訂公約內容，修訂第 V 章及第 XI-1 章和新增第 XI-2 章及國際船舶與港口設施保全章程（ISPS Code）。

◎防止船舶污染國際公約

是國際海事組織針對海上船舶因例行作業產生之故意性油類物質汙染行為，並設法減少船舶因意外事故或操作疏失所形成之偶發性汙染行為所制定之國際公約。國際

海事組織（IMO）海洋環境保護委員會（MEPC）於 2016 年 10 月第 70 次會議通過之 MEPC.280（70）決議案，修訂「防止船舶污染國際公約（MARPOL）」附則 VI「防止船舶空氣污染規則」第 14.1.3 條之規定。

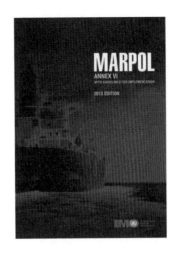

　　我國交通部為保護地球生態的海洋環境，外籍船舶及航駛國際航線之國籍船舶，進入我國國際商港區域，自 108 年（西元 2019 年）1 月 1 日起應採用含硫量以重量計 0.5% 以下之低硫燃油或符合公約規定標準、減排方面所要求同等有效之任何器具、裝置及替代燃料。

◎船舶壓艙水及沉積物管理國際公約

　　船舶壓艙水及沉積物恐造成外來生物影響港口國海洋環境生態，並衍生微生物病源入侵危害之疑慮，國際海事組織已制訂「船舶壓艙水及沉積物管理國際公約」，交通部為維護我國周邊海域海洋生態環境及考量船舶裝載壓艙水需求，配合規範進入我國商港、工業港及其錨泊區與離岸設施之國際及兩岸航線船舶壓艙水交換與排放行為，要求依壓艙水公約辦理。

　　在法制作業部分，交通部於「船舶設備規則」增訂船舶壓艙水管理系統設置標準，並於「商港港務管理規則」增訂國際航線船舶進港須申報壓艙水交換與排放紀錄，禁止於港區內排洩未經處理的壓艙水，並協調環保署研議於「海洋污染防治法」管制未依壓艙水公約處理的壓艙水不得於我國領海範圍內交換或排洩，希建立完整的壓艙水管理法源。在管理制度部分，交通部除責請航港局要求船舶所有人及船長依壓艙水公約規定，落實壓艙水的自主管理外，並由港口國管制員於船舶進港施行檢查時，依船舶壓艙水申報紀錄、管理設備及該船曾航經水域等條件，區分風險等級，同時施行不同強度的檢查，以確保我國海洋生態環境。

1.出發港	2.去程中	3.目的港	4.返程中
DISCHARGING CARGO	CARGO HOLD EMPTY	LOADING CARGO	CARGO HOLD FULL
卸下貨物 裝載壓艙水	貨物空艙 壓艙水滿艙	裝運貨物 卸載壓艙水	貨物滿艙 壓艙水空艙

第四章
港埠規劃

Unit 4-1　港埠發展規劃
Unit 4-2　港埠調查與分析
Unit 4-3　港口水域與碼頭
Unit 4-4　環境評估與景觀

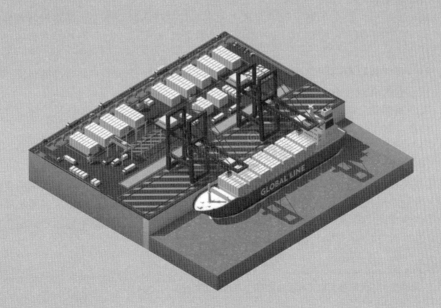

Unit 4-1 港埠發展規劃

　　港灣建設為工程技術問題（例如臺中港為人工港），港區的營運設施佈置，則必須依營運觀點設計。港埠的規劃可分為舊港的擴建或港灣的新建，舊港的擴建為配合營運的成長或航運技術的改變，新港的闢建則涉及考慮層面很大，規劃人員應具備：港埠營運的知識與經驗、建港工程的技術與經驗、瞭解航商與貨主的需求、預測未來客貨運量及運輸技術的發展。在規劃的過程也應避免一些缺點如：基本調查資料不足、預測過於保守、缺少港埠規劃專家參與、過度重視工程設施及建築、忽略營運方法的規劃、未考慮鄰近港口的發展計畫、投資報酬未審慎規劃等。

　　一般港埠規劃原則[註1]：

1. **規劃目標**：配合經濟政策及航運發展需求、管理者的經營策略。
2. **投資計畫**：整體規劃需以長期興建為規劃目標，決定一工程計畫時須先考慮不同方案的經濟分析，採取經濟方案依據需求分期興建。
3. **終點站（Terminal）設計原則**：傳統式雜貨碼頭數應使船舶等待時間達到一定經濟水準，一般雜貨碼頭使用率以 70% 為最佳。貨櫃碼頭後線場地須有足夠整年作業運轉空間。
4. **規劃船席能量問題**：船舶到港是複雜而不規律，船席數量規劃是碼頭使用率及船舶等待時間有相互關係，碼頭使用率高則增加船舶等待時間，船舶等待時間少時則碼頭使用率將很低。
5. **成本考慮**：港埠成本分為固定成本（工程建築及機具設備等）及變動成本（如用人費用、管理及工程維護費用等）；另船舶在港埠成本為停在碼頭時的時間成本及等待船席時花費的時間成本。
6. **碼頭使用率**：為用來測定船席擁塞之程度，其百分比愈高則表示擁塞程度亦會較高，但使用率不會達到 100%，如專用碼頭達到 60% 以上時，港外將常有船隻等待靠泊。
7. **等待時間與服務時間之比率**：此比例為測定船席之服務水準，通常等待時間不得大於服務時間之 10%～50%。
8. **碼頭裝卸量之計算方法**：影響裝卸能量因素有，一艘船舶使用吊桿數、每日作業時數、每年作業日數、設備之種類及作業能量等。

　　港口規劃的主要任務是確定港口在一定時期內的目標和完成該目標所要具備的技術及經濟條件。港口規劃包括全國「商港整體發展規劃」及各國際、國內商港之「未來發展及建設計畫」，「商港整體發展規劃」是依據對外貿易需求及地方產業發展政策，考量地理條件、鄰近競爭港口及運輸成本進行國內港口的布局規劃。各國際、國內商港之「未來發展及建設計畫」是指港口在一定時期的具體規劃，包括港區範圍、港埠的性質及功能、吞吐量、設施建設及分期建設計畫等。

[註1] 湯麟武，「港灣及海域工程」，中國土木水利工程學會，2004 年。

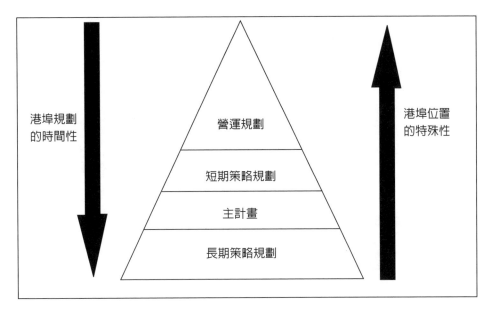

圖片來源：https://www.researchgate.net/figure/Adapted-classification-of-port-planning-types_
fig1_290988176

　　交通部自民國84年起，以每5年一期進行「商港整體發展規劃」，作為我國商港整體發展之上位指導計畫，另依前開計畫內容，通盤考量各商港經營環境、資源需求、港口發展需要及相關政策，分別訂定各國際、國內商港之「未來發展及建設計畫」，截至目前為止已辦理4期（86～90年、91～95年、96～100年、101～105年）。交通部持續研訂106～110年「商港整體發展規劃」、「國際商港未來發展及建設計畫」及「國內商港未來發展及建設計畫」等，以做為商港整體發展及各商港推動發展建設之依據。

　　「商港整體發展規劃（106～110年）」部分，交通部係考量整體港埠內、外部環境變化，分就國際商港及國內商港提出「強化亞太樞紐港地位，成為亞洲最佳服務港口」、「利用港埠資源提升客貨運服務水準，配合地方政策及資源發展觀光旅遊」之發展目標。

　　「國際商港未來發展及建設計畫（106～110年）」部分，主要係依「商港整體發展規劃（106～110年）」所訂發展目標，結合國際趨勢、各商港環境條件、港埠資源及周邊產業條件研擬未來港埠發展與建設需求，於基隆港、臺北港、臺中港、高雄港、安平港等辦理相關新興計畫及延續性計畫。至於「國內商港未來發展及建設計畫（106～110年）」部分，亦係依「商港整體發展規劃（106～110年）」所訂發展目標，朝穩定發展港埠設施、滿足各港區基本運量需求、提升旅運安全及服務水準、逐步健全營運環境等方向發展，預計於金門港、馬祖港、布袋港、澎湖港等辦理建設計畫。

　　國家發展委員會對交通部所提構想原則支持，針對本案各商港未來的建設與發展，請交通部配合國家產業創新、區域發展等相關政策，並與各港所在地方政府充分合作，以期達到港市共榮之目標【註2】。

港市合作建設發展

【註2】　國家發展委員會新聞稿
　　　　https://www.ndc.gov.tw/News_Content.aspx?n=114AAE178CD95D4C&sms=DF717169EA2
　　　　6F1A3&s=2238B771F0CF3DF9

⚓ 澳洲港口規劃程序（Port master planning process）

澳洲昆士蘭（Queensland）地方政府進行港口主計畫規劃時，除邀請工程顧問團隊參與，也邀請地方各利害關係人（團體）協助提供建議，就公共議題如交通、生態、景觀、環保等，共同討論野協助港埠建設能順利推動並促進地方發展。

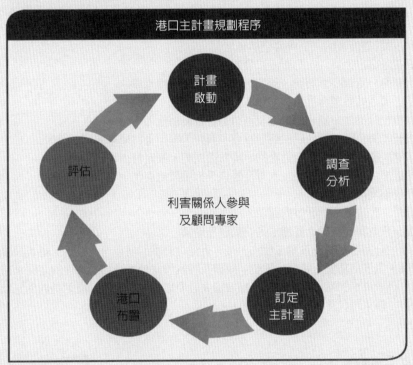

港口主計畫規劃程序

計畫啟動 → 調查分析 → 訂定主計畫 → 港口布置 → 評估

利害關係人參與及顧問專家

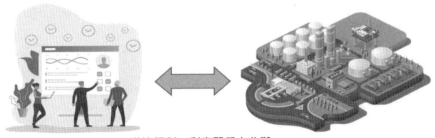

港埠規劃—利害關係人參與

Unit 4-2 港埠調查與分析

　　港埠的主計畫（Port master plan）是一個港口建設發展的具體規劃，決定今後一定時期的發展方向及分年發展計畫，根據遠、近期客貨吞吐量、貨物種類及流量流向、航運發展趨勢等，經過多方案的分析論證後，提出港埠發展及建設的分區、分年期的計畫。港埠的主計畫要在深入調查研究及分析後，對港口的現況進行評估，找出主要問題，通過定量分析港口經濟腹地，預測規劃期內的運輸量，據此提出港埠的發展目標及方向，並依據財務敏感度分析建議預算金額[註3]。

　　港口主計畫涉及的主要內容包括有：

1. 研究港口自然條件，分析港口發展現況。
2. 合理劃分港口經濟腹地，預測港口吞吐量及發展水準。
3. 結合國內外航運發展趨勢，預測到港船型。
4. 依據相關港口布局規劃，論證港口的性質與功能。
5. 根據經濟發展需要、碼頭的岸線資源條件，提出港口需求規劃。
6. 確定規劃港區功能、相對應的水陸布置規劃，確定港口水陸範圍。
7. 提出港口聯外交通設施、水電及通訊等公用設施規劃。
8. 發展環境影響評估。
9. 分析主計畫與相關計畫的關係。
10. 提出分期實施意見，實施規劃的問題及建議。

　　港埠主計畫是在對一系列工程完工後，對港口發展的展望。在策略上應著眼於長遠的發展，對港口功能、性質、地位、規模及發展模式等，作出前瞻性的定位。在此基礎上，尋求港埠的階段性的發展目標及優先發展順序，可見港埠規劃是為使港埠能循序發展、尋求現代化技術和設施的方法。

　　港埠規劃首先要對腹地的經濟條件、擴建港區的自然條件等進行調查及分析，預測港口吞吐量及目標到港船型，作為港埠規劃的基礎依據。

一、腹地經濟社會條件調查

　　（一）港埠腹地：港埠腹地（Port hinterland）是指港口貨物吞吐和旅客集散所及地區，

[註3] 郭子堅，「港口規劃與布置」（第三版），人民交通出版社，2011 年。

港埠腹地一般指港口後方腹地，以某種運輸方式與該港連接，爲港口貨物進出的地理範圍，在當今國際化的情勢港口的腹地也擴大至本國以外區域，如歐洲鹿特丹港、亞洲新加坡港、中東杜拜港等。

（二）腹地範圍的確定：腹地範圍關係到港口的性質、功能、規模及未來發展，應考慮鐵公路及水運等其他交通運輸方式，分析港口貨源及主要貨類的服務範圍，國際商港需注意轉運貨源是來自國外地區。

（三）腹地經濟社會調查：從腹地資源、經濟貿易、產業結構及布局，分析對港埠運輸需求，明確社會發展目標及主要行業、未來主要發展區域，作爲運量預測的依據。

（四）現有港埠設施及配套設施調查：應調查現有港埠陸域及水域設施及現有在建工程情況；配套設施包括交通、排水、水電及通信、城市都市計畫及土土地使用規劃等。

二、港口自然條件調查與分析

（一）地形：陸上及海上地形、河流。
（二）地質：土壤類別、基岩高程、土壤性質、地質構造。
（三）氣象：風向、雨量、霧氣、地震、濕氣及溫度。
（四）海象：海流、潮汐、波浪、泥砂。
（五）環境條件：水質、污染源、自然生態及海岸侵蝕。

三、港埠運量預測

（一）貨物種類及運輸方式：依公務統計分類，主要爲什雜貨（General cargo）、乾散貨（Dry bulk cargo）、液體貨（Liquid cargo）及貨櫃貨（Containerization cargo）等的貨物細分類別。

（二）港埠吞吐量及通過能量：船舶進出港所裝載貨物之重量（以重量噸計算），進港之貨量爲吞量，出港之貨量爲吐量；吞吐量是港口重要的營運指標之一。港埠通過能量代表港口通過貨物的綜合能力，可分爲設計能量和實際作業能量，設計能量是在興建時文件上的理想作業能量，實際作業能量是依設備、作業組織及規劃時實際達成的作業能量。

（三）吞吐量預測：採取一種或多種預測方式，考慮因素特別是港口所在區域經濟及外貿發展的相關變數。預測方式可分爲定性與定量方法，定性是利用歷史資料依靠專家經驗的綜合分析能力，對外發展進行預測。定量方法是根據歷史統計數據，透過書學模型來預測事務未來狀況。

四、船舶及船型預測

爲保障船舶能安全入出港口進行客貨運輸，在規劃港口及設計港埠設施、航道、水工建築物時，須滿足船舶外型尺度、噸位、航行性能、錨泊、停靠、裝卸等方面的條

件及要求，掌握船舶的類型、目標船型及到港船型預測是港區的船席規格及港區平面布置的必要條件。

目標船型是確定港口錨地、航道、迴轉水域、裝卸設備及水運工程建築物（如跨港大橋、過港隧道）設計的基本數據。目標船型通常不是某一條實際船舶，而是綜合某一噸級船舶資料而確定的綜合數據，是按照統計概率推估的設計船舶模型。

 船舶的種類

船型	說明
貨櫃船（Container ship）	專門運送貨櫃的船舶
乾散貨船（Dry bulk ship）	運送無包裝貨物（煤炭、礦砂及穀物等）的船舶
液體散貨船（Liquid bulk carrier）	運送原油、化學品及天然氣等貨物的船舶
雜貨船（General cargo ship）	可載運各式什雜貨的多用途船
駛上／駛下船（Roll on/roll off ship）	可供汽車、拖車直接經跳板駛進船舶貨艙內
汽車運送船（Pure car carrier）	專門用於運輸汽車的船舶
客船（Passenger ship）	專門運送旅客及行李（郵件）的船隻
工作船（Work boat）	為港口作業服務的各式作業小船
遊艇（Yacht）	用於運動活休閒活動的船隻
郵輪（Cruise ship）	航行海洋或海岸上進行遊覽、度假活動的船舶
軍事艦艇（Naval ship）	在海洋或內河執行作戰任務的武裝船舶

港埠需求預測分析

港口功能與經濟變遷

港口推動建設與營運發展規劃時，需考慮港埠所在地區的產業發展情形、經積水準，有些港口因政策的規定，設有加工出口區、自由貿易港區等，利用本地產業豐富的原物料、勞動力、技術能力、優惠措施等，發展為製造加出口為主；有的因本地缺少能源或原物料，大量進口以供本地地區消費使用；有的是擔任鄰近地區的貨物集散中心角色，區域性發展會受經濟（如貨物貨櫃化）、技術（如船舶大型化）及營運組織變動（如航運聯盟）的影響，港口的發展規劃調查與分析也需參考這些相關的因素。

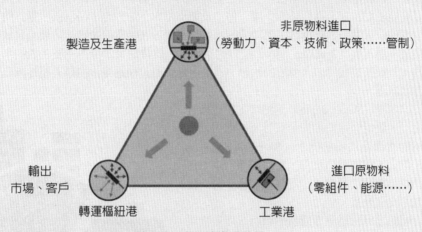

製造及生產港

非原物料進口
（勞動力、資本、技術、政策……管制）

輸出
市場、客戶

轉運樞紐港

工業港

進口原物料
（零組件、能源……）

港口功能與經濟變遷關係

資料來源：Ports and Economic Location Factors
https://porteconomicsmanagement.org/pemp/contents/part2/changing-geography-of-seaports/ports-and-economic-location-factors/

Unit 4-3 港口水域與碼頭

　　港口水域是指港區範圍以內的水域，包括船舶進出港航道、制動水域、迴轉水域、碼頭前沿水域和停泊的錨地水域。合理佈置港口水域有利港口水上作業系統得有效運作，並使航道和港池的維護性浚挖量能盡量減少。港口水域除應適應標準船型（目標船型）的航行及停泊水域外，還應考慮港口輔助作業船舶（工作船、拖船、關務及海巡等公務船）的航行及停泊需要。

　　港口的外堤是防波堤、防砂堤及導流堤的總稱，防波堤（Breakwater）是指以防禦外海波浪侵襲港池、碼頭前沿水域為主要功能的水工建築物，所圍水域水面平穩、水深足夠能使船舶安全進行裝卸作業、停泊及進出港口。防砂堤（Groyne）是以防止或減少泥沙侵入港口或航道為主要功能的水供建築物，在沙質海岸修建防坡堤常兼有防沙功能。導流堤（Training jetty）是以約束水流、維持航道水深為主要功能的水工建築物，一般佈置在河口入海段的治理，其功用是使河流輸送泥沙的動力相外海延伸至是當水深處。

　　港口水深（Water depth）是港口主要技術特徵之一，應能保障船舶安全航行及停泊，港口水域的水深應比船舶吃水（Ship draft）大得多，但人工增加港口水深，會增加港口水工建築物的造價及挖泥費用，港口水深應保持一定合理的安全餘裕。

　　合理的水深餘裕應考慮船舶航行或停舶作業不致觸底所需要的水深、減少船舶操縱困難所需要的水深。會影響船舶觸底的因素可能來自水深誤差（潮汐站水位預測或海圖測量誤差）和船舶運動（波浪作用下的船體下沉）導致的吃水增加。

碼頭

水深

　　碼頭前沿（岸壁）（Frontier）水深即船席水深，通常指在設計低水位以下的深度，由停靠本船席的設計船型滿載吃水和餘裕水深構成。防止船舶觸底需要考慮潮汐水位、水深測量誤差、海底土壤的軟硬程度及船舶配載增加的吃水等因素。

　　航道（Navigation channel）是指在江河內陸區域及沿海水域能滿足船舶安全航行要求的通道。船舶進出港口必須按照航行標誌航行，遵守航行規則避免發生海難事故，進出港航道通常是港埠規劃、設計和維護的重要議題。航道設計包括航道選線、航道規格的確認（水深、寬度及轉彎處參數等），以及助航設施的設置等內容。規劃過程應考慮船舶操作方便、地形、氣象及海象條件，以及其他導航通信設施的協調配合。

　　錨地（Anchorage area）是專供船舶停靠或進行水上作業的指定水域，錨地按地理位置一般是以防波堤為界，可分為港外錨地（Outer roadstead）及港內錨地（Harbor anchorage）。港外錨地供船舶候潮、等待船席泊靠、避風及聯檢使用，港內錨地供

等待船席靠泊或水上裝卸使用（如原木下水桴排）。船泊在錨地停泊的方式主要有拋錨繫泊（Anchorage）和浮筒繫泊（Buoy Mooring）兩種，港外宜以拋錨繫泊方式，港內是以錨地繫泊和浮筒繫泊兩種。錨地位置應選在靠近港口，天然水深適宜、海底平坦、錨抓力好、水域開闊、風浪及水流較小、方便船舶進出航道、遠離礁石及淺攤，以及具有良好定位條件的水域。

　　港池的突堤碼頭（Jetty）自岸邊深入水域中，突堤碼頭之間的水域稱為港池（Basin），順岸式碼頭前供船舶靠離作業的水域亦稱為港池，碼頭水深與港池水深式不同概念，碼頭水深是要維護船舶在碼頭停靠作業的安全，港池水深是要保障船舶靠離航行時的出入安全。

　　港口陸域通常包括碼頭作業線以內的港埠作業及輔助作業用地，現代港口在碼頭後線常設有物流中心、貨物（櫃）集散站及自由貿易港區等設施。碼頭是港口的作業中心，規劃時應注意碼頭規模包括船席數量、水深、裝卸貨物種類、裝卸機具等，有時為業主所規劃的專用碼頭。

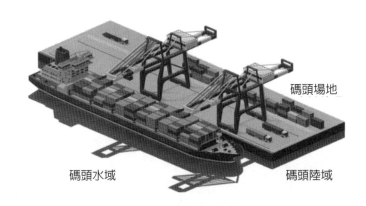

港口陸域 碼頭場地

碼頭水域　　　　　　　　　　　碼頭陸域

客運碼頭及旅客服務中心

一般港口水域及陸域佈置

港口規劃依船舶作業需求提供基本設施,以符合船舶操作特性及安全航行,基本佈置從進港前,至進港靠碼頭有港外錨地、進出港航道、迴轉水域、港口船席及陸域的後線作業場地等。

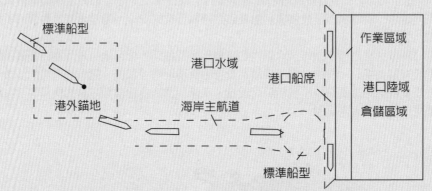

圖片來源:A general layout of the coastal water channel and seaport
https://www.researchgate.net/figure/A-general-layout-of-the-coastal-water-channel-and-seaport_fig1_265154794

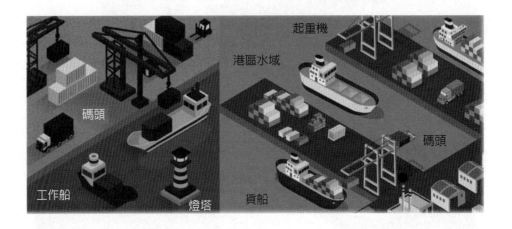

遊艇碼頭（Yacht Wharf）

近年政府為配合民間海洋休閒活動需求，推動遊艇觀光遊憩為目的，促進水域遊憩產業永續發展。在臺灣各商漁港進行遊艇碼頭的規劃與設置，海上遊艇活動在歐美已有多年發展歷史，國內尚在起步階段，在港埠規劃時較少納入遊艇碼頭的需求，由於遊艇停靠港口時間久及當日進出港次數較多，此外遊艇屬私人休閒活動大多配合遊艇俱樂部的管理服務，其海陸設施要求會異於一般商船的客貨運輸標準。

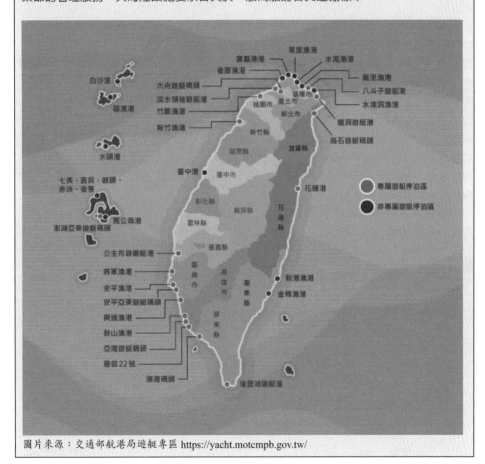

圖片來源：交通部航港局遊艇專區 https://yacht.motcmpb.gov.tw/

Unit 4-4 環境評估與景觀

　　港口區域是自然生態系統與社會生態系統相互作用、相互影響的敏感地帶，港埠的建設需要使用自然海岸線，並在原有的海岸線建設成人工的港埠作業區，不論是天然或人工的港埠，都會對自然環境及生態產生一定的破壞及影響。現代港口是多元化發展的群體活動，港與市的介面逐漸難以劃分，公民意識與環境保護觀念的抬頭，如何最大可能將自然生態保護、港口景觀與港埠建設協調共生，是現代港埠規劃必須考慮的課題。

　　我國於 91 年 12 月所公布的「環境基本法」中所稱環境，係指影響人類生存與發展之各種天然資源及經過人爲影響之自然因素總稱，包括陽光、空氣、水、土壤、陸地、礦產、森林、野生生物、景觀及遊憩、社會經濟、文化、人文史蹟、自然遺蹟及自然生態

系等。永續發展係指做到滿足當代需求，同時不損及後代滿足其需要之發展。同法第七條規定：「中央政府應制（（訂）定環境保護相關法規，策定國家環境保護計畫，建立永續發展指標，並推動實施之。」而有關環境影響評估的法規也由中央主管機關－行政院環境保護署公告實施。

　　港埠規劃及港灣建設項目都必須依法進行環境影響評估，並制定環境影響報告書，內容應預測工程建設過程及建設完成後營運對生態環境、人文交通的近期與長期影響，提出減少或防止的措施。對必要的保護措施應投入足夠的經費，以取得經濟、社會、環保的協調結果。

　　環境影響評估（Environmental Impact Assessment, EIA），通常是在擴建工程的功能、規模、技術、佈置已確定的前提下進行，通常在港埠規劃階段進行環境影響評估，在港口的工程可行性研究階段進行單元環境影響評估。港口的環境影響評估應重點解決下列問題：

1. 可能對相關區域、海域及海域生態系統產生的整體影響。
2. 可能對環境和人群健康產生長期的影響。
3. 規劃實施的經濟、社會與環境效益間，將與當前利益、長期利益之間的競合關係。

環境影響評估

有關港灣開發之環境影響評估的法規

1. 環境影響評估法

第4條

本法專用名詞定義如下：

一、開發行為：指依第五條規定之行為。其範圍包括該行為之規劃、進行及完成後之使用。

二、環境影響評估：指開發行為或政府政策對環境包括生活環境、自然環境、社會環境及經濟、文化、生態等可能影響之程度及範圍，事前以科學、客觀、綜合之調查、預測、分析及評定，提出環境管理計畫，並公開說明及審查。環境影響評估工作包括第一階段、第二階段環境影響評估及審查、追蹤考核等程序。

第5條

下列開發行為對環境有不良影響之虞者，應實施環境影響評估：

二、道路、鐵路、大眾捷運系統、港灣及機場之開發。

2. 開發行為應實施環境影響評估細目及範圍認定標準

第8條

港灣之開發，有下列情形之一者，應實施環境影響評估：

一、商港、軍港、漁港或工業專用港興建工程。

3. 開發行為環境影響評估作業準則

第43條

港灣、港埠工程或填海造地之開發，應說明各該結構物對沿岸流、漂砂、鄰近海域生態、水下文化資產以及未來之海岸地形變遷、或對河口之影響，並納入環境保護對策。

設有隔離水道者，應就相鄰之填海造地與陸域間之各河口、浮游生物與底棲生物、沿岸流、潮汐、海岸地形變遷、沉積物流失、排水、水質交換等問題，說明其整體之負面影響，並納入環境保護對策。

在海域抽沙或浚挖航道水域者，應詳細調查水域地形及地質探查，評估對海底、水域水質、生物、漁業及水下文化資產之影響範圍與其程度，並納入環境保護對策。

4. 工業專用港或工業專用碼頭規劃興建經營管理辦法

第11條

中央主管機關依本條例第五十六條第三項規定辦理工業專用港或工業專用碼頭區域之劃定時，應檢附環境影響評估審查核定文件、公民營事業所提之工程計畫報告書及區域界限現地會勘紀錄，會商交通部、內政部及有關機關後，報請行政院核定。

　　港口景觀（Harbor spectacle）是現代港埠的規劃項目之一，為求港市發展的融合、民眾親水休閒的需求，港灣有必要保留海灘（Beach），一方面可消減港內波浪能量的衝擊，亦可供人觀光遊憩，港區開放公共空間作商業廣場（Plaza）、綠帶（Green belt）以作綠美化的植栽等，可增進地方民眾對港埠建設的支持。

港口景觀構成的獨特要素包括港口碼頭、道路系統和燈光系統等，港口景觀的規劃與設計從港口城市整體風貌角度出發，將陸地、海岸至近岸區域，按區域作整體化處理並在功能作連接性。港口景觀的設計應本保護自然、尊重生態規律，使港口與自然生態共生，要求減少港口對環境的污染，提高港口岸線和土地的使用率，以低碳為目標發展綠色港口。社會生態方面，要求結合地方風俗和文化特色，保護港口區域內的歷史資產。

親水護岸的設計，其中港口的水工建築物是港口內不可或缺的人工景觀，在不影響人員安全及船舶作業安全下，透過適當的景觀設計可以提供眺望大海、觀賞各式船舶航行或港區的自然景觀，在合適的地方可供設置休息、餐飲、娛樂等服務設施。

港口綠帶是減少港埠建築物（作業區）相對較集中，為減少彼此之間的干擾，並改善港區的船舶、貨物及車輛的污染而設置，主要可分為：

1. **公共綠帶**：事項大眾開放並具有一定活動設施與造景，供民眾進行休閒娛樂如花園與廣場而設置的綠地，
2. **緩衝綠帶**：是指港內具有衛生、隔離和安全防護功能的綠化用地，具有淨化空氣、降低噪音、隔熱、保護建築物等的效果。
3. **道路綠帶**：用於分離港內車輛與行人、作業區的道路兩側，植栽不宜太高以免影響車輛行進視野空間。
4. **景觀綠帶**：是在城市建設用地之外，在港市交界之地結合建築群進行綠帶的設計，可增進生態、空氣減少污染及供民眾休閒運動空間。

港市交通、綠帶

第五章
港務管理

Unit 5-1　港政與管理
Unit 5-2　作業管理
Unit 5-3　安全管理
Unit 5-4　危險物品管理

Unit 5-1 港政與管理

　　港務管理是一般港口管理最重要及極其繁瑣的業務，它不分 24 時小進行港灣周圍設施安全維護及動態監視，以提供船舶安全入出港灣及作業安全。

　　我國商港原本是航政監理、港務管理、業務經營集於一身行政管理的政府機關（原各港務局），為因應國際間航運發展需要及提高臺灣商港的整體營運效率，順應政府組織改革進行航港管理組織的改革，民國 100 年 10 月 28 日修訂公布後的商港法，使港務管理有傳統的航港公權力行使及商港經營事業機構的管理區隔。

　　例如商港法第五條規定：「商港區域內治安秩序維護及協助處理違反港務法令事項，由港務警察機關執行之。商港區域內消防事項，由港務消防機關或委辦之地方政府執行之。前二項港務警察機關及港務消防機關協助處理違反港務法令事項時，兼受航港局之指揮及監督」。即明確規定港務警察與港務消防機關在依商港法執行事項兼受航港局之指揮及監督。

　　民國 101 年 3 月 1 日在臺灣港務股份有限公司及交通部航港局成立後，依新商港法就港政業務進行分工，主要的區別是交通部航港局行使港區行業營運許可管理、需核轉上級主管機關事項、依商港法裁罰案件、其他法規有規定事項，港務公司則執行商港法所規定經營管理事項。

航港局與港務公司依商港法之港政分工舉例

第 1 條：商港之規劃、建設、管理、經營、安全及污染防治，依本法之規定。		
航港局		**港務公司**
第 5 條 港務警察機關及港務消防機關協助處理違反港務法令事項時，兼受航港局之指揮及監督。		

第 6 條 商港區域之整體規劃及發展計畫，由商港經營事業機構、航港局或指定機關徵詢商港所在地直轄市、縣（市）政府意見擬訂，並報請主管機關或層轉行政院核定。	
第 9 條 商港區域內建築物及設施之興建、增建、改建或拆除，除經航港局或指定機關公告之區域外，應經航港局或指定機關核准；未經核准擅自建造、設置者，應由航港局或指定機關依法拆除。	配合辦理
第 10 條 國際商港區域內各項設施，防波堤、航道、迴船池、助航設施、公共道路及自由貿易港區之資訊、門哨、管制設施等商港公共基礎設施，由政府委託商港經營事業機構興建維護。	
第 12 條 商港服務費之費率及收取、保管、運用辦法，由航港局擬訂，報請主管機關核定。	配合辦理
第 19 條 船舶進入國際商港，應於到達港區二十四小時前，出港應於十二小時前，由船舶所有人或其代理人據實填具船舶入港或出港預報表，送航港局查核後，交由商港經營事業機構安排船席。	
第 21 條 遇難或避難船舶，經航港局或指定機關會同有關機關檢查，具有下列情事之一，航港局或指定機關得拒絕入港。	配合辦理
第 41 條 商港經營事業機構、航港局或指定機關應擬訂災害防救業務計畫，報請主管機關核定之。	
第 42 條 商港經營事業機構應辦理各國際商港保全評估作業，並據以擬訂保全評估報告及保全計畫，報請航港局核定後實施。	配合辦理
第 45 條 於商港區域內申請經營船舶貨物裝卸承攬業，應具備有關文書申請航港局或指定機關許可籌設。	配合辦理
第 46 條 於商港區域內申請經營船舶理貨業，應具備有關文書申請航港局或指定機關許可籌設。	配合辦理
第 55 條 從事打撈沉船或物資及為船舶解體等相關作業時，應依航港局核准之作業計畫施工，不得損害港灣航道各項設施或影響船舶航行安全。	配合辦理
第 58 條 航港局依國際海事組織或其相關機構頒布之港口國管制程序及其內容規定，對入、出商港之外國商船得實施船舶證書、安全、設備、船員配額及其他事項之檢查。	配合辦理
第 60 條 外國商船違反管制檢查規定，情節嚴重，有影響船舶航行、船上人員安全之虞或足以對海洋環境產生嚴重威脅之虞者，航港局得將其留置至完成改善後，始准航行。	配合辦理
第七章罰則 第八章附則	配合辦理

港警、港消

兼受航港局
指揮監督

交通部航港局
Maritime and Port Bureau, MOTC

商港法公權力行使

- ● 商港區域之整體規劃及發展計畫（6條）
- ● 商港區域內建築物及設施核准（9條）
- ● 商港公共基礎設施（10條）
- ● 商港服務費（12條）
- ● 船舶進出港預報（19條）
- ● 遇難或避難船舶檢查（21條）
- ● 鄰近港口入、出口處之燈光位置及強度（34條）
- ● 災害防救業務計畫及國際商港保全評估作業（41～43條）
- ● 船舶貨物裝卸承攬業及船舶理貨業之管理（45～52）
- ● 船舶打撈（53～56條）
- ● 船舶檢查（58～60條）
- ● 罰則（61～73條）
- ● 接受各目的事業主管機關委託辦理（74條）
- ● 商港安全及管理事項涉及國際事務者（75條）
- ● 其他管理經營依商港法事項依國際港與國內商港分工辦理

　　臺灣港務股份有限公司則是依商港法由交通部獨資成立的國營事業機構經營及管理國際商港；管理事項涉及公權力部分，由交通部航港局辦理。我國國際商港之港務管理事項，由港務長（Harbor master）轄管，在各商港設置港務管理單位，一般設有港務行政、監控中心、船舶交通中心（VTS）及港勤中心等單位，並依國際海事組織（IMO）及商港法等相關港域劃設、船舶航行秩序、污染防治、港口設施作業保全（ISPS）、危險物品作業（IMDG code）、災防動員作業等，進行規劃、演練及恢復作業之管理。

國際港務長協會（IHMA）

國際港務長協會是負責在港口水域安全、可靠、高效和環保地開展海上作業的人員的專業機構。該協會擁有來自50多個國家的成員，匯集了港務長和所有在港口內的海上作業控制方面擔任管理職位的人員。

IHMA的目標是將負責在港口水域進行安全、可靠、高效和環保的海上作業的人員聯合成一個專業機構，以進一步實現IHMA的目標。該協會在國際海事組織（IMO）和國際航道測量組織（IHO）中具有非政府的諮詢地位，並派代表參加影響港務長工作的會議。

位於兩個或多個鄰國的特定地理區域內的IHMA成員可以尋求IHMA授權來建立區域委員會。區域委員會的目的是促進該區域內IHMA成員的特定利益。目前有一個區域委員會，即歐洲港務長委員會（EHMC）。

港務長的角色

港口可能是繁忙的地方，而且由於其商業活動的性質，可能是危險的工作場所。港務長可以發揮關鍵作用，確保在港口或港口附近生活和工作的人們、港口工作人員、客戶或港口環境的遊客可以安全地開展業務。港務長必須熟悉國際、國家和地方層面的所有相關安全、環境和健康法律。

1. 港口海運業務

使用港口及其方法的任何船隻的航行安全是港務長最關心的問題。港務長管理船舶在港口航行的方式。大多數監管要求以港口附則、一般方向、引航指示等形式明確規定，這些明確定義了安全航行方面的「道路規則」。

2. 港口管理

除了該角色的技術和法定職責外，今天的港務長越來越多地參與港口運營的日常管理。對港口商業業務的更多參與和更大責任是許多港務長的日益增長的活動領域。

3. 港口休閒

休閒活動可以採取多種形式，包括休閒划船（動力和帆）、游泳、潛水和有組織的水上活動。港務長可以通過應用安全管理原則和風險評估來降低與大型水上活動相關的風險。

資料來源：The International Harbour Masters' Association
https://harbourmaster.org/

港務長的主要職責──維護港口安全

Unit 5-2 作業管理

　港務管理主要任務提供船舶安全進出的設施及服務，並確保客貨作業時能方便順利。其主要管理依「商港港務管理規則」可分為：

船舶入出港

1. 船舶入港，應於到達港區二十四小時前，出港應於發航十二小時前，由船舶所有人或其代理人據實填具船舶入港或出港預報表，國際商港應送航港局查核後，交由商港經營事業機構安排船席。
2. 船舶到達國際商港前，應與港口信號台聯絡，經商港經營事業機構指定船席及通知後，始得入港。

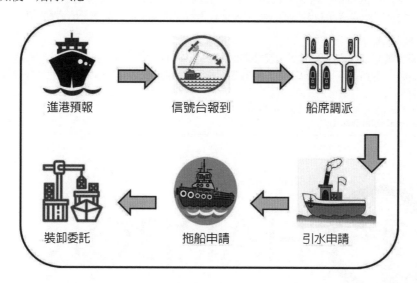

進港預報　　　　　信號台報到　　　　　船席調派

裝卸委託　　　　　拖船申請　　　　　引水申請

船舶在港停泊及停航

1. 船舶於裝卸作業中，停止作業超過二小時，或裝卸完畢二小時內未離船席或出港，致影響船席調配時，商港經營事業機構、航港局或指定機關得通知移泊。
2. 港區內停泊非作業船舶，所有人或其代理人應將聯絡地址向停泊港之商港經營事業機構、航港局或指定機關登記，依指定之船席停泊，並加強安全措施。
3. 港區內船舶拆解，應在商港經營事業機構、航港局或指定機關指定之區域或地點為之。

港區安全及污染防治

1. 進出商港管制區各業作業人員或車輛，均應由各業負責人或車輛所有人檢具有關文件，向商港經營事業機構、航港局或指定機關申請核發港區通行證件並接受港務警察檢查後，始可通行。
2. 公務船及公民營事業機構之作業船、交通船、觀光客船，非經商港經營事業機構、航港局或指定機關同意，不得在港區內行駛及作業，其艘數得視實際需要予以限制。
3. 商港區域內經公告開放垂釣之區域，商港經營事業機構、航港局或指定機關得將安全維護、人車秩序管理等事項委託登記有案之相關社團辦理。
4. 於國際商港從事危險物品作業之公民營事業機構應擬訂危險物品儲放管理計畫，並提交商港經營事業機構審查通過後，由商港經營事業機構報請航港局備查後實施。
5. 油輪裝卸油料，應在商港經營事業機構、航港局或指定機關指定地點作業。作業時應圍設攔油索或攔阻油污設施並備妥滅火設施，如有溢漏應即予清除，並通知商港經營事業機構、航港局或指定機關。
6. 遇難或避難船舶，應聯繫港口信號台，並由信號台通知航港局或指定機關。
7. 船舶所有人或其代理人應於船舶修理前詳實填具船舶在港修理申請單，檢附承修廠商之公司或商業登記證明文件影本申請商港經營事業機構、航港局或指定機關同意。

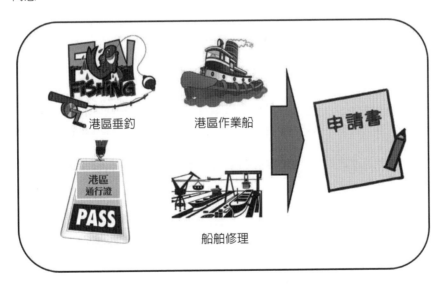

港區沉船處理依「商港法」第十三條規定為：商港區域內之沉船、物資、漂流物，其打撈、清除應經商港經營事業機構、航港局或指定機關同意；所有人不依商港經營事業機構、航港局或指定機關公告或通知之限期打撈、清除者，由商港經營事業機

構、航港局或指定機關打撈、清除。所有人不明，無法通知者，亦同。

　商港區域內之沉船、物資、漂流物之位置，在港口、船席或航道致阻塞進出口船舶之航行、停泊，必須緊急處理時，得逕由商港經營事業機構、航港局或指定機關立即打撈、清除。

 船舶貨物裝卸承攬業及船舶理貨業管理規則

港區內有兩個行業需經航港局申請許可，船舶貨物裝卸承攬業及船舶理貨業之管理、應遵行事項之規則，係在商港法第45~52條規定，另依同法第52條訂定船舶貨物裝卸承攬業及船舶理貨業管理規則。

第4條
申請經營船舶貨物裝卸承攬業，除符合前條規定之最低基準外，應與商港經營事業機構、航港局或行政院指定之機關合作興建或租賃經營專用碼頭，或與專用碼頭經營業者訂定船舶貨物裝卸承攬契約。
前項情形，於未開放租賃經營之碼頭，申請人應與商港經營事業機構、航港局或指定機關合作興建或租賃經營碼頭後線倉儲設施。
第一項每座專用碼頭或第二項碼頭後線倉儲設施之船舶貨物裝卸承攬業以一家經營為限，不得越區作業。但國內商港於未開放租賃經營之碼頭貨源規模不足，經航港局或指定機關同意者，不在此限。

第12條
船舶理貨業務範圍如下：
一、散雜貨及貨櫃之計數、點交、點收。
二、船舶裝卸貨物時之看艙。
三、雜貨包裝狀況之檢視。
四、散雜貨標識分類、貨櫃櫃號識別及配合海關關務作業等相關理貨業務。
散雜貨及貨櫃之數量、標識、櫃號及雜貨包裝狀況，應由委託人或倉儲業者與理貨業者共同簽證。
國內航線、以管道方式裝卸運輸貨物或同一貨主同一貨物以包船租約採船邊提貨者之船舶理貨業務，得由船方或貨主視實際需要委託理貨業者辦理。

船舶貨物計數及貨況檢查

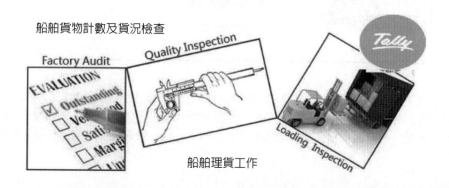

船舶理貨工作

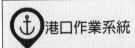港口作業系統

港口是一個複雜的作業系統，由不同的運輸系統相連接而完成客貨的運送，其中可主要按作業區域分為三個次作業系統：船邊作業、陸上碼頭、港區聯外區域，船邊作業是船舶靠港船席進行裝卸作業，陸上碼頭進行貨物倉儲、轉運及加工等作業，港區外連接地區有貨物儲運站進行不同貨物的集中、疏散運輸、不同運輸工具的聯接作業。

港口作業系統的營運管理是提供客貨快速的裝卸及轉運，每一個作業由不同的組織進行分工合作完成（航運公司及船務代理、船舶貨物裝卸承攬及理貨、報關、倉儲及運輸業等），港口管理單位提供基礎設施及作業訊息交換平臺。

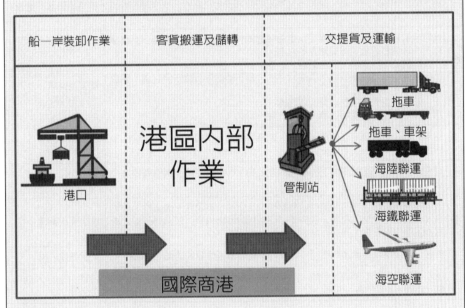

資料來源：Principales puertos de Panamá
http://principalespuertosdepanama.blogspot.com/2015/10/puertos-maritimos.html

Unit 5-3 安全管理

　　港埠的安全管理從船舶進港申請或貨物進港作業前開始,「商港法」及「商港港務管理規則」有明確規定,另國際海事組織對於港口設施與人員的保全作為,我國亦納入遵守,這是國際商港除災防計畫以外之重要安全維護作為。

進出港之規定

商港法規定	備註
1. 船舶進入國際商港(國內商港),航港局或指定機關(指金馬地區國內商港)對於申請入港船舶,認有危及商港或公共安全之虞者,非俟其原因消失後,不准入港。	申請船舶資料審查
2. 遇難或避難船舶,經航港局或指定機關會同有關機關檢查,具有下列情事之一,航港局或指定機關得拒絕入港: 一、載運之危險物品有安全顧慮。 二、載運染患傳染病或其可疑症狀之人,有影響國內防疫安全之虞,且該商港未具處置之能力。 三、船體嚴重受損或船舶有沉沒之虞。 四、其他違反法規規定或無入港之必要。	避免滯港影響船席調度及作業
3. 船舶入港,應依商港經營事業機構、航港局或指定機關指定之船席或錨地停泊。	港區錨泊秩序維持
4. 裝有核子動力之船舶或裝載核子物料之船舶,非經原子能主管機關核准,不得入港。	原子能法
5. 入港船舶裝載爆炸性、壓縮性、易燃性、氧化性、有毒性、傳染性、放射性、腐蝕性之危險物品者,應先申請商港經營事業機構、航港局或指定機關指定停泊地點後,方得入港。	危險物品管理
6. 船舶在商港區域內應緩緩輪慢行,並不得於航道追越他船或妨礙他船航行。	船舶避撞規則
7. 船舶在商港區域內停泊或行駛,應受商港經營事業機構、航港局或指定機關之指揮。	信號台之出入港口指引

港口安全之規定

商港法規定	備註
1. 進入商港管制區內人員及車輛,均應申請商港經營事業機構、航港局或指定機關核發通行證,並接受港務警察之檢查。	商港管制範圍之人員及貨物出入管制
2. 商港區域內,不得為下列行為: 一、在海底電纜及海底管線通過區域錨泊。 二、養殖及採捕水產動、植物。 三、其他經航港局或指定機關公告之妨害港區安全行為。 商港經營事業機構、航港局或指定機關於不妨害港區作業、安全及不造成污染之商港區域,得與登記有案之相關社團協商相關措施,公告開放民眾垂釣,不受前項第二款規定之限制。	避免船舶通行安全行為

商港法規定	備註
3. 商港經營事業機構、航港局或指定機關應擬訂災害防救業務計畫，報請主管機關核定之。 前項計畫應定期檢討，必要時，得隨時為之。 商港區域內發生災害或緊急事故時，商港經營事業機構、航港局或指定機關得動員商港區域內各公民營事業機構之人員及裝備，並應配合有關機關之指揮及處理。 商港區域內各公民營事業機構應配合商港經營事業機構、航港局或指定機關實施災害防救演習及訓練。	災害防救法
4. 商港經營事業機構應辦理各國際商港保全評估作業，並據以擬訂保全評估報告及保全計畫，報請航港局核定後實施。 國際商港區域內各公民營事業機構，應依前項計畫辦理港口設施保全評估作業，並據以擬訂保全評估報告及保全計畫，報請航港局或其認可機構核定後實施。	國際海事組織之 ISPS Code 規定

海難救護、打撈管理及外國商船管制檢查

商港法規定	備註
1. 船舶於商港區域外因海難或其他意外事故致擱淺、沉沒或故障漂流者，航港局應命令船長及船舶所有人採取必要之應變措施，並限期打撈、移除船舶及所裝載貨物至指定之區域。 前項情形，必要時，航港局得逕行採取應變或處理措施；其因應變或處理措施所生費用，由該船舶所有人負擔。 第一項擱淺、沉沒或故障漂流船舶之船長及船舶所有人未履行移除前或有不履行移除之虞，航港局得令船舶所有人提供相當額度之財務擔保。未提供擔保前，航港局得限制相關船員離境。	港區外船舶事故處理
2. 打撈沉船或物資及為船舶解體等相關作業者，應將委託合約及作業計畫，報請航港局核准後，始得作業。 前項所定作業計畫，應包括申請人、基本資料、位置、數量、工作方式、防止油污染措施、勞工安全衛生措施及施工期間。 沉船或物資所有人不明者，航港局應將其基本資料、位置、數量公告三個月屆滿後，始得核准打撈。 沉船或物資所有人無法通知或未於通知期限內打撈者，準用前項規定。	港區外船舶事故處理
3. 從事打撈沉船或物資及為船舶解體等相關作業時，應依航港局核准之作業計畫施工，不得損害港灣航道各項設施或影響船舶航行安全。 前項作業未能如期完工，應於期限屆滿七日前敘明理由，申請展期。	港區外船舶事故處理
4. 航港局依國際海事組織或其相關機構頒布之港口國管制程序及其內容規定，對入、出商港之外國商船得實施船舶證書、安全、設備、船員配額及其他事項之檢查。	國際海事組織的 Port state control 規定
5. 外國商船違反管制檢查規定，情節嚴重，有影響船舶航行、船上人員安全之虞或足以對海洋環境產生嚴重威脅之虞者，航港局得將其留置至完成改善後，始准航行。 外國商船違反管制檢查規定，我國無修繕設備技術、無配件物料可供更換或留置違法船舶將影響港口安全或公共利益者，得經入級驗船機構出具證明，並獲航港局同意後航行。	海洋污染防治法及國際海事組織的 MARPOL 規定

船舶交通服務系統（Vessel Traffic Service, VTS）[註1]

是由港口當局所建立的船舶交通監控系統，進行港區船舶交通管制，典型的船舶交通管理系統使用雷達、閉路電視、VHF 無線電話和船舶自動識別系統（AIS）來保持對船舶移動的追蹤並在有限的地理範圍內提供航行安全指引。

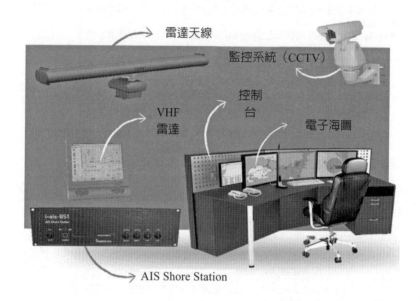

在 1985 年 11 月 20 日國際海事組織第 14 屆大會審議通過決議「船舶交通服務（VTS）指南」，說明船舶交通管理系統的定義、功能、組織等，可當作各國規劃設計及實施船舶交通管理系統的國際標準。該文件正式採用「船舶交通服務」（Vessel Traffic Service, VTS）代替各國使用的「船舶交通管理」（Vessel Traffic Management, VTM），避免管理字意上有強制的意思。在「船舶交通服務（VTS）指南」中規定，應注意 VTS 的實施不得侵犯船長對自船安全航行所負的責任，也不得干擾船舶和引水人之間的傳統關係。國際海事組織在 1997 年通過 A.857（20）的更新決議，船舶交通服務的目的是爲了提高航行安全和效率，以及海上人命安全，加強海上環境保護，減少施工現場及近海設施對海上交通產生不利的影響，就是國際海事組織建議締約國在規劃、實施和運作 VTS 的指南及標準[註2]。

[註1] 李紅喜，「船舶交通管理系統」，大連海事大學出版社，2012 年。

[註2] IMO A.857(20), Guideline for Vessel Traffic Services
https://docs.google.com/viewer?a=v&pid=sites&srcid=ZGVmYXVsdGRvbWFpbnxkczFwb
nB8Z3g6MWVlOWMzMzc1MWE5ODQ0NQ

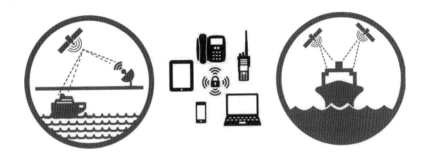

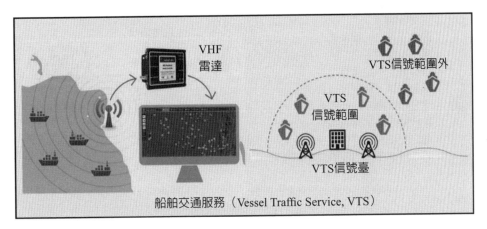

船舶交通服務（Vessel Traffic Service, VTS）

⚓ 國際船舶與港口設施保全章程（ISPS Code）

國際船舶與港口設施保全章程（International Ship and Port Facility Security Code；ISPS）是1978年海上人命安全國際公約針對船舶、港口及港口國政府對於保全的一項修正案，於2004年開始生效。其規定港口國政府、船東、船上人員以及港口/設施人員察覺保全威脅及採取相對的預防措施，以防止保全事件影響從事國際貿易的船舶或港口設施。

一、簡介：為確保並驗證我國國際商港各港口設施持續符合「國際船舶與港口設施保全章程（ISPS Code）」規定，依「商港法」第42條規定，由航港局督導商港經營事業機構辦理各國際商港保全評估作業，並擬訂保全評估報告及保全計畫；同時依「商港法」第43條規定，航港局對港區保全業務進行查核及測試，並配合國際公約規定，每5年重新核發「港口設施符合聲明書」，及每年4月至8月進行年度查核工作，俾辦理港口保全設施之合格簽署。

二、查核範圍：包含我國基隆港、臺北港、蘇澳港、臺中港、布袋港、安平港、高雄港、馬公港及花蓮港等各港口設施（PF）。

三、查核小組：為辦理港口設施查核工作，分別由航港局及所屬各航務中心、財政部關稅屬各關區（分關）、內政部消防署各港務消防隊、內政部警政署各港務警察總隊、行政院海岸巡防署海洋巡防總局及海岸巡防總局各地分支機關（含商港安檢所、海巡隊）等單位辦理。

四、查核作業流程：查核作業略可分為查核前、查核中及查核後3階段。
　　查核前除辦理教育訓練外，另函知相關單位辦理準備工作；查核作業則由各航務中心帶隊人員率隊進行各項查核；查核後將各港口設施單位之缺失提列清單，持續追蹤列管，（未通過查核者則須辦理複檢），並將查核結果報局。

五、查核指標：國際港口設施保全查驗指標計有10大項：
　　1.保全組織
　　2.保全人員之知識及能力
　　3.保全設備情形
　　4.港口設施保全通信
　　5.保全演練、演習執行情形
　　6.保全作業機制及執行情形
　　7.保全措施及落實行情形
　　8.港口設施改變時重新進行保全評估及修正保全計畫
　　9.港口設施保全內部稽核執行情形10.其他項目

資料來源：航港局＿國際港口設施保全業務
https://www.motcmpb.gov.tw/Information/Detail/fc2039dc-abb2-42b2-9c61-41019958f5df?SiteId=1&NodeId=337

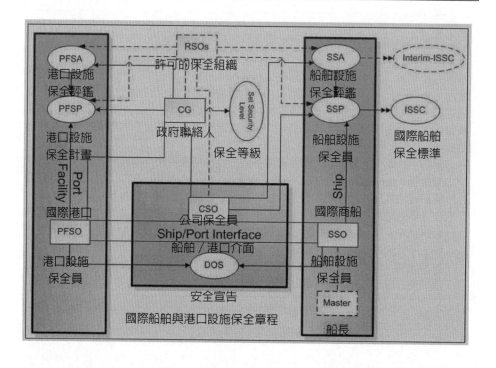

航路標識（Aids To Navigation）

航路標識（Aids To Navigation）是以特定的標誌、燈光、音響或無線電信號等，供船舶確定船位、航向，避開危險，使船舶沿航道或預定航線安全航行的助航設施。航標主要有視覺航標、音響航標和無線電航標三種。

交通部為提升船舶航行安全，設置、監督及管理各種航路標識，特制定「航路標識條例」，其中第3條，本條例用詞，定義如下：

一、航路標識：指供船舶航行於水域時，定位導航之助航設施，包括燈塔、燈浮標、浮標、浮樁、燈杆、標杆、雷達訊標及其他經航政機關公告之標識。

二、水域：指海洋、河川、湖泊、水庫等可供船舶航行之水面。

三、航船布告：指航政機關所發布，有關中華民國領域內設備、設施、地形、水文之新增、改變或其他危險信息之航行資訊服務。

四、海洋設施：指海域工程所設置之固定人工結構物。

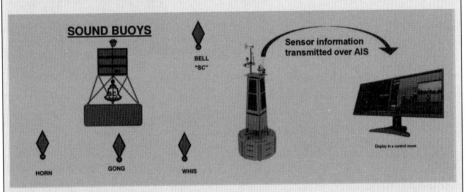

資料來源：全國法規資料庫
https://law.moj.gov.tw/LawClass/LawAll.aspx?pcode=K0070030
圖片來源：
1. https://www.slideserve.com/connley/aids-to-navigation
2. https://srt-marine.com/environmental-monitoring-using-ais-aids-navigation/

Unit 5-4 危險物品管理

　　港務管理其中重要的一環是危險物品的管理，在港區船舶載運裝卸各式的貨物，其中對於危險物品適當的收取及安排，是海上運輸與貨物安全的保障，船公司為進行事前的安全裝載安排，由託運人自行提出的危險物品貨載品名宣告，視為託運人之必要義務及責任。港區在進行此一類貨載作業時，除要求貨主或委託人必須依照相關公約、法令、標準與規定包裝及貼適當危險品標誌外，務必於申請作業時明確告知、簽單時註明並填寫各相關文件（危險物品申告文件），以利後續裝載作業之進行與安排。

　　依商港法的用詞定義，危險物品：指依聯合國國際海事組織所定國際海運危險品準則指定之物質。國際海運危險品準則（IMDG Code[註3]）是依據 1974 年國際海上人命安全公約（SOLAS）及 1973/1978 國際防止船舶污染公約（MARPOL）制定，IMDG Code 是為了保護船舶人員和對於從事危險品安全運輸的船舶防止其對於海洋之污染；它並建議各國政府通過或以此為基礎作為法規。本準則由國際海事組織轄下之委員會（DSC）每 2 年對其內容作更新及維護，IMDG Code 該法規在不同年度，所需適用的 IMDG Code 版本亦不同，故 2021 年，可使用 IMDG code 40-20 和 IMDG Code 39-18 版。

　　在「商港法」第二十五條規定：入港船舶裝載爆炸性、壓縮性、易燃性、氧化性、有毒性、傳染性、放射性、腐蝕性之危險物品者，應先申請商港經營事業機構、航港局或指定機關指定停泊地點後，方得入港。船舶在港區裝卸危險物品，應經商港經營事業機構、航港局或指定機關之同意。對具有高度危險性之危險物品，應由貨物所有人備妥裝運工具，於危險物品卸船後立即運離港區；其餘危險物品未能立即運離者，應於商港經營事業機構、航港局或指定機關指定之堆置場、所，妥為存放。裝載危險物品之船舶，應依照規定，日間懸掛紅旗，夜間懸掛紅燈於最顯明易見之處。

　　另依「商港港務管理規則」第三十三條規定：載運危險物品之船舶，應於到港前二十四小時由委託人填具下列事項經商港經營事業機構、航港局或指定機關同意後方得作業：

一、危險物品分類、聯合國編號、品名、性質、數量及裝卸應注意事項。
二、委託人姓名及電話號碼。
三、現場作業主管人員姓名及電話號碼。

[註3]　The International Maritime Dangerous Goods (IMDG) Code
　　　https://www.imo.org/en/OurWork/Safety/Pages/DangerousGoods-default.aspx

四、運輸工具之種類、數量及到港時間。

五、其他應載明事項。

前項船舶如該航次航行時間未滿二十四小時，應於到港前五小時完成前項所述事項。

一般船公司在公告危險物品裝載注意事項[註4]

貨主應有之責任與義務：

1. 使用 IMDG CODE 中主管機關認可的包裝來包裝危險品。
2. 依照包裝容器製造商之指示說明，包裝危險品。
3. 包裝完成後，包裝上的標籤或標記應正確的黏貼並能清楚的識別。
4. 櫃內貨物應適當固定，防止運送時因外力而造成貨物滑動或毀損。
5. 裝櫃後，貨櫃四面應黏貼正確的危險品標籤。
6. 填寫危險品申報書和 MSDS（物質安全資料表）提供給營業人員及其他相關港口主管機關針對該危險品允許運送所要求的文件。

貨主出口危險物品應填寫在危險品申報書上的必要資訊：

1. 適當的貨物運送名稱
2. 危險品等級及副危險性
3. 聯合國編號
4. 危險物品包裝等級
5. 詳細的包裝資料（材質和件數）
6. 是否為海洋汙染物 / 限量包裝 / 可免除限量包裝 / 大型包裝 / 中型包裝
7. 閃火點
8. 24 小時緊急聯絡人與連絡電話
9. 貨物的危險特性

危險物品包裝標示及運送申報

[註4] 萬海航運股份有限公司 _ 危險品注意事項 https://tw.wanhai.com/views/news/dg_announce.xhtml?file_num＝66156&parent_id＝67336&top_file_num＝67336

⚓ 危險物品分類簡介

依照IMDG CODE的規定，危險品分為以下九大類：

CLASS 1 - 爆炸品（Explosives）

CLASS 2 - 氣體Gases

        2.1 -易燃氣體（Flammable gases）

        2.2 -非易燃性無毒氣體（Non-Flammable, Non-Toxic gases）

        2.3 -有毒氣體（Toxic gases）

CLASS 3 - 易燃液體（Flammable liquids）

CLASS 4 - 危險固體Dangerous solids -

        4.1 -易燃固體（Flammable solids）

        4.2 -易自燃物質（Spontaneous combustion substance）

        4.3 -遇水放出易燃氣體物質（The substance that emit flammable gases when wet water）

CLASS 5 - 5.1-氧化劑（Oxidizing substances）

        5.2 -有機過氧化物（Organic peroxides）

CLASS 6 - 6.1-有毒物質（Toxic substances）

        6.2 -感染性物質（Infectious substances）

CLASS 7 - 放射性物質（Radioactive material）

CLASS 8 - 腐蝕品（Corrosive substances）

CLASS 9 - 雜類危險貨物（Miscellaneous dangerous substances）

如果沒有根據IMDG Code規定，船長可以拒絕裝載貨物。

危險物品港區管理規定

依照「商港港務管理規則」第四章第二節的規定：

第29條
航港局或指定機關為策港區內之安全，得會商有關機關、團體及業者設立危險物品安全督導小組，督導港區內危險物品之裝卸、運送、存放及事故之處理。
於港區從事危險物品作業之公民營事業機構，除危險物品之儲放數量資料須定期回報商港經營事業機構、航港局或指定機關外，其運作參照航港局或指定機關訂定之港區危險物品作業手冊規定。

第29-1條
於國際商港從事危險物品作業之公民營事業機構應擬訂危險物品儲放管理計畫，並提交商港經營事業機構審查通過後，由商港經營事業機構報請航港局備查後實施。
於國內商港從事危險物品作業之公民營事業機構應擬訂危險物品儲放管理計畫，提交航港局或指定機關審查通過後實施。
前二項危險物品儲放管理計畫，應包括下列內容：
一、依據。
二、目的。
三、位置範圍。
四、場所基本資料。
五、儲放區管制。
六、裝卸管理。
七、儲放管理。
八、定期回報機制。
九、內部管控機制及危害預防說明。
十、意外事故之應變措施。

第一項及第二項計畫經審查通過後，公民營事業機構應確實執行，必要時，商港經營事業機構、航港局或指定機關得要求公民營事業機構隨時檢討之。

第29-2條
港區危險物品裝卸、存放之公民營事業機構，應設置危險物品儲放管理專責人員，其名單應於每年一月底前或人員異動時儘速報請航港局或指定機關備查。
前項專責人員須經航港局或指定機關訓練合格，取得結業證書；其受訓級別、人數、訓練時數及訓練課程之規範，如附表。

第42條
委託人應將危險物品包裝件，妥善包裝牢固，依國際海運危險品準則（IMDG Code）規定進行相關標記及標示，並委由棧埠作業機構妥為儲放，必要時得由有關機關派員會同檢查之。

港務管理

船舶交通及
導航標誌

碼頭巡查及
毀損索賠

港市協調及
都市計畫

港口進出及
設施保全

港區監控及
事故通報

作業申請及
事務管理

事故應變及
演習計畫

法規增修及
機關協調

第六章
業務管理

Unit 6-1　商港營運發展企劃
Unit 6-2　商港設施經營管理
Unit 6-3　港埠業務費及費率
Unit 6-4　自由貿易港區業務

Unit 6-1 商港營運發展企劃

　　商港的發展企劃是依據上位計畫，主管機關所擬定長期發展願景及行動策略，再分別訂定商港的短中長期之商港發展計畫，而「海運政策」是政府依據當前海運運輸發展現況，在已知限制條件與預判未來可能變遷的情況下，爲因應海運運輸需求與發展所提出的施政方針，也是爲達成施政目標而訂的發展策略與作法。依交通部運輸研究所「2020 年版運輸政策白皮書座談會 - 海運分冊」中的海運政策[註1]，我國海運願景爲「推動航港產業升級，維持國際海運樞紐」。

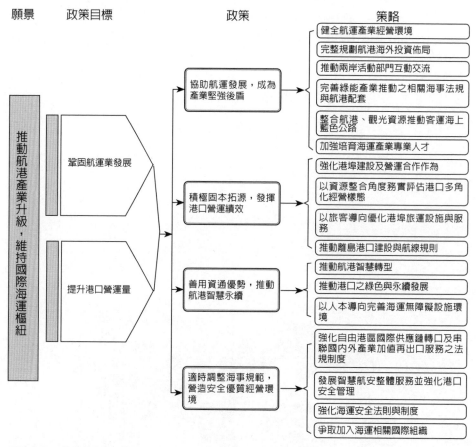

圖片來源：交通部運輸研究所網站

[註1] 2020 年版運輸政策白皮書 - 海運（107-108），交通部運輸研究所。https://www.iot.gov.tw/cp-2270-201880-77828-1.html

　　臺灣國際（國內）商港依商港法提出年度營運發展計畫，每五年提出「國際商港未來發展及建設計畫」，作為港埠建設及營運發展的依據。例如於民國 101 年 3 月 1 日在「政企分離」的改制原則下，臺灣港務股份有限公司（TIPC）正式成立。臺灣各國際商港之經營由港務公司以「港群」觀念統籌辦理，採「對內協調分工、對外統合競爭」之策略，積極以企業化經營精神推動港埠相關事業的發展，並以創新思維強化多角化經營能力，有效鞏固臺灣國際商港在海運樞紐之地位，朝向全球卓越港埠經營集團之願景前進。

海運政策、願景
交通部

臺灣國際及國內商港未來
發展及建設計畫
臺灣港務公司及航港局

分年商港營運計畫
各商港

　　規劃進一步以臺灣港群之發展之五大面向：國際貨櫃貨運輸、國際散雜貨運輸、國際客運運輸、港埠經營管理及永續與綠色港埠，擬訂各面向之發展目標如下：

1. 國際貨櫃貨運輸：整合港群資源，建構全球航運網絡。
2. 國際散雜貨運輸：配合產業與民生需求，提升港埠設施服務水準。
3. 國際客運運輸：配合國家政策，發展國際客運海運服務。
4. 港埠經營管理：協助產業提升貨物價值，活化港埠經營型態。
5. 永續與綠色港埠：配合國際趨勢與國家環保政策，朝綠色港埠發展。

臺灣港務公司經營策略【註2】

　　為落實企業化、多角化經營理念，臺灣港務公司以「合作、創新、永續」為發展策略，並從「顧客導向」企業核心價值出發，創造有利經營環境，與業者合作創利。未來透過推動各項港埠設施興建計畫，以及核心業務拓展方案，持續就港埠相關聯產業發展多元經營模式，開拓營運事業版圖，突破港埠本業經營框架，並運用智慧科技投入港口經營，優化我國港口營運安全，提供便捷運輸效率服務，以達成「以創新為核

【註2】　臺灣港務股份有限公司首頁 > 關於公司 > 未來展望 https://www.twport.com.tw/chinese/cp.aspx?n=0DE1914699DE0C36

心，走向世界，成爲全球卓越港埠經營集團」之願景，並依據港務公司經營策略，擬定每年度營業方針。

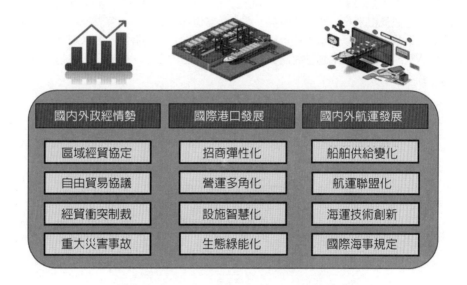

國內外政經情勢	國際港口發展	國內外航運發展
區域經貿協定	招商彈性化	船舶供給變化
自由貿易協議	營運多角化	航運聯盟化
經貿衝突制裁	設施智慧化	海運技術創新
重大災害事故	生態綠能化	國際海事規定

港埠營運策略規劃

1. **確認使命目標**：在策略規畫的過程中，策略的起點來自於企業的使命和目標，「使命」指的是對企業應存在的價值以及所應從事的任務，所做的宣告與陳述，至於「目標」則是企業努力的具體指標。
2. **分析內外狀況**：偵察和評估港埠所處的外在環境，以及港埠自身的資源條件，才能了解自己所處的地位和所能發揮的優勢，而做爲選擇、擬定策略的前提。在策略規畫的分析階段，主要包括對企業外在環境的分析，以及對企業內在條件的分析這兩部分。
3. **形成策略**：可以利用 SWOT 分析的方式，來幫助策略的研擬和選擇。SWOT 分析包括「優勢」（Strengths）、「劣勢」（Weaknesses）、「機會」（Opportunities）和「威脅」（Threats），也就是將港埠內、外部所發現的有利因素和不利因素做一個綜合性的評量。
4. **計畫和評估**：將整體的策略展開爲各單位的目標，並訂出一系列的具體計畫，以讓相關執行者了解策略要如何實施，以及各自應擔負的行動與責任。策略之所以需要評估，是因爲策略規畫通常帶有預測和假設的意味，持續的評估可以讓策略規劃者了解策略的執行狀態，如果環境有變化即可適時做出回應或矯正。

國內商港發展計畫

依商港法規定國內商港由航港局經營管理（布袋港、澎湖港），金門港及馬祖港則由行政院指定當地縣政府經營管理。

臺灣國內商港發展定位

港口別	整體規劃（106～110 年）
布袋港	(1) 環島及離島航運之作業港口 (2) 兩岸直航開放港口 (3) 兼具觀光及親水性港口
澎湖港	(1) 澎湖地區對外及各島間之主要客貨運港口 (2) 兩岸小三通港口 (3) 兼具觀光及親水性港口
金門港	(1) 金門對外及各島間之主要客貨運港口 (2) 兩岸小三通港口 (3) 兼具觀光及親水性港口
馬祖港	(1) 馬祖對外及各島間之主要客貨運港口 (2) 兩岸小三通港口 (3) 兼具觀光及親水性港口

資料來源：「國內商港未來發展及建設計畫（106～110 年）」，交通部航港局
https://www.motcmpb.gov.tw/Information/Detail/f8219c9a-f73d-484e-bfa9-129c407887be?SiteId=1&NodeId=391

Unit 6-2 商港設施經營管理

　　港埠設施（Port facilities）是為因應不同類型船舶進港及客貨作業，港口必須具備的機械與土木設施，我國商港法指商港設施為在商港區域內，為便利船舶出入、停泊、貨物裝卸、倉儲、駁運作業、服務旅客、港埠觀光、從事自由貿易港區業務之水面、陸上、海底及其他之一切有關設施。這是港口管理當局必須思考是否自備、由業者自行準備或合作投資購置，這涉及船舶型態、到港次數、貨物類型、裝卸方式及投資條件（產權歸屬、免租使用年限及投資報酬率等），也與一國對港埠營運管理的政策（法規）有關。

　　我國國際商港的主要營業收入為港灣收入、棧埠收入及營業資產租金收入，港灣收入為拖船、船席等，棧埠收入為倉儲、車輛機械等，營業資產租金收入為管理費、設施租金等，由於港埠設施投資金額大且回收期長，政府會以法規來鼓勵民間投資或公民合作興建方式，因此投資計畫須經審慎評估是否符合發展政策，技術及財務是否具可行性，今日港埠規劃及建設過程中也特別注意與社區民眾的溝通、環境與生態保護議題，以免影響投資營運時間，造成公民營事業者的財務上損失。

商港設施投資經營方式

　　依「公民營事業機構投資興建或租賃經營商港設施作業辦法」第三條規定：各項商港設施提供公民營事業機構投資興建或租賃經營者，商港經營事業機構得自行規劃辦理或由公民營事業機構提出申請。經營機構得依商港經營發展需要及案件性質採下列方式辦理前項業務：

一、**綜合評選**：指經營機構擬訂評選項目、基準與權重等相關事項，透過公開程序甄選公民營事業機構投資經營商港設施之方式。
二、**單項評比**：指經營機構擬訂單一評比項目及基準，透過公開程序甄選公民營事業機構投資經營商港設施之方式。
三、**遴行審查**：指符合第七條之情形，經營機構得不經公開程序甄選公民營事業機構投資經營商港設施之方式。
　　綜合評選之評選項目，至少應包含下列項目：
一、相關經營實績或經營理念。
二、投資經營計畫書，其內容如下：
　　（一）興建可行性；但租賃經營案得免提。
　　（二）營運可行性。
　　（三）財務可行性。
　　（四）法律可行性。
　　（五）其他經營機構認定需納入評選之項目。
三、前款投資經營計畫對商港經營管理之整體效益。

財務規劃之重要性

1. 財務可行性評估是判斷民間參與方式、政府投資比例、雙方風險分攤的重要參考依據。（依促進民間參與公共建設法施行細則第 26 條規定）
2. 先期計畫書之財務計畫是研擬對外招商策略的重要參考。
3. 民間投資計畫書之財務計畫，亦為評定最優申請人之重要參考。

政府	民間
1. 做為民間參與投資方式之決定依據 2. 訂定招商條件及甄審民間廠商之依據 3. 作為政府投資之標準 4. 計算權利金收取標準 5. 預算編列依據 6. 做為中央政府預算補助依據 7. 作為國家經濟建設評估依據	1. 辦理投資效益評估 2. 計算權利金 3. 評估資金籌措可行性 4. 作為土地租金減收依據 5. 申請融資

成長力　　　　預算　　　　機會成本　　　　收益力

促進民間參與公共建設法

促參法所稱主管機關為財政部，是與一般交通建設法規不同之處。促參法所稱交通建設包括港埠與其設施，依「促進民間參與公共建設法施行細則」第二條指商港區域內之下列各項設施：

一、投資總額不含土地達新臺幣十億元以上之船舶出入、停泊、貨物裝卸、倉儲、駁運作業、服務旅客之水面、陸上、海底設施、遊艇碼頭及其他相關設施。

二、投資總額不含土地達新臺幣二十五億元以上之新商港區開發，含防波堤、填地、碼頭及相關設施。

三、投資總額不含土地達新臺幣十億元以上之各專業區附加價值作業設施，含廠房、倉儲、加工、運輸等必要設施。

依促參法第8條規定，公共建設，得由民間規劃之。民間機構參與公共建設之方式如下：

一、民間機構投資新建並為營運；營運期間屆滿後，移轉該建設之所有權予政府。

二、民間機構投資新建完成後，政府無償取得所有權，並由該民間機構營運；營運期間屆滿後，營運權歸政府。

三、民間機構投資新建完成後，政府一次或分期給付建設經費以取得所有權，並由該民間機構營運；營運期間屆滿後，營運權歸還政府。

四、民間機構投資增建、改建及修建政府現有建設並為營運；營運期間屆滿後，營運權歸還政府。

五、民間機構營運政府投資興建完成之建設，營運期間屆滿後，營運權歸還政府。

六、配合政府政策，由民間機構自行備具私有土地投資新建，擁有所有權，並自為營運或委託第三人營運。

七、其他經主管機關核定之方式。

　　1.BOT（Build、Operation、Transfer）興建-營運-移轉：政府提供土地，由民間機構投資興建並營運，營運期滿，該建設所有權移轉給政府。

　　2.BOO（Build、Operation、Own）興建-營運-擁有：配合國家政策，民間機構自備土地及資金興建營運，並擁有所有權，業者可享減免稅及優惠融資等好處，相對要提供回饋條件，例如雇用在地員工等，回饋內容由業者與政府協調產生。

　　3.ROT（Reconstruction、Operation、Transfer）重建-營運-移轉：政府舊建築物，由政府委託民間機構或由民間機構向政府租賃，予以擴建、整建、重建後並營運，營運期滿，營運權歸還政府。

　　4.OT（Operation、Transfer）營運-移轉：政府投資興建完成，委由民間機構營運，營運期滿，營運權歸還政府。

臺灣商港重要 BOT 民間投資案

1. 臺北港貨櫃碼頭股份有限公司於2003年8月28日與政府簽訂50年經營權的BOT案，是臺灣第一個、也是投資金額最大的港埠BOT建設。，其持股比例分別為：長榮海運50%、萬海航運 40%、陽明海運 10%。

2. 臺北港埠通商公司業於2009年10月22日與基隆港務局簽訂「交通部基隆港務局臺北港第二散雜貨儲運中心興建營運契約書」，投資興建臺北港第二散雜貨儲運中心BOT案，且台北港第二散雜貨儲運中心之開發案，歷經3年的規劃、設計及興建，其中東10、東11及東12號等三座碼頭已竣工，業於2012年10月中旬開始進行先期營運。

3. 成立於2007年9月20日的高明貨櫃碼頭為高雄港洲際貨櫃中心第一期（第六貨櫃中心）50年特許經營權BOT計畫，於2007年9月28日與高雄港務局簽訂「高雄港洲際貨櫃中心第一期計畫興建及營運契約」（以下簡稱六櫃），負責六櫃50年之興建與營運。六櫃總共有四席碼頭，碼頭法線總長1500公尺，縱深475公尺，碼頭水深16公尺，為高雄港少數可靠泊萬TEU級以上貨櫃輪之碼頭，且地理位置臨近高雄二港口，船舶靠泊方便。

資料來源：
台北港貨櫃碼頭股份有限公司 https://www.tpct.com.tw/
高明貨櫃碼頭股份有限公司　https://www.kmct.com.tw/group.php
臺北港埠通商股份有限公司　http://www.tpt.taipei/

Unit 6-3 港埠業務費及費率

　　港埠營運管理單位提供各式作業車輛、機械、船舶及倉庫、土地等碼頭設施，向使用對象收取一定的業務服務費用，計費的依據標準及項目是對外公告的港埠費率（Port tariff, Port business fees），港埠費率是針對不特定對象的港埠服務使用者，專用設施使用者的業務費用另依雙方契約約定辦理。

　　我國商港法第十二條第四項規定：「商港經營事業機構、航港局或指定機關與公民營事業機構向不特定之商港設施使用人收取港埠業務費之項目及費率上限，由商港經營事業機構、航港局或指定機關擬訂，報請主管機關核定；變更時，亦同」。港埠是公用事業，是由政府經營和社會公眾日常所需事物相關的交通運輸事業，但國際商港營運屬國際性競爭，因此港埠費率的訂定及檢討尚須考慮投資成本、經濟成長、鄰近競爭港口及使用者（貨物）的負擔能力等。

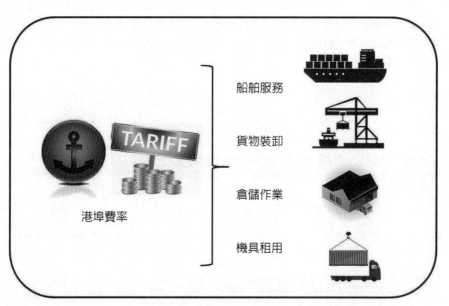

船舶服務

貨物裝卸

倉儲作業

機具租用

港埠費率

臺灣國際商港港埠費率種類

1. 港灣業務費費率

(1) 碼頭碇泊費：按船舶總噸位等級，並分一般船舶費率及貨櫃輪費率。

(2) 浮筒費：按船舶總噸位等級。

(3) 曳船費：按拖船馬力等級。

(4) 帶解纜費：按船舶總噸位等級，並分纜工費（帶纜及解纜）、設備費（帶纜船及

帶纜車）

(5) 給水費：按碼頭給水、水駁給水項目，設備費及水費。

(6) 垃圾清理費：按船舶總噸位等級。

(7) 開導艇費：每艘次計。

2. 棧埠業務費費率（另有貨櫃棧埠業務費費率）

(1) 裝卸費：一般貨物裝卸費（船上裝卸費、陸上裝卸搬運費、過駁起水加成費）。

(2) 散裝穀類進出穀倉裝卸費

(3) 自卸船裝卸費：自卸船裝卸費係指船上自備自動化裝卸設備不需人力作業，陸上由工人協助歸堆及碼頭面清掃工作，所收取之費用。

(4) 自動卸煤系統裝卸費

(5) 設備使用費：一般使用費（使用棧埠作業機構之車船機工具進行各項作業）、重件貨物加成使用費。

(6) 一般貨物滯留費：一般貨物滯留費由委託人負擔。

(7) 棧租費：係指貨物存放於通棧、空地、碼頭或堆貨場之費用，由貨方負擔。

(8) 碼頭通過費：碼頭通過費由貨方負擔（轉口貨物由船方負擔）。

(9) 地磅使用費：按噸計費、按車計費。

(10) 一般碼頭夜工設備費：按船舶總噸位等級，並分兩時段（17 時～24 時、0 時～7 時）。

(11) 雜項工作費：雜項工作費由委託人負擔。（點工費、翻艙費、掃艙費、改裝費、駁船服務費）

(12) 海運快遞貨物作業費：係指依據海運快遞貨物通關辦法，存儲於海運快遞貨物專區之進口區、出口區或轉口區，並進行必要處理作業，由專區業者向海運快遞業者收取之費用。

3. 客船棧埠費率

(1) 旅客橋使用費：船方凡申請使用旅客橋者，按每小時計收旅客橋使用費。

(2) 接駁車服務費：船方為便利旅客往返於客船所靠泊碼頭及通關場站間而申請使用接駁車服務者，港務公司依每車次計費。

(3) 保安儀器使用費：船方須使用由港務公司設置之保安儀器者，依每次計費。

(4) 旅客服務費：旅客服務費由出港旅客負擔。

港區土地租金

　　依商港法第七條第七項規定訂定的「交通部航港局經管公有財產提供商港經營事業機構使用辦法」，交通部航港局經管之公有財產，得以設定地上權、出租或作價投資之方式，提供商港經營事業機構（即為國營的港務公司）開發、興建、營運使用。

第3條

經營機構以設定地上權方式使用航港局經管土地時，其權利金及租金之繳交，應依下

列規定辦理：

一、權利金按當年期全年營業收入之百分之一計收，每年收取一次，其中全年營業收入不含航港建設基金補助部分。

二、土地租金依土地當期報地價年息百分之二計算，每年分二次收取。屬公共設施及配合政府政策需要之土地不計收土地租金。下列情形之土地，土地租金依當期申報地價年息百分之一計收。

（一）於經營機構成立前收取租金之租金率低於設定地上權土地租金率之土地。

（二）由業者出資填築新生地並約定新生地填築費用須折抵相關租金費用，於折抵期間之土地。

三、航港局對於前款收取土地租金得視下列情形調整租金費率，調整原因消滅後，應予調整回復，租金率之回復自次年度開始實施：

（一）國內或國際之社會經濟環境發生重大變化。

（二）航港局依法辦理用地撥用或徵收時，自核定辦理撥用或徵收日起。

（三）航港局與經營機構，視港區發展狀況認定有檢討必要。

（四）其他經主管機關認定有檢討必要。

因港區土地為國有，航港局依商港法第七條經管之公有財產，得以出租、設定地上權或作價投資之方式，提供商港經營事業機構開發、興建、營運使用，不受土地法第二十五條、國有財產法第二十八條及地方政府公產管理法令之限制。（土地法第25條：直轄市或縣（市）政府對於其所管公有土地，非經該管區內民意機關同意，並經行政院核准，不得處分或設定負擔或為超過十年期間之租賃。國有財產法第28條：主管機關或管理機關對於公用財產不得為任何處分或擅為收益。但其收益不違背其事業目的或原定用途者，不在此限。）

 商港服務費（Commercial Port Dues）

交通部為配合我國加入世界貿易組織，對「輸入或輸出所課徵之規費，其額度應與提供服務成本相近之原則」之承諾，民國90年12月31日以前所收之貨物商港建設費係「從價徵收」，即以該批貨完稅價格之千分之2課徵。91年1月1日起之新制商港服務費係以貨物在商港所提供服務的多寡來收取，即「從量課徵」商港服務費。

商港服務費收取保管及運用辦法是依商港法第十二條第二項規定訂之。由航港局向入港船舶、離境之上下客船旅客及裝卸之貨物收取，本身不是委託人對港埠提供的作業服務或使用設施費用。

第2條

航港局應就入港之船舶、離境之上下客船旅客及裝卸之貨物，依本辦法之規定，收取商港服務費。但下列商港，免予收取：

一、依離島建設條例由中央政府或離島建設基金編列預算興建者
二、公私事業機構自行投資興建者。

第3條
商港服務費之收費項目，分為船舶、旅客、貨物三項，其繳納義務人分別為船舶運送業、離境旅客、貨物託運人。

第5條
旅客商港服務費，於該旅客每次離境時，以新臺幣四十元計收。

第15條
商港服務費得提撥總額千分之五，交由勞動部運用於提升港口相關工會人力服務品質之相關事項。
商港服務費之收入扣除前項經費後，應全部用於有收取商港服務費商港之建設，其用途如下：
一、防波堤、航道、迴船池、助航設施、公共道路及自由貿易港區之資訊、門哨、管制設施等商港公共基礎設施。
二、基於航港政策需要及配合國際公約辦理之研究發展規劃、調查研究、參與國際港口相關組織、港口保全、管制與設備建置等支出。
三、配合航港發展需要有關之聯外交通設施、環保節能設施、污染防制設施、商港交通管理設施及商港土地取得等支出。
四、商港服務費之行政管理費用。

資料來源：交通部航港局
https://www.motcmpb.gov.tw/QuestionAndAnswer?SiteId=1&NodeId=63&BaseCategoryId=17

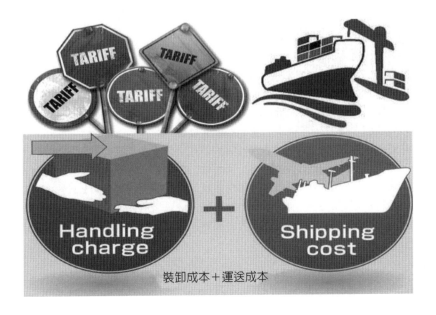

裝卸成本＋運送成本

Unit 6-4 自由貿易港區業務

臺灣自由貿易港區[註3]

1975 年，聯合國貿發大會對自由經濟區（Free Economic Zone, FEZ）下了這樣的定義：「自由經濟區指本國海關關境中，一般設在口岸或國際機場附近的一片地域，進入該地域的外國生產資料、原材料可以不辦理任何海關手續，進口產品可以在該地區內進行加工後復出口，海關對此不加以任何干預。」近年來爲了發展國家經濟，擴大對外貿易，各國皆致力於設置自由經濟區，形式包括自由港、自由貿易區、保稅區、加工出口區，自由邊境區等。

自 2003 年「自由貿易港區設置管理條例」實施以來，臺灣自由貿易港區目前已擴大發展爲六海一空，包含臺北港、基隆港、臺中港、安平港、高雄港、蘇澳港及桃園航空自由貿易港區，自由貿易港區是指在經行政院核定的國際港口、航空站等，設定一個管制區域，在這個區域範圍內從事貿易、倉儲、物流、貨櫃（物）之集散、轉口、轉運、承攬運送、報關服務、組裝、重整、包裝、修理、裝配、加工、製造、檢驗、測試、展覽或技術服務之事業，透過簡化通關流程及減免稅賦，可在低成本、高效率的作業環境中營運；換而言之，就是

臺灣自由貿易港區

便捷人員、貨物、金融及技術的流通，將跨國貨物流動限制減到最低，爲了實行這個概念，自由貿易港區規劃了「境內關外」的觀念，降低企業跨國營運中物流、商流與人流之各種障礙，提升國家競爭力並促進經濟發展。

什麼是境內關外[註4]？所謂「境內」指的是在法律上，仍將自由貿易港區視爲國境之內，原則上臺灣的法律都必須適用；「關外」指的是人、貨進出這個區域，並不需要通過海關，也沒有關稅的問題，是關稅領域以外的經貿特區，可以不受輸出入作業規定、稽徵特別規定等的限制，但是一旦離開這個區域進入國內就需要通關、繳納關稅。臺灣海港自由貿易港區就是以「境內關外」觀念，結合海空港功能與供應鏈管理需求，強化企業競爭優勢。

[註3] 臺灣自由貿易港區 http://www.taiwan-ftz.com/home
[註4] 臺灣經濟網 https://info.taiwantrade.com

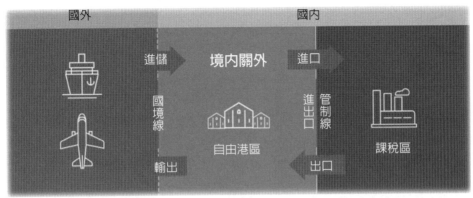

圖片來源：臺灣自由貿易港區

自由貿易港區與國際物流中心比較

　　一般而言，國際物流中心的營運模式為保稅貨物倉儲、轉運及配送等業務，及為配合物流所需而為重整、簡易加工之保稅場所，大多與國際配送密切相關，故大多設於港口與機場附近。就資本額而言，國際物流中心實收資本額須達 1.5 億元以上，自由貿易港區未加設門檻，故就中小型企業而言，加入自由貿易港區以從事物流業對其相對有利。

競爭面：國際物流中心經營項目之「倉儲」、「物流」等業務，與自由貿易港區類似，易互為競爭。二者相異處在於自由貿易港區兼具原料成品製造複合功能，具深層加工性質，可提升製成品附加價值；國際物流中心僅能從事重整或簡易加工作業。

合作面：物流中心如能與鄰近自由貿易港區相結合，利用國際物流中心通路將產品配銷至全世界各地，將可為業者創造兩方合作、相輔相成之最佳運務利基。

　　目前「全球運籌管理」之經營模式已經由國際企業所廣泛運用，都藉此提供商業貿易、工業加工、科技開發及物流等綜合性服務。政府推動「自由貿易港區」之運作，其設立目的為由廠商在區內設置營運總部，經由供應鏈整合國內外物流、金流及資訊流等加值服務。

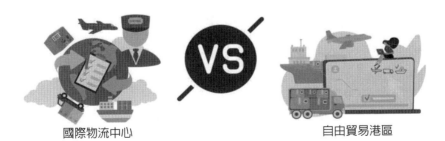

國際物流中心　　　　　　　　　　　　自由貿易港區

臺灣自由貿易港區

發展概況

我國自由貿易港區共有六海一空，海港自由貿易港區由本局擔任管理機關，分別為：
1. 臺北港自由貿易港區：代表業別為成車物流。
2. 臺中港自由貿易港區：代表業別為油品及高級成車物流。
3. 安平港自由貿易港區：代表業別為國際物流配銷。
4. 高雄港自由貿易港區：代表業別為LME金屬期貨交易及國際物流配銷。
5. 基隆港自由貿易港區：代表業別為包裝、簡單加工。
6. 蘇澳港自由貿易港區：代表業別為綠能產業。
桃園航空自由貿易港區由交通部民用航空局管轄。

多元營運模式

自由貿易港區以「境內關外」、「轉口加值」制度發展多元營運模式，業者由國外進儲零組件、原物料或成品後，在港區內可從事物流配銷、檢測維修、加值服務及國際貿易等多元營運模式，再將零組件、原物料或成品輸往國外；亦可經由港區事業委託課稅區、保稅區進行修理、檢測維修、加工後，再運回自由港區內，藉以創造附加價值。

業者進駐利基

自由貿易港區係採「高度自主管理、低度行政干預」，來創造自由貿易港區之利基，區內所提供之優惠措施與制度，包含：
1. 境內關外：廠商高度自主管理，降低行政干預，貨物免審、免驗、免押運，24小時免通關，可跨關區報關，進入國內可按月彙報。
2. 賦稅優惠：供營運貨物及自用機器、設備，免關稅、營業稅、貨物稅、推廣貿易服務費、商港服務費相關稅費。（對國內採購營業稅為0）
3. 准許實質轉型加值：可進行重整、加工、換標、組裝、倉儲、發貨、維修、製造，還可委外加工。
4. 放寬外勞僱用比例：製造業外勞僱用比例可達40%，可降低勞力成本，提昇產業競爭優勢。
5. 引進商業活動：外籍商務人士（含大陸地區）入境以落地簽證方式辦理，並提供產品展覽、貿易活動機能。
6. 活絡資金流通：得從事外幣匯兌及外匯交易、得設控股公司從事海外投資。

資料來源：交通部航港局 _ 自由貿易港區 https://freetrade.motcmpb.gov.tw/content_2.html

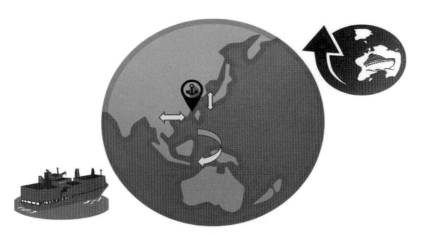

臺灣商港－亞太海運及國際物流中心

貨櫃物流　　資產開發　　　離岸風電　　　郵輪觀光　　海外投資

第七章
棧埠管理

Unit 7-1　作業介紹
Unit 7-2　裝卸作業
Unit 7-3　倉儲作業
Unit 7-4　貨櫃作業
Unit 7-5　客運作業

Unit 7-1 作業介紹

商港作業主要是客貨服務，藉由提供服務及設施以收取相關費用，是商港的主要營業收入來源，棧埠及通棧用語也較不為人所知。依教育部國語字典字義解釋：【棧】倉庫，【埠】碼頭或通商的港口。

商港之棧埠業務範圍：

1. 裝卸業務 　　船上裝卸、陸上裝卸搬運、有關裝卸之其他雜項作業。	
2. 倉棧業務 　　進口、出口及轉口貨物之存儲；其他倉棧業務。	
3. 拖、駁船業務 　　船舶拖帶、貨物駁運。	
4. 船舶理貨業務 　　(1) 散雜貨及貨櫃之計數、點交、點收。 　　(2) 船舶裝卸貨物時之看艙。 　　(3) 雜貨包裝狀況之檢視。 　　(4) 散雜貨標識分類、貨櫃櫃號識別等相關理貨業務。	
5. 旅客服務業務 　　(1) 購票、通關及行李存放。 　　(2) 購物及外幣兌換。 　　(3) 交通及旅遊資訊。	

商港棧埠作業中使用的棧埠設施指商港設施中，有關貨物裝卸、倉儲、駁運作業及服務旅客之設施。而提供作業服務的棧埠作業機構是指經營貨物裝卸、倉儲或服務旅客之公民營事業機構。船舶貨物裝卸承攬業係於商港區域內，經營船舶貨物裝卸、搬運之事業者。其中申請作業的委託人是指委託棧埠作業機構作業之船舶所有人、運送人、貨物託運人或受貨人等。

委託人委託棧埠作業機構作業時，應預付棧埠業務費，提貨時應先付清棧埠業務費。但另有約定者，從其約定。裝卸及搬運作業所需之工人及機、工具，以使用棧埠作業機構調派者為原則。但另有約定者，從其約定。棧埠業務費依商港業務費率表之規定收取。

商港棧埠管理組織基本功能有：

1. 倉儲管理掌理下列事項
   (1) 倉棧運用及規劃事項。
   (2) 進出口貨物進倉申請案件處理事項。
   (3) 存倉貨物損害賠償及逾期貨物處理事項。
   (4) 貨棧登記證之申請、變更、撤銷及換照事項。
   (5) 碼頭倉棧、辦公處所等出（退）租案件點交事項。
   (6) 倉棧設施遭受損壞案件處理事項。

2. 各作業單位掌理下列事項
   (1) 庫區設施維護及管理事項。
   (2) 庫區各項作業申請書表單查核、簽證及結報事項。
   (3) 裝卸作業違規案件處理事項。
   (4) 現場意外及偶發事件處理事項。
   (5) 倉位分配計畫、貨物收授、分嘜、歸堆及保管事項。
   (6) 倉棧安全及庫區環境清潔維護事項。
   (7) 出租設施巡查及管理事項。
   (8) 進倉貨物短卸、溢卸及破件處理事項。

3. 機具管理掌理下列事項
   (1) 機具需求擬訂事項。
   (2) 機具設備及用料管理事項。
   (3) 機具設備維護計畫及執行事項。
   (4) 機具設備調派作業管理事項。
   (5) 機具設備操作安全管理事項。
   (6) 車機自用加儲油設施管理事項。

4. 旅客服務掌理下列事項
   (1) 入出境旅客、客運業務服務及改進事項。
   (2) 出境旅客服務費收繳事項。
   (3) 進出港遊客人數統計事項。
   (4) 旅運中心維護及管理事項。

倉儲管理

庫區管理

旅客服務

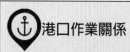 港口作業關係

港口作業是指船舶進出港口進行調度、裝卸貨物、排除障礙等作業。港口貨物作業過程分為下列六種：
(1)船一船（卸船裝另一艘船）
(2)船一車、駁（卸船裝車或裝駁船、卸車或卸駁船）
(3)船一庫、場（卸船入庫場、出庫場裝船）
(4)車、駁一庫、場（即卸車或卸駁船入倉庫、出庫場裝車或裝駁船）
(5)車、駁一車、駁（即卸車或卸駁船裝另一輛車或另一艘駁船）
(6)庫、場一庫、場（即不同倉庫及堆置場地的來回搬運）

船一船作業

船一車、駁船作業

船一庫、場作業

車、駁船一庫、場作業

車、駁船一車、駁船作業

庫一庫作業

資料來源：劉善平編著，「港口裝卸工藝（第二版）」，人民交通出版社股份有限公司，2017年。

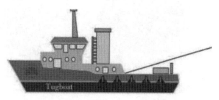

⚓ 引水人（Pilot）

港埠裝卸作業前，船舶進港前須經引水人上船協助船長航行經航道至指派碼頭，引水人的執業考試資格及訓練，另由航政監理單位管理。

引水法

第 1 條

本法所稱引水，係指在港埠、沿海、內河或湖泊之水道引領船舶航行而言。

第 2 條

本法所稱引水人，係指在中華民國港埠、沿海、內河或湖泊執行領航業務之人。

本法所稱學習引水人，係指隨同引水人上船學習領航業務之人。

引水人的工作為維護國家港口、航道的安全，良好的引水人服務能有助於國家海運經濟的發展，由於各港區引水市場有限，目前執業之引水人數量如下所示：（基隆港11人、臺北港7人、蘇澳港2人、臺中港18人、麥寮港8人、安平港1人、高雄港39人、和平港2人、花蓮港2人，共計90人。）

資料來源：交通部航港局
https://www.motcmpb.gov.tw/Article?siteId=1&nodeId=498

Unit 7-2 裝卸作業

　　港埠的裝卸作業是貨物進出港口的開始，由於海運貨物型式及種類各異，需要特殊作業技術訓練及裝卸工具，對於在港區進行船船舶貨物裝卸承攬業務，主關機關交通部有規定其營業申請許可的基本條件。

　　申請經營船舶貨物裝卸承攬業，除符合「船舶貨物裝卸承攬業及船舶理貨業管理規則」第三條規定之最低基準外，應與商港經營事業機構、航港局或行政院指定之機關合作興建或租賃經營專用碼頭，或與專用碼頭經營業者訂定船舶貨物裝卸承攬契約。前項情形，於未開放租賃經營之碼頭，申請人應與商港經營事業機構、航港局或指定機關合作興建或租賃經營碼頭後線倉儲設施。

裝卸業務：

1. 船上裝卸。〔船上甲板及貨艙內的各式貨物（櫃）裝卸動作〕	
2. 陸上裝卸搬運。〔貨物（櫃）於陸上進行船邊提交貨或進出倉庫作業〕	
3. 有關裝卸之其他雜項作業。（船上艙蓋開閉、陸上貨物改包裝或吊掛搬運動作等）	

　　港埠裝卸作業，應俟委託人（指委託商港棧埠作業機構作業之船舶所有人、運送人、貨物託運人或受貨人等）填具委託單，向商港經營管理機關（構）或棧埠作業機構（指經營貨物裝卸、倉儲或服務旅客之公民營事業機構）申請，於辦妥委託裝卸搬運手續後，方得開始作業。棧埠業務費依商港業務費率表之規定收取。

　　委託人委託棧埠作業機構作業時，應預付棧埠業務費，提貨時應先付清棧埠業務費。但另有約定者，從其約定（如繳交費用保證金）。裝卸及搬運作業所需之工人及機、工具，以使用棧埠作業機構調派者為原則。但另有約定者，從其約定（如特殊貨物或軍用品等）。

　　進出口貨物在船邊提貨或交貨者，交受手續，由委託人負責辦理，並應檢具作業資料於交、提貨完成後翌日送棧埠作業機構。棧埠作業機構為查核噸量，得指定過磅或丈量，如有短報，所需費用由委託人負擔。

碼頭裝卸安全規定

　　港埠裝卸貨物具有高度風險性，爲保障勞工人身及作業環境安全，勞動部依「職業安全衛生法」第六條第三項規定訂定「碼頭裝卸安全衛生設施標準」，靠泊我國港口裝卸之船舶，其機具及裝卸設備，應符合船舶法及船舶設備規則等有關規定。雇主對於進入港區之危險性機械或設備，應備檢查合格證明供港口管理機關（構）查驗。

　　港區內使用之裝卸機具，雇主或所有人應依相關法規規定實施定期自動檢查、重點檢查及必要之維修保養，並經常保持安全狀態。使用前項裝卸機具者，應於使用前實施檢點；發現有異常，應妥爲處理。

　　第一項之陸上裝卸機具，及船舶設施不符裝卸作業有關規定或有異常，因屬他人所有而雇主無權限處理者，應依下列規定辦理：

1. 船上裝卸機具：要求船方改善；船方未改善者，得洽港口管理機關（構）責成改善。
2. 港口管理機關（構）所有之陸上裝卸機具：協調港口管理機關（構）改善。

　　裝卸機具指用於裝卸之起重機、堆高機、吸穀機、挖掘機、推貨機、抓斗、側載機、跨載機、拖車、卡車、電動搬運車、貨櫃裝卸機、絞盤、起卸機、鏟裝機、散裝輸送機、吸取機、門式移載機、人字臂起重桿及其他供貨物裝卸有關之機具。

裝卸作業防護規定

1. 雇主應於各作業艙碼頭舷側加掛護網，或採取其他安全措施，以防止作業人員落水。
2. 雇主於從事碼頭裝卸作業時，應依其作業之危害性質，使勞工戴用安全帽、使用安全帶、穿著反光背心或選用其他必要個人防護具或防護衣物，以防止作業引起之危害。
3. 雇主於從事處理毒性物質、有害物質、易於飛散物質或有粉塵飛揚等之作業時，應使勞工佩戴適當防護具、穿著必要防護衣物或使用相關安全裝備。

港埠作業安全防護

船舶貨物裝卸承攬業保險規定

船舶貨物裝卸承攬業及船舶理貨業管理規則第六&第七條保險規定

申請經營船舶貨物裝卸承攬業，應檢具文件一式二份，向航港局或指定機關申請核准籌設，其中的營業計畫書應有公共意外責任保險投保計畫及災害應變計畫。申請人應於核准籌設期間內，依法辦理公司登記，並備妥營運設施後，檢具文件一式二份，申請航港局或指定機關核發營業許可證，始得營業。

其中的船舶貨物裝卸承攬業於申請營業許可時所投保之公共意外責任保險，保險期間內之最高賠償金額為新臺幣一千萬元。其各項最低保險金額如下：

一、每一個人身體傷亡為新臺幣四百萬元。

二、每一意外事故傷亡為新臺幣八百萬元。

三、每一意外事故財物損失為新臺幣二百萬元。

前項之保險期間最短為一年，於期限屆滿前一個月完成續保作業，並將保險契約影本送航港局或指定機關備查。

第二項公共意外責任保險契約於簽訂、變更、終止或解除時，貨物裝卸承攬業者應以書面通知航港局或指定機關；未經同意擅自終止或解除公共意外責任保險契約，經航港局或指定機關令其限期改善，屆期未改善，航港局或指定機關得廢止其貨物裝卸承攬業營業許可並註銷許可證。

圖片來源：P&I Club Japan
https://www.piclub.or.jp/service/information

自我安全防護裝備

碼頭裝卸安全衛生設施標準

第2條
本標準所稱港口管理機關（構）如下：
一、商港：交通部所設國營事業機構、交通部航港局或行政院指定機關。
二、工業專用港：經濟部核准投資興建及經營管理工業專用港之公民營事業機構。

第3條
本標準用詞，定義如下：
一、裝卸作業：指在港區之船上或陸上從事貨物之裝卸、搬運及處理等作業。
二、艙口：指船舶甲板上為裝卸或供人員進出之開口。
三、貨艙：指自露天甲板至艙底甲板之全部載貨空間。
四、裝卸機具：指用於裝卸之起重機、堆高機、吸穀機、挖掘機、推貨機、抓斗、
　　側載機、跨載機、拖車、卡車、電動搬運車、貨櫃裝卸機、絞盤、起卸機、鏟裝
　　機、散裝輸送機、吸取機、門式移載機、人字臂起重桿及其他供貨物裝卸有關之
　　機具。
五、貨方：指貨物之託運人、受貨人或其代理人。
六、船方：指船舶所有人、運送人、船長或其代理人。
七、碼頭經營者：指與港口管理機關（構）以約定興建、租賃或依促進民間參與公共
　　建設法等方式，取得碼頭設施經營權之公民營事業機構。

資料來源：全國法規資料庫
https://law.moj.gov.tw/LawClass/LawAll.aspx?PCODE=N0060006

Unit 7-3 倉儲作業

　　港埠的倉儲作業是以船－庫爲地點的貨物進出倉（場）作業，港口貨棧是指以船舶裝卸貨物爲儲存對象的倉庫或場地，一般倉庫地址選擇在碼頭或船席附近，以便進行船舶的陸上或水上裝卸作業。港口倉庫的分類，按港口與碼頭距離平面位置，可分爲碼頭前方倉庫和後方倉庫，以及後方專業區的各類專用倉庫；按功能分，有雜貨倉庫、貨櫃集散站、各類散貨倉庫（如糧食、液化油品、水泥、礦石等）以及港區中的各種作業專用庫，如裝卸工具庫、加油庫等。此外還有冷藏庫、危險品倉庫等。

港埠倉儲的主要功能：

1. **貨物的集散功能**：爲了把小批量的貨物能夠集中以滿足船舶的載貨量需求，出口貨物先行在港埠倉庫（場棧）集中，進口貨物爲配合通關驗放或貨主提領時間不同需進倉儲放。
2. **調節與緩衝功能**：由於貨流及生產需求因素，船運航班及碼頭裝卸機具調度關係，貨物交接難以完全零等候，在船舶、貨物、各式運輸工具之間有協調的空間。
3. **實施加工作業功能**：由於貨物種類、性質及包裝各異，在裝卸船之前可能需要在倉庫（場）進行貨物破損修整、數量清點、重新捆裝、裝箱等作業，也是貨物進行第三方理貨與公證作業的地點。
4. **貨物儲運保管功能**：在貨物完成通關申報作業前或需進行轉運至第三地港口，倉庫提供貨物保管的功能，現代港區倉庫尙可進行物流及配送的加值作業。

港埠倉庫的分類：

1. **按倉庫位置**：依距離碼頭前沿距離分爲前線及後線倉庫（場），前線倉庫爲短期堆存、等待裝船而集中的貨物，後線倉庫（場）爲堆存儲放期較長的貨物，例如國際物流的配送中心作業，有些配有鐵公路聯運系統，貨物可運送至內陸地區。
2. **按建築形式**：分爲倉庫、貨棧（棚）、露置場，其差異在貨物儲放環境的封閉性，依貨物特性技術又分爲一般倉庫及特種倉庫（如危險品倉庫），露置場依貨物性質可分爲貨櫃場、散雜貨及大宗散貨場（如煤鐵、礦石）等。
3. **按貨物需求**：可分爲綜合性與專業性，綜合性倉庫（場）適合一般性及流通量大貨物，儲放要求條件不高，與其他貨物共處不會有干擾作用。專業性倉庫（場）依貨主需要或裝卸儲運條件而設，如穀倉、化學品儲槽等。

港埠倉儲管理的基本目標[註1]：

1. 建立有效合理的管理制度，對倉庫（場）進行計畫性、標準化管理，使倉儲設施

[註1] 真虹，「港口貨運」，人民交通出版社，2008 年。

處於良好的準備狀態。

2. 使用科學管理方法，充分利用倉庫（場）的儲存能力，加速周轉率、確保進出口貨物順暢便利。

3. 完善倉庫（場）的貨運作業，依照法規的要求，正確有效的準備單據憑證，進行資料儲存及統計分析工作。

4. 採取正確的技術措施，完備倉庫（場）的貨物保護設施，以保護貨物的存放安全。

今日港埠一般貨物已逐漸改用貨櫃裝載運送，由於貨櫃具有戶對戶運送的便利性，以貨櫃倉儲作業為例，倉儲可在港區外的貨櫃場及內陸貨櫃集散站，或在港口內管制區的貨櫃碼頭進行拆、併櫃作業，也讓傳統港埠倉儲作業進化到物流中心的範圍。（物流中心，指物流中心貨物通關辦法中經海關核准登記以主要經營保稅貨物倉儲、轉運及配送業務之保稅場所。）

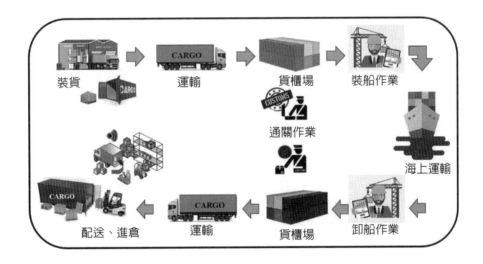

港埠倉儲作業

貨棧、保稅倉庫、保稅倉庫

海關管理進出口貨棧辦法

第2條
本辦法所稱之貨棧，係指經海關核准登記專供存儲未完成海關放行手續之進口、出口或轉運、轉口貨物之場所。

第4條
依本辦法設置之貨棧，除因特殊情形，經海關核准者外，應分兩種：
一、進口貨棧：限存儲未完成海關放行手續之進口貨物或轉運、轉口貨物。
二、出口貨棧：限存儲未完成海關放行手續之出口貨物。
航空貨物集散站內設置之進出口貨棧，依本辦法規定辦理。

保稅倉庫設立及管理辦法

第2條
經海關核准登記供存儲保稅貨物之倉庫為保稅倉庫，其設立及管理，依本辦法規定辦理。本辦法未規定者，適用其他相關法令之規定。
申請登記為完全存儲自行進口保稅貨物、自行向國內採購保稅貨物、供重整用貨物、供免稅商店或離島免稅購物商店銷售用貨物之保稅倉庫，為自用保稅倉庫，不得存儲非自己所有之貨物。

第6條
保稅倉庫應在港區、機場、加工出口區、科學園區、農業科技園區、鄰近港口地區或經海關核准之區域內設立。

貨櫃集散站經營業管理規則

第2條
貨櫃集散站經營業經營業務為貨櫃、櫃裝貨物之儲存、裝櫃、拆櫃、裝車、卸車及貨櫃貨物之集中、分散。
貨櫃集散站經營業得兼營下列業務：
一、進口、出口、轉口與保稅倉庫。
二、其他經主管機關核准與貨櫃集散站有關之業務。

第3條
貨櫃集散站經營業，依其場站所在位置分類如下：
一、港口貨櫃集散站：係設於港區範圍內之貨櫃集散站。
二、內陸貨櫃集散站：係設於港區以外內陸地區之貨櫃集散站。

 **LME 遞交港**

倫敦金屬交易所（LME）是全球規模最大非鐵有色金屬交易平台，世界上主要的礦業公司、金屬生產商、商業投資銀行、金屬貿易公司及製造廠商都是倫敦金屬交易所的會員。香港交易所與HKEx Investment (UK) Limited及LME Holdings Limited (LMEH) 簽訂協議，並於2012年12月6日收購倫敦金屬交易所（LME）。

高雄港於2013年6月加入LME遞交港後，可降低基本金屬商品在東南亞及大陸地區之倉儲運輸成本與提升物流供應鏈效率。目前，國際大型LME認證倉儲公司進駐高雄港，並與其各自合作的高雄港自由貿易港區業者，於高雄港第四貨櫃中心碼頭後線及洲際貨櫃中心A5國際物流區、中島商港區、南星計畫區與前鎮商港區等區域港區內以租賃現有倉庫或自行興建倉庫方式，申請成為LME認證倉儲處所，進行LME認可7種非鐵金屬（鋁、鋁合金、銅、鉛、鎳、錫、鋅）的期貨商品交易。

資料來源：臺灣自由貿易港區
https://taiwan-ftz.com/lme

Unit 7-4 貨櫃作業

貨櫃運輸起源於第二次世界大戰期間，美國軍方以龐大的軍需物資運輸至世界各地的美軍，故首先以貨物包裝單元化的原則及達到「戶到戶」之運輸目標。貨櫃運輸為近年來大量發展之一種運輸方法，首先將貨物事先放入一標準貨櫃（ISO Container）中，等船進港時再將此貨櫃吊放於船艙中，此種運輸方法具有減少靠港時間，增加船舶航運次數，以及對於貨櫃可以防偷、防濕、防碰撞等優點，因此近年來貨櫃運輸量急速增加，大有取代傳統式雜貨船之優勢。【註2】

貨櫃裝卸之方法

1. **吊上吊下型（Lift on/Lift off type）**：貨櫃在垂直方向裝卸，貨櫃由拖車或跨載機自貨櫃場運至碼頭船邊，利用船上或岸上之橋式起重機將貨櫃吊起，垂直放入船上艙格中，為碼頭較多使用裝卸方式。
2. **駛上駛下型（Roll on/Roll off Type）**：船艙具有多層甲板以及供貨櫃拖車上下之跳板（Ramp），拖車將貨櫃直接拖入船艙內固定位置加以固定，且有裝卸迅速及不需要岸上橋式起重機之優點，惟其裝載量較少為其主要缺點。
3. **浮進浮出型（Float on/Float off Type）**：目前較少使用的方式，子母船型或稱駁船運輸船（Lighter Aboard Ship）簡稱 LASH，由浮入浮出型貨櫃船所轉化而成。是利用船上超大型之門式吊桿將裝載有一定數量貨櫃之子船（駁船 -Lash Lighter）吊上母船（Lash Ship）安放，航行至目的地時再用母船起重機（Lash Crane）將子船下海面，由拖船拖走；或是利用母船船身下沉將船尾門打開，讓海水進入船身內，所載之子船即可駛進使出。

貨櫃碼頭是專供停靠貨櫃船舶作業，裝卸貨櫃的港口作業場所，一般設有碼頭船席（Wharf /Berth）、貨櫃堆積場（Container Yard, CY）、控制室（Control Tower）、檢查站（Gate House）、貨櫃集散站（CFS，Container Freight Station）、貨櫃專用機械和其他專用設施等。

裝卸設備（Cargo Handling Facilities）

1. **橋式起重機（Gantry Crane）**：為專用的碼頭貨櫃起重機，配置專用的吊架（Spreader），而依各地碼頭作業方式不同，每小時可從 20 幾個動作到 30 幾個動作不等，大幅縮短貨櫃船的滯港時間。
2. **陸上起重機（Mobile Crane）**：即利用岸上的吊車為裝卸機具。因設置成本較低，且可兼做雜貨作業，適合中小型港口或半貨櫃船作業。

【註2】 定期航運貨櫃運輸實務教學網站 –NTOU
http://ind.ntou.edu.tw/～elearning/boxtrans-ship.html

3. **船上起重機（Ship's Gear）**：船舶自備吊桿時（Geared），即可使用船上起重機裝卸貨櫃。船上配置起重機的話，增加建造成本，但在一些小型碼頭無岸上裝卸設備時，使用這類船舶有其便利性。

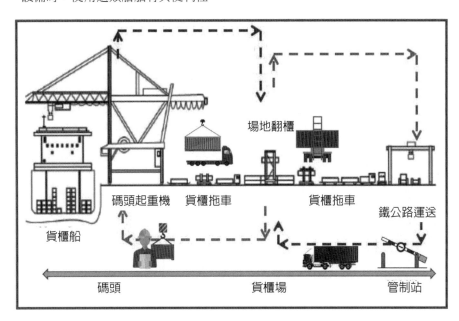

臺灣國際商港的貨櫃碼頭因使用作業單位不同略有差異，基本可分為碼頭船邊裝卸作業、櫃場提領櫃作業（分進口櫃、出口櫃、轉口櫃及暫存作業區）、檢查站入出登記報到作業。

港口貨櫃作業的特色，是依一個貨櫃的貨主數量可分為整裝貨櫃（Full Container Load, FCL）或合（併）裝貨櫃（Less than Container Load , LCL），這些屬同一貨主貨或屬不同貨主的貨物在貨櫃集散站進行裝拆櫃作業。依貨櫃集散站設立的地點，可分為船邊貨櫃場（On Dock Terminal），以及碼頭外貨櫃場（Off Dock Terminal）或稱內陸貨櫃場（Inland Container Terminal, ICT）兩種。前者即為貨櫃集散站設立在碼頭上，因此也稱貨櫃碼頭。

港埠貨櫃作業

FCL & LCL, MCC

海關管理貨櫃集散站辦法

第2條

本辦法所稱貨櫃,指供裝運進出口貨物或轉運、轉口貨物特備之容器,其構造與規格及應有之標誌與號碼,悉依國際貨櫃報關公約之規定。

貨櫃內裝有貨物者,稱實貨櫃;未裝有貨物者,稱空貨櫃;實貨櫃內所裝運之進口、轉運、轉口貨物如屬同一收貨人,或出口、轉口貨物如屬同一發貨人者,為整裝貨櫃;其進口、轉運、轉口貨物如屬不同一收貨人或出口、轉口貨物不屬同一發貨人者,為合裝貨櫃。

前項所稱同一收貨人,應以進口貨物艙單記載者為準;所稱同一發貨人,應以出口貨物艙單記載者為準。

本辦法所稱貨櫃集散站(以下簡稱集散站)指經海關完成登記專供貨櫃及櫃裝貨物集散倉儲之場地。

本辦法所稱多國貨櫃(物)集併通關作業(MCC),指海運載運入境之貨櫃(物),進儲海關核准之集散站轉口倉庫或轉口倉間,在未改變該貨物之原包裝型態(不拆及包件),辦理併櫃作業及申報轉運出口之通關程序。

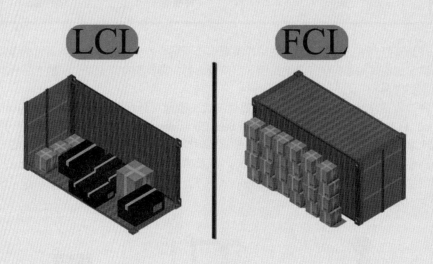

貨櫃吊具（Container spreader）

港口貨櫃碼頭進行貨櫃裝卸作業時，需運用一些輔助工具將貨櫃進行抓舉的動作，配合不同形式的貨櫃進行繫、解固定動作，以維護作業安全，目前有運用同時進行三貨櫃（三個40呎櫃）、雙貨櫃（兩個40呎櫃或4個20呎櫃）的新型態吊具作業方式。

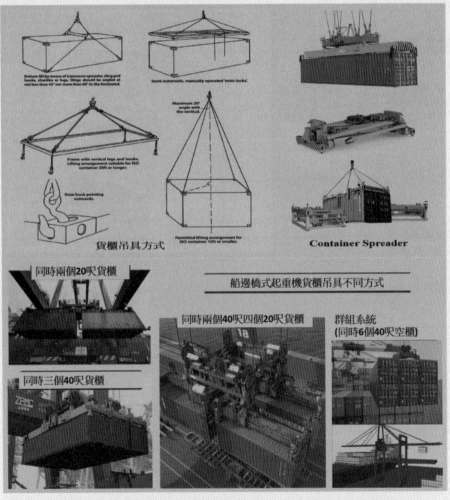

資料來源：How a spreader used to lift containers- Various container handling safety technics
http://shipsbusiness.com/container-handling.html

Unit 7-5 客運作業

大多數港埠是以國內外貨運為主、客運為輔，少數港口如美國邁阿密港、義大利威尼斯港等，因周邊有豐富海洋景觀或歷史文化遺址，會吸引各地旅客乘坐客輪旅遊，另一種大多是屬國內離島通勤交通的客輪運輸，如高雄、馬公港及基隆、馬祖港等。近年由於國民經濟所得成長、境外觀光運輸選擇增加、海上休閒旅遊氛圍，也增加臺灣各國際商港接納入出境旅客的機會。

旅客服務業務範圍：

1. 有關船運旅客上下船服務事項。 (1) 報到處 (2) 候船室 (3) 購票服務	
2. 有關旅客行李上下船搬運事項。 (1) 行李捆裝服務 (2) 行李安全檢查 (3) 行李託運運送	
3. 有關船運旅客之其他服務事項。 (1) 郵件、電信、外幣兌換 (2) 觀光旅遊資訊 (3) 交通運輸接駁 (4) 購物、餐飲、醫藥	

客船上下旅客，應注意事項：

1. 客船應在調配船席前，由委託人將船名、日期、旅客出入口距海面高度，向商港管理機關預報。需其他服務應特別註明，以利安排。
2. 客船抵港一日前，應由委託人向商港管理機關辦妥搭拆旅客橋委託。
3. 旅客行李上下船，除自行攜帶者外，應由委託人向商港管理機關辦理搬運委託。

港埠的客運服務設施涉及對客輪的接納能力，包括旅客的出入（報到、行李託運等），以及客輪上的後勤補給動線等規劃問題。特別是迎接郵輪這類旅客眾多的客輪，港埠如要發展郵輪港口業務，對客輪碼頭的設計及作業動線須依郵輪航線定位及快速通關規定，進行旅客及行李處理。

郵輪碼頭建設注意事項[註3]：

1. 一般規定：設計應「以人為本」方便旅客角度出發；實施客貨分流（包括行李託運），避免相互作業干擾；配置及功能設計應符合通關及保安的規定；移動式登輪設備（旅客橋）應有防風及防颱設備。
2. 旅客行李進出港流程：旅客及行李的進出動線應符合 CIQS 等單位的要求，並注意行李寄存監管或配送至旅客報到、入境的託運流程。
3. 硬體設施配置：
   (1) 旅客上下船：設置旅客上下船專用設施，登輪設備應符合無障礙通行要求。
   (2) 碼頭車道：客運中心與碼頭間，應設隔離車道以供郵輪補給貨車及旅客接送交通工具的車流轉換空間。
   (3) 客運中心：設置旅客的候船休息、行李託運、通關設施、值勤辦公室及商業服務空間。
   (4) 通關設施：包括安檢、海關、檢疫及入出境的查驗設施。
   (5) 行李處理：設置專用行李裝卸設備、處理空間及 X 光檢查設備。

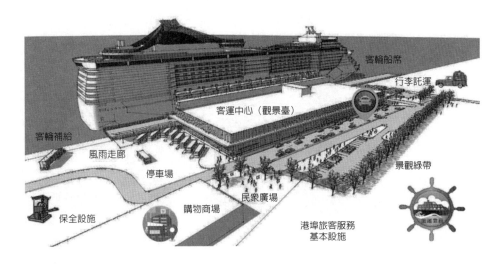

4. 郵輪補給：郵輪運作的各類物質補給及廢棄物處理，應能符合海關及檢疫的規定；實施客貨分流，物資補給應有專用通道及處所；對補給所需裝卸設施要求與行李處理要求相同。

   郵輪進入臺灣港口時，CIQS 相關防疫措施：

1. 郵輪須於抵港前 24 小時提出進港預報，經交通部航港局核准後，方可進港。
2. 進港後，移民署會先行查驗旅客國籍身分及入境許可。

[註3]　甘勝軍，「郵輪港口規劃與管理」，旅遊教育出版社，2016 年。

3. 於旅客入境時，衛生福利部疾病管制署人員即要求下船旅客填寫「入境健康聲明卡」逐一審核及進行發燒篩檢。

4. 關務署依續查核行李物品及海巡署的人員物品之安全查核。

 CIQS（Customs、Immigration、Quarantine、Security）

合稱為「CIQS」（Customs、Immigration、Quarantine、Security）的海關、證照查驗、檢疫及安全檢查工作，是全球港口及機場皆重視的4道守護國門關卡；其中又以港口（機場）安檢最重要，任一環節稍一不慎，就會危害到乘客性命及船舶財產損失。

港口的海關、證照查驗、檢疫及安全檢查（CIQS）

旅客通關（入境）：檢疫、證照查驗、提領行李、海關、離港

行李通關（入境）：艙房門口、船方收集、碼頭裝卸、提領行李、海關、離港

---

 01 ENTRANCE 入口　**02 EXIT** 出口

第八章
港埠物流

Unit 8-1　物流概述
Unit 8-2　國際物流
Unit 8-3　航運物流
Unit 8-4　貨櫃物流

Logistics

Unit 8-1 物流概述

物流（Logistics）中文源自於日文，指貨運、貨物流通、傳輸送貨，是軍事領域後勤概念的民間用語。它由一系列創造時間價值和空間價值的經濟活動組成，包括運輸、保管、配送、包裝、裝卸、流通加工及處理等多項基本活動，是這些活動的統稱[註1]。

在法規上提到與港埠物流相關的「物流中心貨物通關辦法」所稱物流中心，指經海關核准登記以主要經營保稅貨物倉儲、轉運及配送業務之保稅場所。物流中心內得進行因物流必需之重整及簡單加工。其中「外國營利事業來臺設立國際物流配銷中心獎勵實施辦法」（民國100年3月11日已廢止）的簡易加工，指對儲存貨物依下列行為辦理重整：

1. 檢驗、測試。
2. 整補修理或加貼標籤。
3. 依性質、形狀、大小、顏色等特徵，予以區分等級或類別。
4. 切割。
5. 利用人力或簡單工具予以組合。
6. 重行改裝或另加包裝。

交通部網站在港埠的業務簡介[註2]，以「打造旗艦自由經貿港區，形塑遠洋貨櫃及國際物流新局」為目標，另在「自由貿易港區設置管理條例」第三條第二款規定的自由港區事業：指經核准在自由港區內從事貿易、倉儲、物流、貨櫃（物）之集散、轉口、轉運、承攬運送、報關服務、組裝、重整、包裝、修理、裝配、加工、製造、檢驗、測試、展覽

或技術服務之事業。可見我國的港埠物流發展範圍著重在自由經貿港區、遠洋貨櫃、國際物流等三大區塊。

港口在物流發展中的作用和意義[註3]

在國際經濟、貿易和運輸尚未整合發展時，生產、貿易、運輸和裝卸是相互分開的作業系統，傳統的港口僅負責貨物裝卸、轉運、轉口的角色，而游離於生產庫存、商貿、資訊、運輸之間的領域，在貿易全球化的時代來臨時，貨主和運送人對資源配置和貨物流通提出高效率、低成本的要求，於是第三方物流（Third Party Logistics,

---

[註1] 物流，維基百科 https://zh.wikipedia.org/wiki/%E7%89%A9%E6%B5%81

[註2] 首頁 > 交通部簡介 > 業務概況 > 港埠 https://www.motc.gov.tw/ch/home.jsp?id=727&parentpath=0,1,717

[註3] 高玲，「港口物流：理論與實務」，北京大學出版社，2017年。

3PL）興起，以專業的運輸及倉儲管理技術，進行對買賣雙方的物流服務，這時港口的物流設施及活動開始有新的發展機會。

1. **港埠是海陸間國際物流的節點及樞紐** – 港口是海上運輸的起點與終點，港口大多屬是位於一國主要生產與貿易的地點，而在跨國貿易中會在港埠進行儲轉、加工或其他商業活動，結合鐵公路、航空及內陸水運等運輸方式，港埠已成為重要的物流通道與節點。

2. **港埠是生產流通領域的物流和綜合商貿中心** – 在生產流通領域，物流是保障原物料及時運送的可靠性，有效的配送是減少庫存及增加銷售機會的方式，港口成為跨國企業進行貿易和運輸的基地，也是國際物流的配送重要基地。

3. **港埠是物流資訊中心** – 現代港口提供服務時，要即時對船東、貨主、各種航運代理服務機構，以及海關、航政、金融、保險、港務等單位聯繫，港口是要提供即時的資訊及電子資料交換（Electronic Data Interchange, EDI），所有的商流、金流、資訊流、物流將會在港口通過，對港口資訊流的有效服務及管理，使港埠成為資訊的交換中心。

4. **港埠因發展物流服務而成為城市經濟發展的助力** – 由於世界貿易主要以海運方式完成，港口因為是水陸運輸轉換的節點，成為國際貿易和倉儲配送中心，結合多種運輸方式及複合式分支物流節點，為所在城市創造綜合運輸服務業體系的基礎。

發展現代港埠物流的意義

1. **提升國際商港國際競爭力** – 國際運輸在貨櫃運輸和戶對戶運輸的基礎上，爭取航運業的貨櫃物流業務使港口成為樞紐港的地位，成為港口發展的關鍵。

2. **推動貨櫃樞紐港建設發展** – 貨櫃運輸是現代海洋運輸及物流作業的主要模式，樞紐港的發展定位可以爭取航線線及航班密度，吸引更多船公司與貨主，可以促進筆城市經濟的發展。

3. **加強港埠與腹地聯接功能** – 港口是國際物流與國內物流的交接點，港口與腹地的物流聯接，可以促進綜合運輸的發展，特別是港口貨源腹地延伸至第三地。

4. **提供國際物流業投資條件** – 依照世界貿易組織（WTO）的開放服務業要求，提供國際物流業至國內投資的發展機會，引進國外技術及管理經驗，可促進航運及物流業的發展，

5. **完善港埠的資訊服務功能** – 有利發展物流資訊服務中心，提供標準化的數據交換平臺，借助國際化、資訊化及網路化，提升港埠的服務競爭力。

⚓ 第三方物流（Third Party Logistics, 3PL）

第三方物流（3PL）：企業動態地配置自身和其他企業的功能和服務，利用外部的資源為企業內部的生產經營服務。將外包（Out-sourcing）引入物流管理領域，就產生了3PL的概念。3PL是指生產經營企業集中精神在主業上，然後將原本屬於自己處理的物流活動，以合約方式委託給專業物流服務企業，同時透過資訊系統與物流服務企業保持密切聯繫，以達到對物流全程的管理和控制的一種物流運作與管理方式，因此又叫契約物流（Contract logistics）。

資料來源：財經知識庫
https://www.moneydj.com/KMDJ/Wiki/WikiViewer.aspx?keyid=023f072a-edd6-439e-adf2-122a57b8ae91

第三方物流（Third Party Logistics, 3PL）

港埠貨物裝卸、倉儲、加工及運輸作業

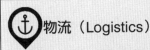物流（Logistics）

物流（Logistics）中文源自於日文，指貨運、貨物流通、傳輸送貨，是從軍事領域後勤概念轉換來的民間用語，在中國古代曾見為「運籌」用語，包含著「物」盡其用，貨暢其「流」的理想。「物流」是一套通過計算、策劃來控制原材料、製成品、產成品或資訊在供、需、倉儲不同部門（公司）之間轉運的管理系統。在物流過程中，透過管理程序有效結合運輸，倉儲，裝卸，包裝，流通加工，資訊及相關物流客戶服務等機能性活動，以創造價值滿足顧客及社會需求。

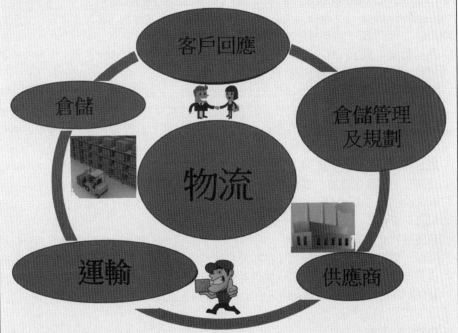

資料來源：What is logistics? Definition and meaning
https://marketbusinessnews.com/financial-glossary/logistics-definition-meaning/

Unit 8-2 國際物流

1994年，聯合國貿易和發展會議（UNCTAD）在「港口行銷和第三代港口的挑戰」之研究報告[註4]中提出第一代至第三代港口的定義及功能進行界定，1999年聯合國貿易和發展會議秘書處出版的「港口簡訊」[註5]更新補充論述第四代港口形成年代、條件與功能。

UNITED NATIONS
UNCTAD

港口的物流活動發展過程（從國內物流至國際物流）

但隨著港口從第一代港口向第四代港口的發展過程，港埠物流經歷從傳統物流到配送物流、綜合物流、供應鏈物流的幾個階段發展：

1. **傳統物流** – 至20世紀60年代末，港口被視爲純粹的「運輸中心」，主要功能是運輸、轉運、儲存等傳統港口功能。

2. **配送物流** –20世紀60～80年代，EDI、JIT（Just in time）及配送規劃等技術出現，貨櫃運輸及船舶大型化的發展，對生產及運輸效率的要求提高，跨國公司在各國際港口設立發貨中心，港埠物流也進到運輸、轉運、儲存、拆併櫃、倉儲管理及加工的功能。

3. **綜合物流** –20世紀80～90年代，電子商務興起帶來交易方式的變革，使物流往資訊化及網路化發展，專家系統（Expert System, ES）及決策支援系統（Decision Support Systems, DSS），使物流提升發展的地位，港埠逐漸成爲集「商品流、資訊流、資金流、人才流」於一體的重要物流中心。

4. **供應鏈物流** – 進入21世紀後，現代資訊、網路通訊和物流技術的發展進入全新的階段，國際物流、共同配送成爲物流發展的重要趨勢，港埠除了發揮裝卸、集散貨的運輸功能外，還參與現代物流活動各環節的業務活動及協調，成爲全球國際貿易和運輸體系中的重要基地，自動化及智慧化成爲港埠作業新的發展方向。

港埠物流活動

在港區活動的企業具有一些特點，客戶種類不同、數量繁多，包括船公司、貨物裝卸、鐵公路運輸業，以及報關、理貨公證、各船運服務業等物流處理中間商；有些依賴港口設施從事相關倉儲物流的加值活動（如搬運、簡易加工、資訊服務等）。

港口的物流企業常見有三種分類：

1. **運輸型** – 以從事貨物運輸業務爲主，包括運輸代理服務、海運快遞，具備一定規

[註4] UNCTAD, Port marketing and the challenge of the third-generation port, 1992.
https://unctad.org/system/files/official-document/tdc4ac7_d14_en.pdf

[註5] UNCTAD, Port Newsletter No 19, 1999.
https://unctad.org/system/files/official-document/posdtetibm15.en.pdf

模，可提供戶對戶運送及貨況查詢服務功能。

2. **倉儲型** – 以從事貨物倉儲業務為主，包括貨物儲存、轉口、保管等服務，能提供配送、流通加工等其他服務。

3. **綜合服務型** – 從事多種物流業務為主，包括貨物運輸、貨運代理、倉儲、配送等業務，具有自備或租用的專有設施，提供全流程管控的資訊管理。

	模式分類	特徵	典型代表
港口物流發展模式【註33】	交通樞紐型	港口位於國際航線樞紐地位	新加坡港
	商業帶動型	港口以服務腹地商貿為主	紐約港
	工業帶動型	港口以服務腹地工業為主	橫濱港
	綜合型	兼有以上三種類型特點	鹿特丹港
	模式分類	**特徵**	**典型代表**
港口物流中心經營方式	地主型	港口當局提供管理及服務，不參與投資	鹿特丹港 紐約港
	合資型	港口企業聯合投資構建	安特衛普港
	獨立型	碼頭營運商投資建設	香港
	聯合型	港口與城市共同構建	新加港

在臺灣商港，廣義以港口地理範圍可將物流活動分為國際物流、港埠物流及國內物流：【註6】

1. **國際物流**–包括進出口及轉口貨物，還有在自由港區、物流中心的貨物加值作業。

2. **港埠物流** – 港區內的一般及保稅等進口貨物的裝卸、倉儲、轉運轉口，簡易加工、重整等加值作業，貨物一般會延伸至內陸地區的場所。

3. **國內物流** – 從國外港口進口已完稅貨物或海關保稅貨物的運輸倉儲作業。

臺灣港埠的物流活動是配合航運業的業務發展趨勢，以國際貨櫃運輸為核心，結合貨櫃集散站拆併櫃與國際物流中心貨物簡單加工貨重整的業務，並進行國際貨物（櫃）的轉運業務，進一步將保稅貨物延伸至境內的保稅區域（工廠）進行加工再復運出口的作業。

【註6】　孫家慶、劉翠蓮、唐麗敏，「港口物流理論與實務」，中國物質出版社，2010 年。

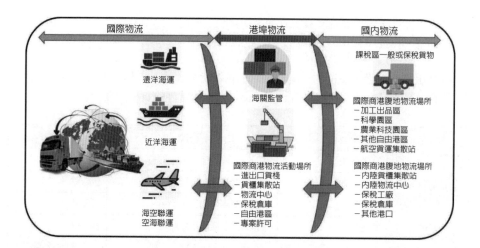

及時化生產技術（JIT）

及時化生產技術（Just in time, JIT），又稱及時生產，是一種生產管理的方法學，源自於日本豐田汽車生產方式。通過減少生產過程中的庫存和相關的順帶成本，改善商業投資回報的管理戰略。其目標即原材料和外購零件的庫存為零，品質缺陷為零，這是物流管理中的供應商管理項目，透過資訊交換達到對品質、庫存及及時運送的要求。

全球物流（Global Logistics）

國際分工是經濟全球化中的重要環節，「國際分工」是指不同國家專責不同經濟活動。國際分工之成為可能，有賴於通訊和運輸技術的進步，使跨國企業能監控和協調分佈於各國的生產程序。即愈來愈多跨國企業都透過國際外包，將部分生產程序和商業運作轉移到世界各地進行。國際分工的結果是專門化。世界各地愈來愈趨向專責某一工業的某項產品的某個生產工序，令當地的工人也愈趨專門化。全球物流是國與國之間的貿易所產生的國際物流行為，也是現代物流的新型態，中間更涉及各國的運輸貨物責任與管理問題，是企業對進行全球物流管理的挑戰。

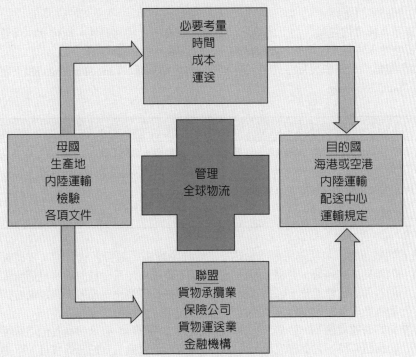

資料來源：Global Logistics: A Pervasive Role in Wheeling International Trade
https://www.oreilly.com/library/view/logistics-management-2nd/9788131727546/xhtml/chapter016.xhtml

Unit 8-3 航運物流

國際海洋運輸是國際貿易運輸傳統的方式，依據聯合國貿易和發展會議（UNCTAD）所出版的年度「海運運輸回顧」報告[註7]，世界有超過90%的國際貿易貨物流量是通過海上運輸來完成。海上運輸與其他運輸方式相較有以下的優點：

1. **運量大** – 海洋運輸的運送能力較其他鐵公路、航空運輸大，特別是超大型油輪、礦砂船、貨櫃船等。
2. **運費低** – 海洋運輸利用天然形成的海上航道，所負擔的航道建設及維護費用較低，每噸貨物運輸成本較鐵公路、航空運輸低。
3. **運送區域廣** – 海洋運輸運用地球天然水路，不受道路及軌道的限制，有不同的海上航路可供選擇。
4. **適用多種貨物運輸** – 海上運輸可以適用多種貨物大量的運送，能依貨物性質及裝卸特性提供各式的船舶，如冷藏船、天然氣船、汽車運輸船等。

海洋運輸的船舶依經營方式的不同，可分為定期航運（Line shipping）和不定期航運（Tramp Shipping）。

定期航運	不定期航運
1. 航線（Route）、船期（Schedule）、靠港順序皆固定。 2. 航線與船期會預先公佈，供貨主預為查詢。 3. 貨主與船公司簽訂租船契約（Shipping Order, S/O）。 4. 以貨櫃船為主。	1. 航線與船期都不固定（依託運人要求，安排航行計畫）。 2. 貨主與船公司簽訂租船契約（Charter Party, C/P）。 3. 以散裝船為主。

廣義的航運物流包括運用海上船舶及港埠作業設施，進行各式貨物（貨櫃貨、液化貨、散雜貨）的運輸、倉儲、配送及其他加工作業，今日一般討論的航運物流會聚焦在定期航運的貨櫃運輸，因為貨櫃運輸具有運送具標準化、易於不同運輸方式間轉移、對貨物具有保護性、作業流程具有一致性，很適合物流作業的特性。

標準化的海運貨櫃，一般常用標準貨櫃規格為20呎與40呎，尚有其他特殊規格，標準化的貨櫃似為一大型物流箱，貨櫃在不同港口及運輸工具搬運轉移時，可使用規格化的裝卸機具與作業程序，節省作業時間。

[註7] Review of maritime transport
https://unctad.org/topic/transport-and-trade-logistics/review-of-maritime-transport

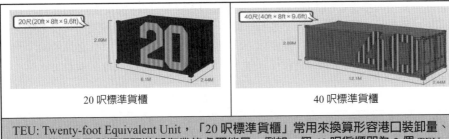

| 20 呎標準貨櫃 | 40 呎標準貨櫃 |

TEU: Twenty-foot Equivalent Unit，「20 呎標準貨櫃」常用來換算形容港口裝卸量、貨櫃船載運量及貨櫃碼頭裝卸作業的處理能量。例如一個 40 呎貨櫃即為 2 個 TEU。

海運的物流運作[註8]

在國際貨櫃運輸技術發展及運用達到一定程度時，各國際航運公司將海上貨櫃運輸結合陸上及航空的複合運輸方式，利用貨櫃便利在不同運具的轉換搬運，除原有的貨櫃運送進一步發展功能更完善的物流服務，從港對港（Port to Port）到戶對戶（Door to Door）的運輸方式，航運公司從船舶運送角色轉換成提供貨主加值服務的綜合物流解決方案的服務供應商（Logistics service provider）。

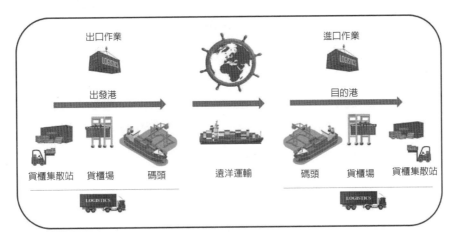

海運物流依貨櫃運輸的基礎產生結合多個運輸方式的複合運輸方式，構成聯貫的全程運輸來完成貨物的空間轉移。依「聯合國國際貨物複合運輸公約」（United Nations Convention on International Multimodal Transport of Goods, 1980）[註9]，「國際複合運輸」是指按照複合運輸合約，以至少兩種不同的運輸方式，由複合運輸經營人將

[註8]　趙一飛，「航運與物流管理」，上海交通大學出版社，2004 年。
[註9]　United Nations Convention on International Multimodal Transport of Goods
　　　https://unctad.org/system/files/official-document/tdmtconf17_en.pdf

貨物從一國境內接管貨物的地點運至另一國境內指定交付貨物的地點。國際複合運輸需同時具備下列 6 個條件：(1) 必須有一個複合運輸合約；(2) 必須使用一份包括全程的複合運輸單據；(3) 必須至少是兩種不同運輸方式的連貫運輸；(4) 必須是國際間的貨物運輸；(5) 必須由一個複合運輸經營人對全程運輸總負責；(6) 必須是全程單一的運費費率。

 複合運輸（Intermodal transportation）

複合運輸又稱聯合運輸或多式聯運，指由兩種或兩種以上的運輸工具（同種或不同種），運送人於兩地之間對於託運人所託運之貨物，採用單一費率或聯合計費的方式，並且共同擔負運送責任之服務。常見北美洲與歐洲的海陸聯運作業模式，是國際物流的多個承運人的聯合運輸作業。

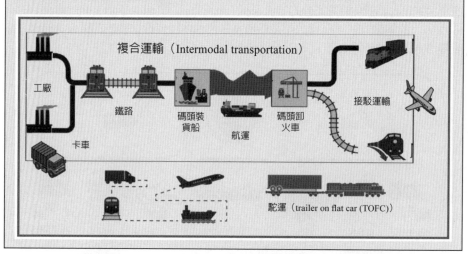

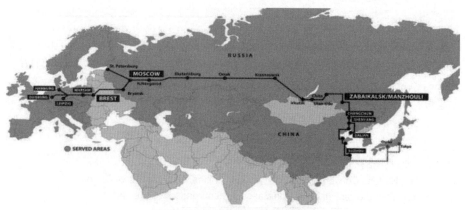

西伯利亞歐亞陸橋—海鐵聯運

陸橋運輸（Land bridge transport）

陸橋運輸是結合海運與鐵公路的複合運輸方式，使用海運貨櫃更換至鐵公路運具上再長程運送達目的地，主要在亞洲連結歐洲的西伯利亞陸橋及亞州至北美洲東西岸的美洲陸橋運輸，其中美洲陸橋橋運輸形式分為：

1. **大陸橋運輸（Land bridge）**–例如亞洲港口貨物經北美洲大陸西岸港口及鐵公路運送至東側港口再運送至歐洲港口。
2. **小陸橋運輸（Mini land bridge）**–從國外港口經陸橋運輸至內陸目的地，例如亞洲港口至美國西岸港口經鐵公路運輸至北美洲東側內陸目的地。
3. **微型陸橋運輸（Micro land bridge）**–從國外港口經陸橋運輸直接至內陸目的地，例如亞洲港口經美國加州洛杉磯港街鐵路至德州休士頓港。
4. **反向陸橋運輸（Reverse land bridge）**–自2016年巴拿馬運河擴建後，美國東岸港口貨櫃利用巴拿馬運河運回美國西岸港口的新全部水陸運輸方式。

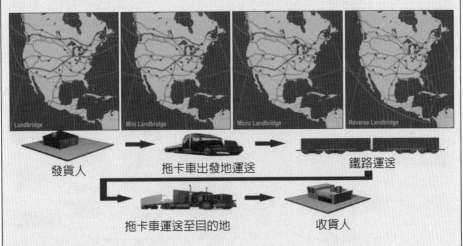

資料來源：What Is a Landbridge?
https://cwi-logistics.com/news/what-is-a-landbridge/
圖片來源：Types of Landbridges
https://transportgeography.org/contents/applications/transcontinental-bridges/types-landbridges/

Unit 8-4 貨櫃物流

此處所討論的貨櫃物流是指在港埠的貨櫃流動及處理，現代港口以處理貨櫃貨為核心業務，伴隨貨櫃船大型化和新型裝卸機具的應用，加以貨櫃的儲存特性，可以進行貨物的集併貨於一個貨櫃，並進行貨物簡易加工、重整的作業，良好的貨櫃運輸作業成為國際海運者的競爭利基。

而依海關管理貨櫃集散站辦法第二條規定：「本辦法所稱貨櫃（Container），指供裝運進出口貨物或轉運、轉口貨物特備之容器，其構造與規格及應有之標誌與號碼，悉依國際貨櫃報關公約之規定」。

貨櫃碼頭作業功能區分

1. **海側**：為船舶停靠作業的船席，另碼頭岸肩設有貨櫃裝卸起重機。
2. **港口**：為貨櫃碼頭可區分為前線裝卸作業區、儲轉貨櫃場（Container yard, CY）、後線貨櫃集散站及管制站等。
3. **陸側**：廣義為港口的貨櫃集散來源腹地，以鐵公路進行貨櫃運輸接駁，可延伸至內陸或至第三國港口。

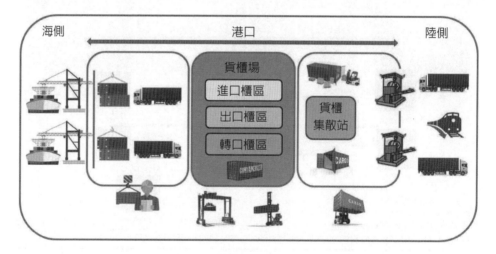

貨櫃運輸的管理方法和工作體系與傳統運輸方式不同，其主要的參與者有貨櫃運送人、貨物代理、貨櫃租賃公司、貨櫃碼頭營運人、貨櫃集散站。

貨櫃貨運依我國海關通關規定，貨櫃內裝有貨物者，稱實貨櫃；未裝有貨物者，稱空貨櫃；實貨櫃內所裝運之進口、轉運、轉口貨物如屬同一收貨人，或出口、轉口貨物如屬同一發貨人者，為整裝貨櫃；其進口、轉運、轉口貨物如屬不同一收貨人或出口、轉口貨物不屬同一發貨人者，為合裝貨櫃。貨櫃集散站（Container Freight Station, CFS）指經海關完成登記專供貨櫃及櫃裝貨物集散倉儲之場地。

貨櫃貨物流程

在傳統的國際貨物運輸中，託運人在內陸各地用鐵路及公路運輸方式將貨物集中到出口港，再依與船舶運送人的合約裝船，到達目的港進行卸船後再經鐵路及公路運輸方式將貨物運到交貨地點。在貨物的全程運輸過程中，各區段的運輸量批量、運輸路線和實際運送人的選擇由眾多託運人獨立完成，運輸方式及聯繫是混亂，各獨立託運人的內陸運輸量無法達到規模經濟模式。與傳統的國際貨物運輸相較，貨櫃運輸在全程運輸和各階段參與組織的運輸聯繫上，都有巨大的改變。

貨櫃的交接方式依國際上的作法[註10]：

1.戶對戶（DOOR TO DOOR）	由發貨人倉庫（或工廠）驗收後，承運人直接全程運送至收貨人倉庫（或工廠）。
2.戶對場（DOOR TO CY）	由發貨人倉庫（或工廠）運送至目的地（港）的貨櫃場。
3.戶對站（DOOR TO CFS）	由發貨人倉庫（或工廠）運送至目的地（港）的貨櫃集散站。
4.場對戶（CY TO DOOR）	由起運地（港）的貨櫃場運送至收貨人倉庫（或工廠）。
5.場對場（CY TO CY）	由起運地（港）的貨櫃場運送至目的地（港）的貨櫃場。
6.場對站（CY TO CFS）	由起運地（港）的貨櫃場運送至目的地（港）的貨櫃集散站。
7.站對戶（CFS TO DOOR）	由起運地（港）的貨櫃集散站運送至收貨人倉庫（或工廠）。
8.站對場（CFS TO CY）	由起運地（港）的貨櫃集散站運送至目的地（港）的貨櫃場。
9.站對站（CFS TO CFS）	由起運地（港）的貨櫃集散站運送至目的地（港）的貨櫃集散站。

採用貨櫃運輸貨物時，一般先將分散的小批量貨物集中到內陸貨櫃集散站儲放，組成大批量貨物時，通過內陸運輸（鐵路或公路）將其運送至裝貨港，載裝船運送至卸貨港時，再通過內陸運輸（鐵路或公路）將其運送至最終

目的地。在貨櫃貨物的物流處理過程，貨物的集散客分為整裝貨櫃或整裝貨（Full Container Load, FCL）、合裝貨櫃或併裝貨（Less Than Container Load, LCL）兩種。

現代貨櫃碼頭特別是位於主要航線的樞紐港（Hub port），特具有營運規模化、作業自動化（智慧化）、管理企業化、投資跨國化的特色，以因應船舶大型化、作業

【註10】 劉敏、湯霞、戴敏華，「集裝箱碼頭運營實務」，人民交通出版社，2015 年。

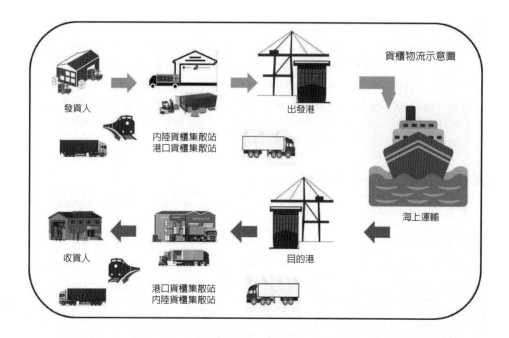

高周轉率、航運國際物流的市場發展趨勢,對貨櫃物流的變化是加強貨櫃的集併貨功能並擴展對貨物的加工、配送及貨物追蹤資訊附加服務,而貨櫃碼頭的業效率改善焦點在船席調度(Berth)、船邊裝卸(Quayside)、櫃場作業(Container yard)、管制站(Gate)四大區位,透過自動化機具、資訊化傳輸、作業流程規劃、跨區合作作業,以提高貨櫃碼頭的物流運作。

　　國際貨櫃航商的航運聯盟合作方式,不論是港口的公用碼頭、貨櫃碼頭,要迎接幹線大型貨櫃母船與中小型支線集貨船的接駁運輸,碼頭作業的資訊化及精確度將成為競爭的重要基礎之一。

碼頭作業系統（Terminal Operating System, TOS）

貨櫃碼頭在定期航運系統中扮演著重要的角色，除可提供一個暫存空間供託運人預先交付貨櫃以等候船舶，以及堆儲貨櫃等候收貨人提領。由於貨櫃碼頭屬於一個動態的作業系統，除了船邊裝卸作業之外，閘口拖車也會持續駛入與駛出，進行貨櫃提領與交付作業。

因此，TOS系統為專業貨櫃碼頭作業資訊系統，整合船圖、場區配置及後端帳務結算，以生產力最大化為目標。其主要作業管理規劃功能：

1.貨櫃進出管制站
2.貨櫃儲區吊卸
3.船邊裝卸作業
4.帳務管理

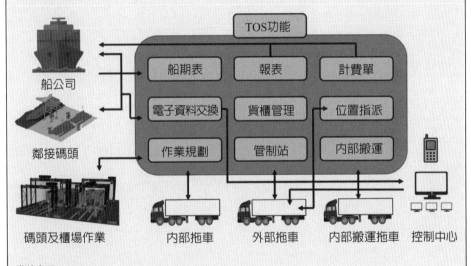

資料來源：DP Word
http://www.goodmandpworld.hk/en/container_terminal.php

第九章
港埠行銷

Unit 9-1　行銷概念
Unit 9-2　港埠社群
Unit 9-3　媒體行銷
Unit 9-4　客戶服務

Unit 9-1 行銷概念

行銷（Marketing）是做生意的一種方法與手段，也是做生意的一種哲學。依教育部國語辭典的釋義，行銷指一組織從事市場研究、分析、預測、產品發展、定價、推廣、交易及實體配銷，來發掘、擴大及滿足社會各階層對商品或勞務需求的一系列活動，其目的在促進交易的進行及完成。

美國行銷協會（American Marketing Association, AMA）[註1]對行銷下的定義是：「行銷是創造、溝通與傳遞價值給顧客，以及經營顧客關係以便讓組織與其利益相關人（Stakeholder）受益的一種組織功能與程序」。企業要滿足顧客，實現經營目標，不能單只是考慮某一因素和手段，必須從目標市場需求和市場行銷環境的特色出發，根據企業的資源和優勢，綜合運用各種市場行銷手段形成統一的、配套的市場行銷戰略，使之發揮整體效果，爭求最佳效果。

行銷的工具

E. Jerome McCarthy 在 1960 年的行銷 4P 傳統理論已經行之有年，行銷 4P 是一個公司為了開發產品（服務）或尋找目標市場時，訂定的行銷策略架構。而這 4P 分別是 Product（產品）、Price（價格）、Place（地點）、Promotion（促銷），再將這 4P 依目標市場組合成不同的行銷組合（Marketing Mix）。20 世紀 90 年代，學者在 4P 的基礎上發展了 7P 模型，使之更適用服務業和知識密集型產業，增加的 3P 是：人員（People）、過程（Process）、有形的展示 / 環境（Physical Evidence）。

1990 年 Robert Lauterborn 的行銷 4C 理論，即消費者的需求與欲望（Consumer needs wants）、消費者願意付出的成本（Cost）、購買商品的便利（Convenience）、溝通（Communication）。消費者的需求與欲望（Consumer needs wants），把產品先擱到一邊，趕緊研究消費者的需求與欲望，不要再賣你能製造的產品，而要賣某人確定想要買的產品；消費者願意付出的成本（Cost），暫時忘掉定價策略，趕快去瞭解消費者要滿足其需要與欲求所必須付出的成本；購買商品的便利（Convenience），忘掉通路策略，應當思考如何給消費者方便以購得商品；溝通（Communication），最後請忘掉促銷。從導向來看，4P 理論提出的是自上而下的運行原則，重視產品導向而非消費者導向；4C 理論以「請注意消費者」為座右銘，強調消費者為導向[註2]。

[註1] Definitions of Marketing, American Marketing Association.
https://www.ama.org/the-definition-of-marketing-what-is-marketing/
[註2] 李士福，行銷 4P 與 4C 理論。
http://eportfolio.lib.ksu.edu.tw/～4990M038/blog?node=000000088

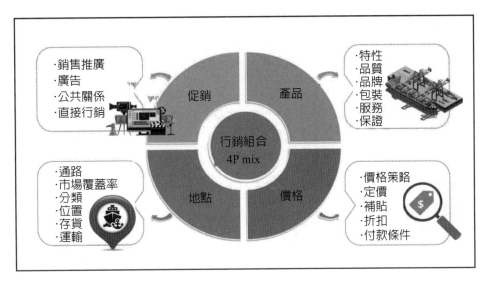

　　4C 理論也有其不足的地方，它是以顧客需求爲導向，但顧客需求有個合理性問題，如果企業只是被動適用顧客的需求，必然會付出巨大的成本，根據市場的發展，應該尋求在企業與顧客之間建立一種更主動的關係。從事服務行銷，除了傳統的 4P 必須加以修改補強外，7P 理論是再加入人員（People）、有形展示 / 環境（（Physical Evidence）、過程（Process）等三項元素[註3]：

1. **人員（People）**：在行銷組合裡，意指人爲元素，扮演著傳遞與接受服務的角色，也就是公司的服務人員與客戶。因服務的不可分割性，公司的服務人員極爲關鍵，他們可以完全影響顧客對服務品質的認知與喜好。服務人員與品質即是產品（服務）不可分割的一部分。公司必須特別注意服務人員品質的培養與訓練，時時追蹤其表現。尤其是服務業，人員素質參差不齊，服務表現的品質就無法達到一致的要求。

2. **有形展示 / 環境（（Physical Evidence）**：可以解釋爲「在一個購買環境裡，服務得以傳送，任何有形的商品透過服務傳播及表現而更完整」服務環境的重要性，在於顧客能從中得到可觸及的線索，去體認你所提供的服務品質。因此，最好的服務是將無法觸及的東西變成有形的服務。服務環境本身（如：外觀、裝潢、擺設、配置等）是顧客評估服務程度與品質的依據。簡言之，服務環境就是產品本身不可或缺的一部分。

3. **過程（Process）**：這裡的過程是指「顧客獲得服務前所必經的過程」，如果顧客在獲得服務前必須排隊等待，那麼這項服務傳遞到客戶手中的過程，時間的耗費即爲重要的考慮因素。行銷人員必須瞭解「排隊」與「等待中所耗掉的時間」能否被客戶接受。

[註3]　王柏文，行銷理論：從 4P 到 4C,7P—消費行為課堂筆記。https://medium.com/allen365

從 4P 到 4C、7P 的行銷理論演變，主要是「服務」具有四大特性：

1. **無形性**：客戶很難在購買前去評估服務的好壞。例如港埠提供服務的環節涉及作業的人、港埠自然環境、管制政策，具有主觀上的認知。
2. **不可分割性**：服務的產生與消費可以同時進行。委託人申請港埠服務時，可立即進行港埠作業。
3. **異質性**：服務品質變化性大。例如不同的港埠管理單位及設施種類，專用碼頭與公用碼頭的裝卸效率就有高低差異。
4. **易逝性**：服務無法庫存再賣。例如船舶船席及貨物倉位，無法把今日閒置的設施服務保存至隔日使用。

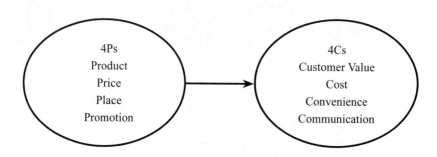

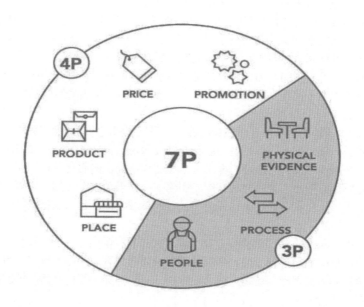

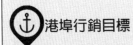港埠行銷目標

企業的目的就只有一個：創造顧客。為了創造顧客，企業必須善用行銷和創新的功能。

港埠行銷的主要目的：

1. **吸引投資**：對國內外招商，增加對港埠營運基礎設施的投資。
2. **探索需求**：吸引對港埠服務及物流額外需求，特別是在整個供應鏈的運作。
3. **擴展商機**：定義新的商業發展機會，例如在國外內陸運輸、環保作業、物流顧問、資通服務等。
4. **社群聯繫**：管理全球/區域/本地的利害關係人，以及企業社會責任等聯繫。
5. **產業對話**：創造港口管理者和主要港口客戶對話網路，進行有效率的溝通。

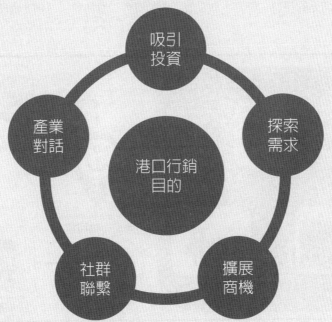

資料來源：Marketing Objectives of Port Authorities
https://porteconomicsmanagement.org/pemp/contents/part5/port-marketing/port-marketing-objective-attracting-investments/

Unit 9-2 港埠社群

　　港埠社群（Port community）與一般產業社群不同之處，它服務的對象（客戶）具有此產業所需專有知識、經常性使用港埠服務與設施、要求服務通常具有時間緊迫性，所提供服務與其他運輸業服務（產品）相同，無法儲存供日後銷售；與工業產品或大眾消費品的客戶行銷特性並不相同，討論港埠行銷要先了解其行銷目標與對象，才能採取有效的行動方案。

港埠行銷目標【註4】

　　港埠行銷的主要目標是提供服務以獲取收益，基本上是商業之間的交易關係，其目標在吸引國內外業者的投資以擴增港埠設施、充分利用設施能量提升客貨物運量，同時隨港埠多角化的經營，探索各種投資合作的機會以增加收入（例如國際物流、郵輪觀光等）。

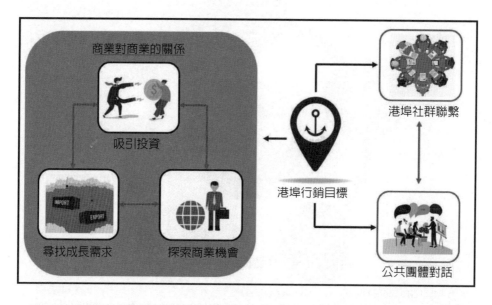

　　同時，港埠的經營管理通常是具有國家給予特許經營權利（使用港區土地、港區行業經營等），對相關立法機關、行政單位及公協會等，必須保持良好溝通協調關係，使管理及營運能夠順利；而港市經常相鄰接，對交通、噪音、污染防治及海洋生態保育等議題，與各公民團體的對話、想法交流，以利推動港埠的建設發展，也是在思考

【註4】　Dr. Athanasios Pallis and Dr. Theo Notteboom, Port Marketing.
　　　　https://porteconomicsmanagement.org/pemp/contents/part5/port-marketing/

整體港埠行銷方案時，必須納入的對象。因此，針對不同目標群的對象，依其特性與需求，可擬定不同的行銷策略及行動方案。

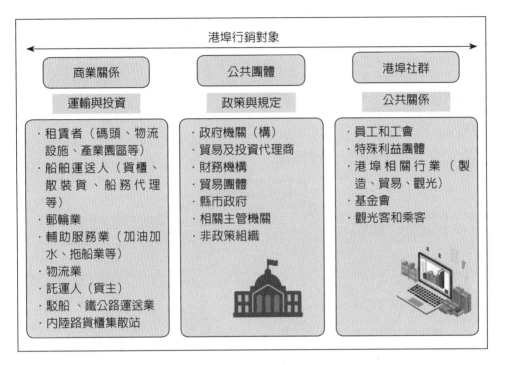

1. 吸引投資：吸引國內外業者投資港埠、內陸貨物集散等基礎建設。（例如以提供使用土地、新聞發布、拜訪國外政府代表處、長期合約費率優惠等。
2. 尋找成長需求：充分運用港埠設施，尋求物流供應鏈的合作，配合爭取航線的調整。（例如提供客製化服務、彈性費率、新聞稿、客戶拜訪等，爭取擴大業務的機會）
3. 探索商業機會：追求合作及投資的機會，包括海外港口的投資及提供專業經驗的顧問服務。（例如運用樞紐港的地位，影響或控制航運物流的網路架構、提供專業知識獲取額外的收益等。）
4. 港埠社群聯繫：因應全球／區域／當地的利益團體的意見，注意港埠的社會公共責任，擴大當地團體參與決策意見的機會。（例如推動綠色港口、海洋文化及慶典活動等）
5. 公共團體對話：創造港口管理當局與主要公共利益關係人的網路架構，使社群的運作及對話更有效率。（例如定期對話、辦理論壇及說明會等）

⚓ **港埠社群系統（Port Community System）**

社群，是一群有共同興趣話題聚集而成的群體。而個體在其中參與希望得到有形或無形的利益。社群行銷需要透過一個能夠產生群聚效應的網路服務媒體來運作或經營。在數位化的現代，港口的作業聯繫也可以運用資訊平台來做訊息溝通及資料交換，以取代人工送件提高作業效率，歐洲國家港口（例如荷蘭鹿特丹港、德國漢堡港等）會建置資訊化的港口社群系統，連接相關單位及客戶，以服務客戶提高港埠的作業效率。

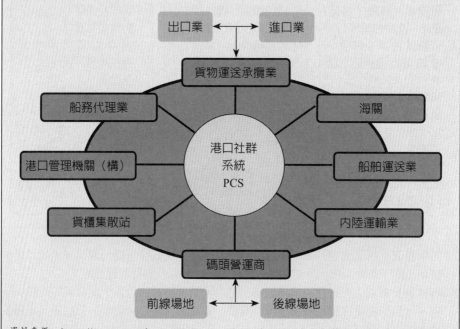

資料來源：https://porteconomicsmanagement.org/pemp/contents/part2/digital-transformation/port-community-system/
Port of Rotterdam
https://www.portofrotterdam.com/en/services/online-tools/port-community-system

意見 ➡ 協調 ➡ 共識

建立社群媒體行銷的步驟

社群媒體（Social media）是人們用來創作、分享、交流意見、觀點及經驗的虛擬社群和網路平台，例如常見的Facebook、LinkedIn、Instagram、YouTube。社群媒體和一般的社會大眾媒體顯著不同的，是讓使用者享有更多的選擇權利和編輯能力，自行集結成某種閱聽社群。社群媒體並能夠以多種不同的形式來呈現，包括文字、圖像、音樂和影片。

建立社群媒體行銷的步驟：

1. **探索**：選擇合適的社群媒體通路，考慮它的參與對象、特性、成本等。
2. **定義**：清楚界定自己的行銷對象及行銷目的。
3. **發展**：架構有效及好玩的內容，有效的推出具體吸引人的項目。
4. **傳遞**：適時向媒體傳送製造的內容，創造話題吸引人注意。
5. **衡量**：對原始的目的及設定的對象，以及辦理的活動進行績效評估。
6. **管理**：進行社群團體的管理，包括建立辦理活動的行事曆、季節性活動等。

資料來源：The 6 Steps To Building A Social Media Marketing Framework
https://www.equinetacademy.com/social-media-marketing-framework/

Unit 9-3 媒體行銷

　　港埠的營運對象及提供服務，異於一般消費品及民生服務，行銷的技巧與適用方式要視對象及目標而定。港口的各碼頭營運商其設施規模、裝卸貨物類別差異甚大，其經爭對象不同則方式隨之而異。同一國家內之港口因地理位置與貨源條件不同，亦會有不同的行銷重點。不同國家的港口，在相同的區域內亦爭取鄰近地區的轉口貨物亦避免本國貨物送至國外口轉運，其行銷重點及對象亦不同。

港埠行銷的三個層次

層次	參與者	競爭目標	服務	行銷目的
公民營事業	碼頭營運商	港內各碼頭間競爭 港際間競爭	單一的裝卸服務	改善碼頭的策略性定位
港口當局	港航機關	港際間競爭	綜合的作業服務	改善港口的策略性定位
國家	政府中央機關	港際間競爭 區域間競爭	區域－跨國間服務	改善港口在區域性的競爭地位

　　過去傳統媒體形式主要有：報紙、期刊、電視、圖書、廣播等。而一般所述的「新媒體」就是指繼報紙、電台、電視台之後在新的技術支撐體系下出現的媒體形態，包括：網際網路、網路廣播、網路電視、手機電視、數位雜誌、數位報紙、數位廣播、手機簡訊、移動電視、觸摸媒體等，新舊媒體的特性差異，也是港埠進行行銷時須注意技巧及使用工具。

新媒體相對於舊媒體【註5】

1. 新媒體的特點是它的化解力量，化解傳統媒體之間的邊界，化解社群之間、產業之間的界限，化解訊息發送者與接收者之間的邊界。新媒體打破了傳統媒體對訊息的壟斷。新媒體以它的開放、它的無處不在和不受約束地表達，改變了傳播媒體的秩序，改變了遊戲規則。
2. 新媒體爲觀眾帶來了更爲豐富的選擇和多元化的訊息服務，具有交談式的特點，受眾的主動性大大加強。在新媒體時代，個性化的收視需求不必要再順從群體推播的選單，觀眾可以根據媒介形態不同，選擇自己所喜愛的資訊內容。觀眾從一定程度上成爲了傳播者，在內容選擇方面擁有了更大地自主權，並能通過雙向互動和交流，直接影響行銷者的內容選擇和編排。
3. 新媒體具有跨時空的特點。網路電視爲傳統電視頻道和新興電視業務開闢了通達觀眾的新途徑；當數位電視和網路電視技術應用到手機電視、車載移動電視和社

【註5】 傳統媒體與新媒體的基本區別 https://kknews.cc/media/5394g8k.html

區電視等新型媒介形態中後，觀眾的收視行為再也不用限制於室內。新媒體打破了空間限制，幫助媒體和廣告商鎖定傳統電視難以掌握的受眾和特殊專業群體。
4. 新媒體還具有大眾傳播的「小眾化」特點。網路電視利用網路強大的雙向交互功能和豐富的網絡資源，讓使用者能夠完全按照自己的意願制定個性化節目單。

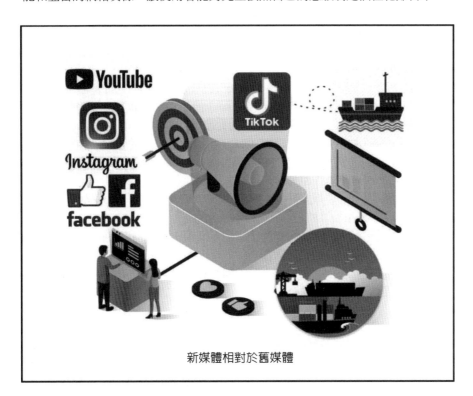

新媒體相對於舊媒體

新媒體的特性

1. 市場的差異。傳統媒體大多具有國家壟斷性的，而網際網路卻是沒有壟斷保護的，網際網路的產生，它就處在激烈的市場競爭中。
2. 受眾的差異。傳統媒體是「主導受眾型」，而網路媒體是「受眾主導型」，在網路媒體裡，受眾有更大的選擇權。
3. 撰寫的差異。網路新聞文稿關注的是速度快，文章要短。網路標題的製作是大白話，直接破題，突出重點。
4. 內容的差異。傳統媒體分級管理，網路媒體的編輯職權相對大於傳統媒體的編輯。網站編輯的職權大，也要求他有更強的把關意識。
5. 版面差異。報紙有版面的規律，報紙版面的輕重、主從，標題的處理、版面區域的安排。網路媒體是以時間流分配訊息的，沒有平面布局的概念。

6. 採訪的差異。網路媒體基本是編輯為主，少量的採訪新聞，少量的原創。而傳統媒體是以自行採訪為主。

7. 管理的差異。傳統媒體發展至今已經有非常清晰的管理機制和結構。而網絡媒體的管理機制相對模糊。對技術的重視也有區別，在網站決策層中技術人員的分量重，而傳統媒體則不然。

8. 時效的差異。傳統媒體有明確的發布時效、時段。這種傳播時效，決定了受眾的關注也有了時段性。而網路媒體 24 小時在滾動，每天必須很多次收視，才不會漏掉重要新聞。

　　選擇行銷工具、媒體的目的，是幫助規劃出更有效、可行的行銷策略，讓目標受眾（Target Audience, TA）能夠認識港埠的品牌、接收到服務資訊，實際委託並成為客戶；或是分析數據，優化客戶運輸體驗，藉此鞏固忠實客戶。

　　今日國外港埠（如新加坡港）已有開始運用數位新媒體的行銷功能，數位行銷（Digital marketing）為利用電腦科技和網路進行推銷的手法，線上數位行銷有 7 大主流分類：搜尋引擎優化（SEO）、付費廣告、內容行銷、社群行銷、聯盟行銷、影片行銷、通訊行銷。臺灣常見的社群網站 / 軟體 / 平台有：Facebook、YouTube、Instagram（IG）、Twitter、PTT、Dcard、LinkedIn。

　　港埠行銷是決定行銷目標、行銷對象、選擇媒體、事件內容、績效評估的連續過程，今日由於許多新興媒體及行銷技巧、方式出現，但港埠及海運業在作行銷決策時，仍需考量運輸業的服務特性及對象的接收訊息能力，特別是公共關係或商業關係的目的區別，避免資源的虛擲。

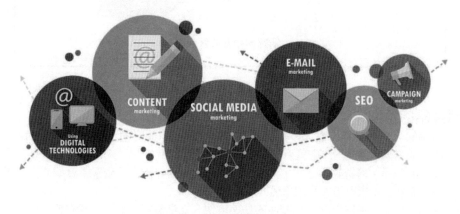

新興社群媒體（港口的挑戰）

標誌、標識或徽標（Logo）

標誌、標識或徽標（Logo）是企業、組織、個人等用作識別的一種圖像、符號或象徵物。就商業用途來說，一個優秀的標誌必須遵循以下原則：
- 簡潔
- 在黑色和白色底色下均能良好顯示
- 在小尺寸下能良好顯示
- 在眾多情況下能良好顯示（如產品包裝、廣告等）
- 通常要包含公司的名稱
- 作為公司的市場行銷和品牌管理，能充分展示公司的溝通意圖
- 有包含公司的性質

資料來源：維基百科
https://zh.wikipedia.org/zh-tw/%E6%A8%99%E5%BF%97

臺灣港務股份有公司標誌（TIPC LOGO）

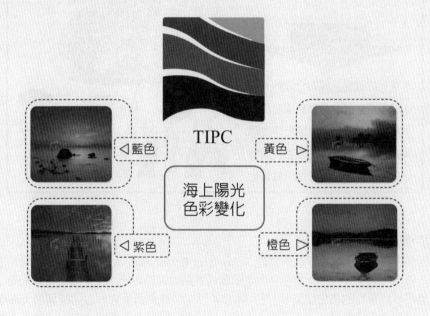

Unit 9-4 客戶服務

客戶忠誠度

　　為了鞏固原有客戶，一般企業總是致力於找出最新的行銷手法吸引客戶上門，或是降低產品（服務）的售價，以價格競爭網羅潛在客戶。雖然業績能在短時間內有所成長，但往往忽略了客戶對品牌的忠誠度（Customer loyalty degree）。擁有良好的滿意度與忠誠度，讓消費者從心底認同品牌價值，才可能降低客戶流失的狀況發生。若是與舊有客戶進行交易，維持成本可能只需開發新客戶的 20%。客戶忠誠度受到商品質量、價格、服務等諸多因素影響，使客戶對某一企業的產品或服務產生情感，形成偏愛並長期重複購買該企業產品或服務，可以透過以下三項衡量指標做為評估基準：整體客戶滿意度、重複購買概率、推薦給他人的可能性。【註6】

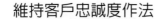

維持客戶忠誠度作法

※ 穩定的服務品質與合理的費率
※ 員工要對品牌與服務理念認同
※ 關切客戶的需求並能及時處理
※ 擴大服務程度並超越客戶期待
※ 提高額戶滿意度並提供客製化

客戶關係管理

　　因此企業強調所謂客戶關係管理（Customer Relationship Management, CRM），它是一種企業與現有客戶及潛在客戶之間關係互動的管理系統（大多數是資訊系統）。通過對客戶資料的歷史積累和分析，CRM 可以增進企業與客戶之間的關係，從而最大化增加企業銷售收入和提高客戶留存。CRM 會通過多個管道全面收集客戶的相關資訊，包括公司官網、電話、郵件、線上聊天、市場行銷活動、銷售人員及社群網路等，另外通過 CRM 企業還可以更了解目標潛在客戶以及如何滿足客戶的需求。

【註6】【顧客忠誠度】忠誠度如何計算？從滿意度下手，帶你抓住顧客的心！https://www.ecfit-saas.com/2021/01/21/%E9%A1%A7%E5%AE%A2%E5%BF%A0%E8%AA%A0%E5%BA%A6/

　　客戶關係管理系統為企業從各種不同的角度來瞭解及區別顧客,以發展出適合顧客個別需要之產品／服務(P/S)的一種企業程式與資訊科技的組合模式,其目的在於管理企業與顧客的關係,以使他們達到最高的滿意度、忠誠度、維繫率及利潤貢獻度,並同時有效率、選擇性地找出與吸引好的新客戶。【註7】

客戶關係管理作法
※CRM是支持公司的營運目標
※客戶互動的資訊全部記錄下來
※額戶資料集中展示於單一平台
※使公司內部對客戶的理解一致
※提升決策品質增加跨部門效率

客戶滿意度

　　客戶滿意度(Customers satisfaction degree)是對顧客滿意程度的衡量指標。客戶滿意是對一個產品可感知的效果(或結果)與期望值相比較後,顧客形成的愉悅或失望的感覺狀態。

　　政府部門對港埠業亦有對使用者進行滿意度調查,以作為施政改進的依據,依交通部統計處每年所公布的「交通部施政措施滿意度調查」,港埠業採用郵寄問卷方式;由交通部統計處辦理,並委託全方位市場調查公司以電話進行催表。其中106年「海運服務業對我國港埠作業滿意度調查」:以最近一年與各港務分公司有業務往來之船舶運送業、船務代理業及船舶貨物裝卸承攬業者為調查對象,調查結果影響臺灣港務公司整體滿意度的最關鍵因子為「各項棧埠作業服務」。交通部訪查港埠13個服務項目中,有10項屬臺灣港務公司權責部分,3項屬航港局權責部分。在臺灣港務公司權責方面,1.為民服務品質、2.資訊化服務品質、3.港灣收費作業服務、4.棧埠收費作業服務、5.各項棧埠作業服務、6.港區作業環境整潔、7.各項港灣作業服務、8.港區聯外道路交通、9.港區內道路交通及10.港區環境美化。在航港局權責方面,

---

【註7】　CRM 如何幫助企業成長 https://www.fiti.com.tw/crm.html

1. 航政及港政作業服務、2. 航政監理 BPR 系統及 3. 引水領航服務。

客戶服務政策（Customer service policy）

客戶服務政策是將客戶服務項目綜整在一份文件上，它提供指引、建議及\範例如確保成功的完成客戶服務。它是完整描述客戶服務的處理程序及應對態度，舉例如組織如何處理及回應客戶的反映。客戶服務政策也是很重要的參考點，是否用同樣的標準處理每個客戶的反映事件，確保每個客戶不會處理上有遺漏。

澳洲湯斯維爾港（Port of Townsville）客戶服務政策項目：
1.前言（Introduction）
2.客戶服務政策（Customer Service Policy）
3.港埠客戶定義（POTL's Customers）
4.客戶服務價值（Customer Service Values）
5.外部客戶（External Customers ）
6.客戶服務標準（Customer Service Standards）
7.未來努力（Future Efforts）

資料來源：Customer service policy, Port of Townsville.
https://s3-ap-southeast-2.amazonaws.com/os-data-2/port-townsville/documents/pot_1047_customer_service_policy_2.pdf

第十章
港埠投資

Unit 10-1 投資觀念

Unit 10-2 多角化策略

Unit 10-3 可行性分析

Unit 10-4 風險管理

Unit 10-1 投資觀念

依據教育部國語辭典對「投資」的釋義：「以資本或勞務，直接或間接投入某種事業體的經營，或以資金投入金融市場，以企圖獲利的行為」。

港埠投資一般指公民營事業對商港的投資，本章則是討論港商港經營事業機構對國內外的投資議題，特別是我國的國際商港事業經營機構依公司法成立的百分之百政府獨資的國營事業，與國外碼頭營運商在世界各地投資的條件並不相同，有相關的法規規範投資活動。依公司法規定，公司謂以營利為目的，國營事業依公司法登記成立，自以追求獲利為目的，對事業外部進行投資亦是方法之一，為避免影響本業自是對資金的運用方式及額度有所限制。

「公司法」

第一條	第十五條
本法所稱公司，謂以營利為目的，依照本法組織、登記、成立之社團法人。 公司經營業務，應遵守法令及商業倫理規範，得採行增進公共利益之行為，以善盡其社會責任。	公司之資金，除有左列各款情形外，不得貸與股東或任何他人： 一、公司間或與行號間有業務往來者。 二、公司間或與行號間有短期融通資金之必要者。融資金額不得超過貸與企業淨值的百分之四十。 公司負責人違反前項規定時，應與借用人連帶負返還責任；如公司受有損害者，亦應由其負損害賠償責任。

臺灣的國際商港由主管機關交通部獨資成立商港經營事業機構，係屬國營事業其對投資事項自受相關管理法規規範，特別是港埠事業對外投資常具長期性、政策性、跨國跨業、投資金額大的特性。

「國營事業管理法」

第三條	第二十八條
本法所稱國營事業如下： 一、政府獨資經營者。 二、依事業組織特別法之規定，由政府與人民合資經營者。 三、依公司法之規定，由政府與人民合資經營，政府資本超過百分之五十者。 其與外人合資經營，訂有契約者，依其規定。 政府資本未超過百分之五十，但由政府指派公股代表擔任董事長或總經理者，立法院得要求該公司董事長或總經理至立法院報告股東大會通過之預算及營運狀況，並備詢。	國營事業與外國技術合作，應經主管機關核准。

依「國營港務股份有限公司設置條例」，交通部成立國營的臺灣港務股份有公司，其業務範圍除本業經營外，其投資、轉投資或經營國內、外相關事業亦列為業務範圍

之一，故對在國內外投資成為港埠的新興業務，相關的投資管理亦是公司治理重要事項。

「國營港務股份有限公司設置條例」

第一條	第二條
交通及建設部為經營商港，設國營港務股份有限公司（以下簡稱港務公司），其設置依本條例之規定。 港務公司由政府獨資經營。	港務公司業務範圍如下： 一、商港區域之規劃、建設及經營管理。 二、商港區域海運運輸關聯服務之經營及提供。 三、自由貿易港區之開發及營運。 四、觀光遊憩之開發及經營。 五、投資、轉投資或經營國內、外相關事業。 六、其他交通及建設部或目的事業主管機關委託及核准之事項。

商港經營事業機構參與對投資，除有國家政策性外，其目標仍在追求公司成長、自給自足及肩負企業社會責任，同時避免運用國家資本進行與民爭利的業務，特別是民營事業的合作。

「國營事業參加民營事業投資管理辦法」（民國 86 年 12 月 04 日廢止）

第二條	第三條
國營事業基於左列各款之需要，得投資於民營事業： 一、以各該事業產品為原料作進一步之發展者。 二、與各該事業之生產或銷售業務關係密切，或有相互依存關係者。 三、以引進國外新技術或新製造方法為目的者。 四、事業之創辦或改進業務之經營，宜與外資合作者。 五、各該事業資力不足以創辦新事業，且有鼓勵民間投資合營必要者。 六、其他基於政府政策之需要者。	國營事業參加民營事業投資，應擬具計畫，列明投資目的、所營事業、資本組成、投資金額、效益分析等事項，並附具有關投資協議或契約草案及其他資料，報請其主管機關核轉行政院核定後，依預算程序辦理。 前項核定之投資計畫如有變更，仍循上項程序辦理。

由於我國的商港經營事業機構依法由政府獨資成立的港務公司，其進行對國外投資方式，受相關法規的規定，依經濟部「公司國外投資處理辦法」第五條規定，公司從事國外投資之金額逾新臺幣十五億元者，應於投資前，填具申請書，並檢附下列文件，向主管機關申請核准。同法第九條規定，公司從事國外投資之金額在新臺幣十五億元以下者，得於投資前依第五條規定申請核准，或於實行投資後六個月內，檢附文件，報主管機關備查。

「公司國外投資處理辦法」

第三條	第四條
本辦法所稱國外投資，指公司依下列方式所為之投資： 一、持有國外公司之股份或出資額。但不包括短期國外有價證券之購買。 二、在國外設立分公司、獨資或合夥事業。 三、對前二款所投資事業提供一年期以上貸款。	國外投資，其出資之種類如下： 一、現金。 二、機器設備或零配件。 三、原料、半成品或成品。 四、專門技術、專利權、商標權、著作財產權或其他智慧財產權。 五、國外投資所得之淨利或其他收益。 六、國外技術合作所得之報酬金或其他收益。 七、有價證券。 八、其他經主管機關認可投資之財產。 前項各款之出資應依照有關法令規定辦理。

　　商港經營事業機構進行對外的投資，基本目的在獲取收益對公司股東（交通部）負責，其方式可採用業務多角化經營，將業務範圍延伸至本業經營與異業的合作，透過地理範圍的擴大運量及收益。而其投資應有對國際航運及港埠市場的評估後，擬訂採取因應策略及行動方案。

全球碼頭營運商（Global Terminal Operator, GTO）

貨櫃碼頭營運方式的演進，係隨著公營碼頭不斷推動民營化，逐漸由出租給民間業者轉變為民間業者建造營運，並可歸納為航商經營與碼頭營運商經營等不同發展方向，港口、航商、貨櫃裝卸公司轉向全球投資，以擴大營運規模提高績效。

全球碼頭營運商	公司網站
1. PSA International PSA 國際港務集團	https://www.globalpsa.com.
2. Hutchison Port Holdings 和記港口集團有限公司	https://hutchisonports.com/
3. APM Terminals 馬士基貨櫃碼頭公司	https://www/apmterminals.com/
4. DP World 杜拜環球港務集團	http://www.dpworld.com/
5. China Merchants Holdings International 招商局港口控股有限公司	http://www.cmport.com.hk/en/

資料來源：The World's Top 5 Terminal Operators
https://www.porttechnology.org/news/the_worlds_top_5_terminal_operators/

全球碼頭營運商（Global Terminal Operator, GTO）

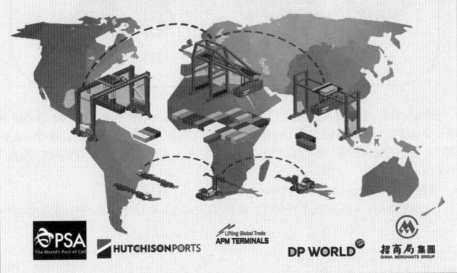

Unit 10-2 多角化策略

多角化（Diversification）依學界的觀點，是將多角化定義為一間企業對外併購或用內部自行發展的方式，開發生產新的產品進入新市場。一般而言，多角化策略是指企業在面對利潤下滑，因應未來產業的市場需求將衰退，為使企業能永續經營所採取的可能策略之一。

企業為何會進行多角化？其動機可能有分散風險、增加企業價值、擴大或調整營運範疇、追求創新、創造學習經驗、追求財務效率，以及經營者／高階主管個人考量等六項。多角化也是企業能力與市場機會的一種組合，並且多角化有靜態和動態兩種含義，前者指一種企業經營業務分佈於多個產業的狀態，強調的是一種經營方式；後者指一種進入新的產業的行為，即成長行為。

港埠經營跟一般企業相同要進行策略規劃，而企業策略科分為三從層級是總體策略、事業策略、功能策略[註1]。總體策略是一種由公司角度看各事業單位運作的策略方式。目的在瞭解企業應該投入那種產業，才能使企業利潤最大化，藉以決定最佳的事業組合。

1. **總體策略（Corporate Level Strategy）** 通常有以下幾種方向：

(1) **穩定策略**：就是維持業務現狀。當管理階層認為處面對內外部營運環境相當穩

[註1]　What is Strategy?
http://www.gemanalyst.com/corporate-level-strategy/

定或對於企業目前的績效感到滿意時所採取的策略，這時策略重心以改良功能
績效為主。

(2) **成長策略**：利用策略合作、增聘員工、擴大投資、提高市場佔有率。通常的作
法包括：舊產品（服務）/新市場、舊產品（服務）/舊市場、新產品（服務）
/舊市場、新產品（服務）/新市場四種方式。

(3) **縮減策略**：如果市場本身已經衰退，或當企業已經無競爭力時，就會被迫採取
退縮防衛策略以儘速退出，避免虧損過大。退縮策略的作法包括合併組織、縮
小規模、賣掉業務、裁員等。

(4) **混合策略**：企業中各部門依其發展採取上述的各種策略，一般而言，多角化的
大企業多採取此種策略。

2. **事業策略（Business level strategy）**：在企業總體的策略擬定後，每一個策略性
事業單位（Strategic Business Unit, SBU），便應開始自己的策略規劃，這個層級
的策略稱之為事業策略。策略性事業單位（SBU）是指整個組織的某個部門，這
個部門有自己的目標，自己的收入及成本計算，有自己獨立的市場。一個策略事
業單位應該有以下三個特徵：

(1) 單一事業或是相關事業的集合，可以和公司其他部分分開規劃。

(2) 有自己的競爭者。

(3) 有專責的管理者負責策略規劃和利潤績效，且此管理者也控制影響績效的所有
因素。

3. **功能策略（Functional level strategy）**：功能策略指的是部門策略，企業內各部
門應該根據企業的總體策略訂出自己的功能策略，例如行銷策略、公關策略、投
資策略、企劃策略等。

多角化（Diversification）策略[註2]

多角化的目的在於降低企業成本、開發組織競爭力，創造新的成長機會、延伸核心
競爭力、資源分享、管理競爭，避免競爭者進入。另外，投資人對於成長的要求（例
如政府監督機關），常常也是港埠企業必須不停推動多角化的原因之一。

[註2] 張雅富，「臺灣國際港埠多角化經營規劃之相關因素分析」，國立高雄第一科技大學運輸與倉
儲營運系碩士論文，民國 90 年。

1. 集中（同心）多角化（**Concentric Diversification**）：港埠企業以現有相關的技術，進入另一個新的目標市場。例如臺灣港務港勤公司原提供拖船服務，後跨足離岸風力發電人員運輸船的市場。

2. 水平多角化（**Horizontal Diversification**）：又稱橫向多角化。港埠企業以技術上不相關的新產品／服務進入原市場，吸引舊有顧客，稱為水平多角化。例如原本進儲貨物的安平港港區，開發遊艇休閒活動及設置會員俱樂部。

3. 垂直多角化（**Vertical Diversification**）：又稱縱向多角化。港埠企業將生產／服務觸角往產品流程的上游或下游推進。假如臺灣港務公司進行投資印尼海外物流倉儲事業，就是在作垂直多角化。

4. 整合（複合）多角化（**Conglomerate Diversification**）：企業朝向與原產品／服務、技術、市場完全無關的領域擴展，亦即產品／服務種類，與現有產品／服務及市場均無關係。此種多角化策略需要足夠資金與相關資源，往往只有實力雄厚的大企業能夠採用。例如香港長江集團跨足港口營運、電信、紡織、百貨零售等範圍。

「相關多角化」與「非相關多角化」

多角化方式也常被概分為：「相關多角化」與「非相關多角化」：

1. 相關多角化（**Related Diversification**）：企業為追求成長上的綜效（Synergy），選擇進入（以開闢或併購等方式）與原有產品和市場「有關聯性」的產業，稱為相關多角化。例如港埠企業投資物流運輸事業，以增進其營運服務價值。

2. 非相關多角化（**Unrelated Diversification**）：即企業跨足兩個以上不同產業，產業間缺少技術、產品或市場上之共通點。其主要目的通常是發展新事業。例如港埠企業投資房地產開發、觀光旅遊事業。

根據臺灣港務公司網站公告的發展策略與目標，是以現有的港埠核心服務為主要業務，並且順應國際港埠經營的趨勢，透過資產開發、轉投資、國際化等方式，尋求業務範圍的多角化經營。主要包括：國際物流相關業務、由港埠業務水平延伸之郵輪碼頭、娛樂購物等新業務，以及走向國際港埠經營管理的地區多角化等，希望藉此提高非核心業務收入比重。

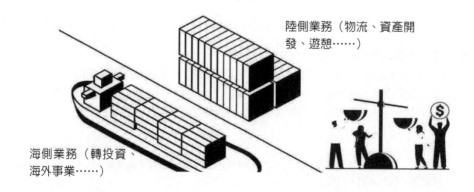

陸側業務（物流、資產開發、遊憩……）

海側業務（轉投資、海外事業……）

多角化（Diversification）策略矩陣

港埠多角化可參考最早研究多角化主題的是美國學者安索夫（H. I. Ansoff）。他於1957年在哈佛商業評論上發表的「多角化策略」一文中強調多角化是「用新的產品去開發新的市場」。自「產品／服務」與「市場」這兩個構面來進行。「新產品／服務」不一定是要完全創新的產品／服務，也可以是對現有產品／服務的改良；「新市場」也不一定完全新開發的市場，而是對既有市場加以擴充。

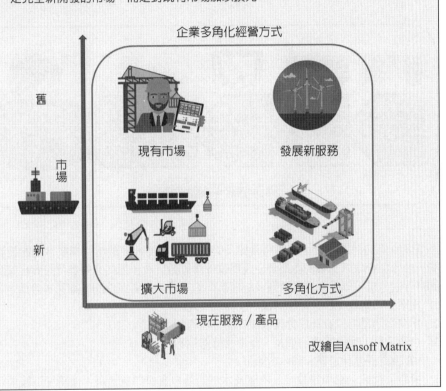

改繪自Ansoff Matrix

港埠多角化經營思考

Unit 10-3 可行性分析

　　港埠投資增加的原因[註3]，世界各地港埠逐漸由國家管制及經營逐漸開放由民間接手，民間企業可獲取港埠營運管理的報酬，政府可藉此提升港埠作業效率增強外貿競爭力。有些國家港埠基礎建設落後不及應付貨物的運量成長，對全球供應鏈的運作，任一環節的延誤都會造成後續的擁擠與作業遞延，各國都鼓勵引進外資改善交通基礎建設。

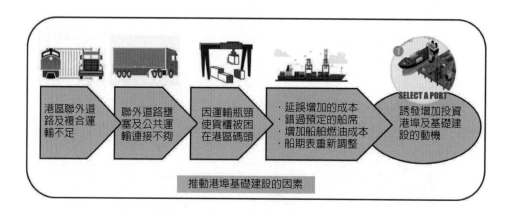

| 港區聯外道路及複合運輸不足 | 聯外道路壅塞及公共運輸連接不夠 | 因運輸瓶頸使貨櫃被困在港區碼頭 | ·延誤增加的成本
·錯過預定的船席
·增加船舶燃油成本
·船期表重新調整 | SELECT A PORT
誘發增加投資港埠及基礎建設的動機 |

推動港埠基礎建設的因素

　　港埠企業的對外投資，當策略目標及方向明確定後，接續進行尋找合適的投資標的，由於將會動用企業的內部資金運用或外部資金借貸，因此必須進行投資經營計畫的可行性分析，以爭取管理階層及經理部門的支持。投資案件的成案基本目標：
1. 提案部門達成提供公司總體策略的目的及途徑。
2. 事業部門藉由投資及經營獲取額外的合理報酬。
3. 企業及員工獲得需要的成長、升遷及待遇福利。
　　一般投資經營計畫書，其內容如下：
1. **興建可行性**：港埠建設涉及陸域及水域的基本資料調查，關係後續施工技術及材料種類、工程費用估算，特別是當地國家對外籍業者投資港埠的規模要求。
2. **營運可行性**：港埠經營事業因涉及國防、運輸動員因素，許多國家常將港埠經營許可列為特許行業，對外資企業的營業業務範圍、外資比例等進行限制，特別是進入市場的家數限制及與本國業者是否有公平的競爭條件。
3. **財務可行性**：任何投資不管目的為何，最終在追求合理投資報酬，因此財務性分

[註3] Global investment in ports and terminals
https://www.hfw.com/downloads/HFW%20Ports%20and%20Terminals%20Report%20%5BA4%5D%20February%202013.pdf

析更突顯其重要性，資料的蒐集、分析方式、第三方的評估、合資對象財務結構等，都影響財主單位對投資案的認同與否。

4. **法律可行性**：包括國外對外資投資港埠額度、外匯進出管制、收費、收入匯回母國規定、安全及環保管理、人員雇用資遣等法律規定。

5. **其他管理階層認定需納入之項目**：如風險管理、公關遊說、收益分配、國家政策配合度等。

投資可行性分析以財務可行性最重要，特別是港埠建設資金需求大、又涉及當地幣值匯率、貸款利率等，因分析時需有基本參數及分析成果。

基本假設參數

假設條件係依據計畫初始建議港埠投資方案及規劃年期，設定之基本假設參數及基本研究資料，並就各項財務效益評估方式進行財務分析。

1. **評估年期**：包括設計及興建期及營運期時程。
2. **評估基期**：各項報酬率之評估均以分析報告當年爲基期。
3. **幣值基準**：各年期各項成本及收益之估算皆以當年之幣值（Current Value）爲準，均已加計通貨膨脹因素。
4. **通貨膨脹率**：一般物價上漲率一政府機關供布之經濟指標。
5. **折現率**：以財務計畫所試算出之最適平均資本結構比率，以加權平均資金成本率（WACC）之計算方式訂定。
6. **融資利率**：依當地政府投資利率及銀行中長期放款利率估算。
7. **融資期間**：畫融資期限包括借款期、寬限期及還款期，建設期資金需求依比例動用，依此原則來計算所需之借款期間。
8. **自有資金比率**：在符合融資可行性之前提下，假設在特許期間之自有資金比率不得低於 X%。
9. **長期償債能力**：要符合融資機構對還款能力之基本要求。
10. **折舊與攤提**：選擇折舊方法提列折舊，其中土建工程成本以營運期爲折舊年限。
11. **殘值**：各項固定資產於營運期屆滿時其殘餘價值。
12. **股利**：發放現金股利、員工紅利／董監事酬勞之分派。
13. **法定公積**：依保留盈餘於彌補累積虧損後可分配於盈餘之 X% 提列法定公積。
14. **所得稅率**：假設各年營利事業所得稅率爲 X%，另計畫同時引用當地政府規定之稅捐優惠
15. **土地租金**：興建期間土地租金及營運期間土地租金，依當地政府規定估算。

基本研究資料

1. 成本收入預估及分析

    (1) 分年建設成本：分爲設計階段費用、用地取得及拆遷補償費、工程建造費及附

屬設施開發興建成本等。

(2) 營運成本：包括籌辦費、營運維修費用、附屬設施營運成本、土地租金、折舊費用、稅金等。

(3) 重增置成本：財務計畫評估營運期為 N 年，各設備若達到其經濟壽命年限時，必須更換以維持營運，故 N+A、N+B…等年都將辦理資產汰舊換新。

2. 收入分析：營運收入含碼頭的船舶停泊及裝卸收入、附屬倉儲物流事業開發的營運收入及其他收入。

 加權平均資金成本率（WACC）

任何投資行為都會產生成本與利得的問題，站在企業永續經營的立場而言，希望能取得最低的資金成本，後續能進行最佳的投資決策，以持續創造企業價值。一家企業的長期資金來源可以分成四項：長期負債、普通股、特別股、保留盈餘，每一種資金成本不相同，因此企業經營的資金成本計算必須綜合考量所有資金來源的成本，並根據其資本結構予以加權平均，此即為「加權平均資金成本率」（Weighted Average Cost of Capital, WACC）。「加權平均資金成本率」綜合考量企業多種資金來源，進而以加權平均概念，以衡量企業經營資金成本，其評估步驟為：

(1)決定各種資金來源之權重；

(2)計算各種資金來源之成本；

(3)根據權重加權計算資金成本。

資料來源：謝企榮。資金成本。http://eportfolio.lib.ksu.edu.tw/～T093000231/blog?node=000000025

港埠多角化的考量

港埠投資考量因素

投資決策是企業多方面考量後的行動綱領，依時間可分為長期投資與短期投資，長期投資經常屬固定資產投資，短期投資屬作業性的營運投資；依投資區域可分為海外投資與國內投資。港埠事業投資屬運輸業，具國際性、用途不可轉移性、投資回收時間長等特性，特別是港埠事業經常屬各國特許經營事業，除了財務面的考量外，也需考量當地的法規及政經環境。

資料來源：Investment Decision
https://businessjargons.com/investment-decision.html

Unit 10-4 風險管理

風險（Risk）是潛在影響組織目標之事件，及其發生之可能性與嚴重程度。而風險管理（Risk management）是一個管理過程，包括對風險的定義、測量、評估和發展因應風險的策略。目的是將可避免的風險、成本及損失極小化。理想的風險管理，事先已排定優先次序，可以優先處理引發最大損失及發生機率最高的事件，其次再處理風險相對較低的事件。

依「行政院及所屬各機關風險管理及危機處理作業原則」，風險管理指為有效管理可能發生事件並降低其不利影響所執行之步驟及過程；其包含內部控制之建立及執行，透過控制環境、風險評估、控制作業、資訊與溝通及監督作業，事先整合機關內部各種控管及評核措施，降低各機關施政目標無法達成之內部風險。

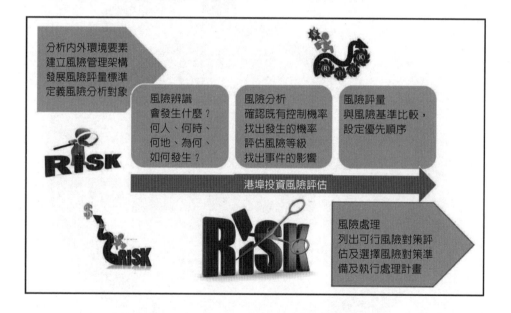

政治風險

對投資港埠建設由於投資金額大及回收期限長，投資前需進行各項的風險管理的評估，從國家到投資對象（包括企業及負責人），其中國家風險評估是國際金融、保險機構評估世界各國的信用，評等的結果由該國的經濟和政治兩大項綜合判斷而成，經濟部投資業務處會不定期公布國外投資風險評估。美國商業環境風險評估公司（Business Environment Risk Intelligence, BERI）於每年4月、8月及12月亦發布「投資環境風險評估報告」，針對營運風險、政治風險及匯兌風險等3大指標，以跨國企業角度，評估企業在各國從事投資可能獲利情形，做為評鑑投資環境優劣的依據。

營運風險

　　在進行國外碼頭投資時，要考慮的營運風險可分為外部及內部因素，外部因素是整體港埠產業所面對的營運環境，內部因素是港口內部同業的營運競爭條件，港埠投資的風險因子可分類為[註4]（以貨櫃碼頭為例）：

外部因素	影響
・全球化及保護主義 ・財政狀況不穩定 ・需求結構化改變 ・航業結構的重整 ・技術變革 ・環境保護壓力	需求成長的速度 短期需求的不穩定 成熟的市場將主導貨櫃量成長 遠洋航商逐漸被整併 供應鏈整合 – 高投資 高資本投入及營運成本增加
內部因素	影響
・船舶運量過剩 ・聯盟成員的不穩定 ・航運公司投資碼頭 ・船舶大型化 ・未知的情況及運能過剩 ・自動化 ・新公司的加入 ・特許經營的放寬或延期 ・更嚴格的法規／架構	裝卸費用的訂價壓力 短期作業需求的變動 增加第三方的競爭對手 需要更大規模投資的作業機具 由港口當局推動的碼頭過剩 增加成本及不確定的利益 新對手加入市場競爭 增加特定的關切及困難度 政府政策透過投資更加管控

財務風險

　　籌資、投資和利潤分配三個環節，這三個環節決定了企業的財務結構。籌資風險是指企業因負債經營而產生的喪失償債能力的風險；投資風險主要是因為投資活動而給企業財務成果帶來的不確定性；利潤分配包括留存收益和分配股息兩方面，利潤分配風險是指由於管理者制定了不合理的收益分配方案而給企業的生產經營活動帶來不利影響的可能性。

　　財務風險評估是在識別風險的基礎上，分析風險發生的概率，並對可能造成的損失額度作出預測。財務風險評估的目的在於確定風險狀態，為決策方案的選擇提供依據，評估品質的高低關係到選擇的正確與否，與投資方案的成敗相關。

[註4]　INCREASING RISKS IN PORT INVESTMENT
　　　https://www.portstrategy.com/news101/port-operations/planning-and-design/increasing-risks-in-port-investment

風險管理架構

風險管理的觀念運用在各個領域，先行設置風險理的架構，訂定風險管理的程序，其中風險評估包括定義風險、分析風險及推估風險，港埠投資要將可能的營運及安全各風險因子列入評估，做出可行的因應方案以供決策。

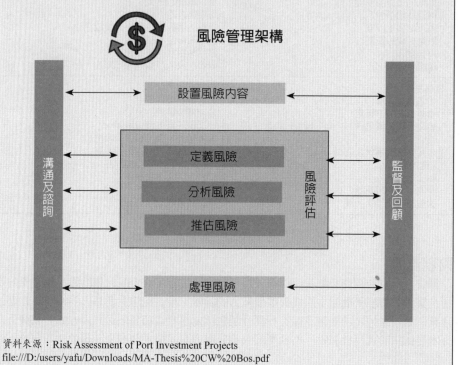

資料來源：Risk Assessment of Port Investment Projects
file:///D:/users/yafu/Downloads/MA-Thesis%20CW%20Bos.pdf

風險評估及轉移

第十一章
港埠資訊應用

Unit 11-1　資訊應用概念
Unit 11-2　港埠資訊系統
Unit 11-3　資訊應用技術
Unit 11-4　大數據的應用

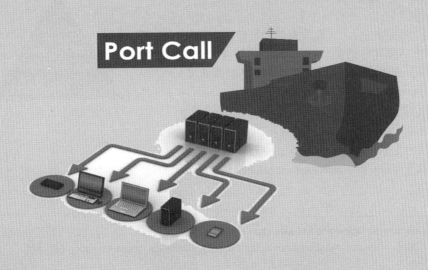

Port Call

Unit 11-1 資訊應用概念

資料（Data）是人們用來反映客觀事物而記錄下來可以鑑別的符號（Symbol），是客觀事物的基本描述，資料不僅包括數字，還可以是文字、圖形及聲音等。資訊（Information）是經過加工處理後有用的資料，對資料的的具體意義進行解釋，資訊是加工後對決策或行動有參考價值的資料[註1]。例如每月進出港的船舶「資料」經過依到港前及離港後港口分類條件整理後，可得知某一港口的主要航線連接區域的「資訊」。

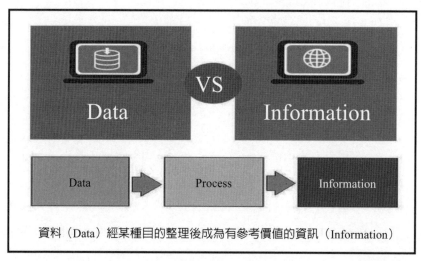

資料（Data）經某種目的整理後成為有參考價值的資訊（Information）

知識（Knowledge）是遇到什麼狀況則應該怎麼做與決策有關的動作，而可以產生正確又高品質知識的能力則是智慧（Wisdom）。人類最重要的智慧，其實是科學方法論，當人類在做研究，其實就是透過假設檢定的科學方法論，把一堆的資料跟資訊轉換成具體的科學知識。

資訊處理系統的種類及特點

1. 專家支援系統（Expert Support System, ESS）
2. 決策支援系統（Decision Support System, DSS）
3. 管理資訊系統（Management Information System, MIS）

[註1] What is the Difference Between Data and Information?
https://www.business2community.com/strategy/difference-data-information-0967136

4. 交易處理系統（Transaction Processing System, TPS）

種類	輸入資訊	處理	輸出資訊	使用者
ESS	內外資料	圖形、模擬、互動式	預測、回應請求	高階主管
DSS	資料分析	模擬、互動式	決策分析、特別報告、回應請求	專業人士、管理階層
MIS	交易資料處理、大量資料	例行報告、簡單報告、初級分析	彙整與例外報告	中階主管
TPS	交易事件	分類、合併、更新、列表	詳細資料	作業人員

　　管理資訊系統【註2】是以電腦為基礎的人／機器，整合性的系統；是運用管理科學、運籌學、統計學及電腦科學的學問和技術，所建立含有軟體應用系統與硬體作業系統結合的一套整體系統，能夠提供資訊，以便支持組織機構的作業、管理和決策。管理資訊系統是以組織性的方法，提供過去、現在以及預測有關內部作業或外界溝通的資訊。亦即在適當的時機、提供資訊，協助制定決策，以支援機構的計畫、控制及作業執行。

　　綜言之，管理資訊系統的總體概念，可用管理資訊系統的規畫和製作的程序表示，其基本概念是「由上而下分析，由下而上製作」。其實際情況如管理資訊系統的主要功能即是盡可能及時全面地提供訊息及資料，對不同的管理階層提供不同的需求和程度的報告，以支援達到系統目標的決策。其總體規畫主要分為 4 個基本步驟：

1. **定義管理目標**：確定各級管理的統一目標。組織的某一部門的局部目標要服從總體目標。只有明確組織的管理目標，資訊系統才可能給組織以直接的支援。
2. **定義管理功能**：識別組織在管理過程中的主要活動和決策。
3. **定義資料分類**：在定義管理功能的基礎上，把資料按支援一個或多個管理功能畫分成類。
4. **定義資訊結構**：確定資訊系統各個部分及其相關資料之間的關係，導出各個獨立性較強的模組，確定模組製作的優先關係，也就是劃分子系統。

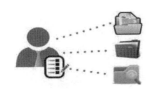  

【註2】　國家教育研究院雙語詞彙、學術名詞暨辭書資訊網
https://terms.naer.edu.tw/detail/1680085/

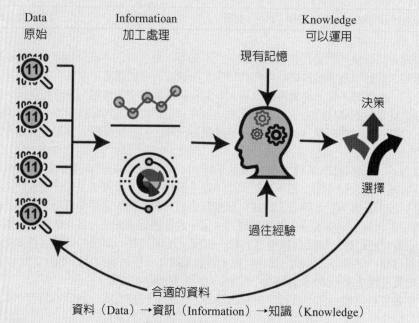

⚓ **資料（Data）、資訊（Information）、知識（Knowledge）**

人類為了溝通，創造了各種符號（Symbol），並利用這些符號組成資料（Data），藉由資料處理、儲存和傳遞，人群得以傳承知識。代表一個人、事、物的資料通常是由一連串的符號組成。資訊是經過處理的後有用的或有意義的資料，資訊是對接受者有用的或有意義的資料。知識是資訊、文化脈絡以及經驗的整合。

| Data 原始 | Informatioan 加工處理 | Knowledge 可以運用 |

現有記憶

決策

過往經驗

選擇

合適的資料

資料（Data）→資訊（Information）→知識（Knowledge）

資料來源：What are data, information, and knowledge?
https://internetofwater.org/valuing-data/what-are-data-information-and-knowledge/

Port Call

⚓ 資通安全（Cyber Security）

政府為積極推動國家資通安全政策，加速建構國家資通安全環境，以保障國家安全，維護社會公共利益，特制定本法。本法之主管機關為行政院。

「資通安全管理法」第3條

一、**資通系統**：指用以蒐集、控制、傳輸、儲存、流通、刪除資訊或對資訊為其他處理、使用或分享之系統。

二、**資通服務**：指與資訊之蒐集、控制、傳輸、儲存、流通、刪除、其他處理、使用或分享相關之服務。

三、**資通安全**：指防止資通系統或資訊遭受未經授權之存取、使用、控制、洩漏、破壞、竄改、銷毀或其他侵害，以確保其機密性、完整性及可用性。

四、**資通安全事件**：指系統、服務或網路狀態經鑑別而顯示可能有違反資通安全政策或保護措施失效之狀態發生，影響資通系統機能運作，構成資通安全政策之威脅。

五、**公務機關**：指依法行使公權力之中央、地方機關（構）或公法人。但不包括軍事機關及情報機關。

六、**特定非公務機關**：指關鍵基礎設施提供者、公營事業及政府捐助之財團法人。

七、**關鍵基礎設施**：指實體或虛擬資產、系統或網路，其功能一旦停止運作或效能降低，對國家安全、社會公共利益、國民生活或經濟活動有重大影響之虞，經主管機關定期檢視並公告之領域。

八、**關鍵基礎設施提供者**：指維運或提供關鍵基礎設施之全部或一部，經中央目的事業主管機關指定，並報主管機關核定者。

九、**政府捐助之財團法人**：指其營運及資金運用計畫應依預算法第四十一條第三項規定送立法院，及其年度預算書應依同條第四項規定送立法院審議之財團法人。

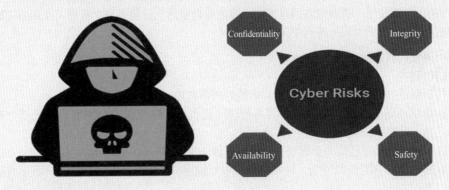

資料來源：全國法規資料庫
https://law.moj.gov.tw/LawClass/LawAll.aspx?pcode=A0030297

Unit 11-2 港埠資訊系統

交通部航港局──MTNet單一窗口服務平台【註3】

　　MTNet 由中華電信（股）數據通信分公司辦理，MTNet 系統功能因應業務需求，逐步完成與相關單位之資料介接以利業務申辦達到資源共享；目前已介接單位如下：國家通訊傳播委員會、財團法人中國驗船中心、行政院農業委員會漁業署、經濟部商業司、監察院、財政部關務署、衛生福利部疾病管制署、行政院環境保護署、內政部入出國及移民署及各港務分公司港灣棧埠資訊系統（TPNet）。

1. 航運業管理

　　航運業管理系統為航政監理作業流程改造之主要子系統，主要在管理航運業設立，變更登記，航線管理，運價異動申報，其目的在維持海運秩序。

系統目的

(1) 提供航商業者，辦理船舶運送業、船務代理業、海運承攬運送業、貨櫃集散站經營業等業別之公司籌設、管理作業、營運管理作業。

(2) 提供航務中心承辦人員進行違規處分、許可證註銷作業等管理作業。

(3) 以網際網路作業方式進行航運業系統的各項申辦作業，以達到「無紙化窗口作業」之目標。

(4) 藉由航運業資料庫系統提供航運業公司、航線等資料，掌握航業公司狀況、業別家數增漲趨勢，了解航業家數變動情況結合，航線運載情形，以為航運調配及航業管理之依據，並據以擬訂相關航業政策、修訂法規之參考。

2. 船舶管理

系統目的

　　將船舶監理、船舶檢丈、小船註冊、船舶發證、逾期檢丈稽催、船舶相關統計作業等納入電腦管理，透過電腦網路傳輸，達到資料流通、資訊共享之目標，並藉由電腦發證，提高作業效率，達到便民服務措施。

3. 海技人員管理

系統目的

(1) 對海運技術人員之人力資源做有效的管理與利用。

(2) 提供高階層主管決策方面所需各種統計資料，作為航運業與海運技術人員之異動、管理與決策依據。

(3) 即時清查海運技術人員資料，採電腦連線作業，即時取得最新資料。

(4) 縮短船員發證作業時間，提昇作業效率，快速又詳細之資料製作名冊，可節省許多人力。

【註3】　交通部航港局── MTNet 單一窗口服務平台 https://web02.mtnet.gov.tw/

(5) 經由網路傳輸，集中資料庫管理資料，提供各相關單位最新、最即時正確的海運技術人員相關資料。

4. 船舶進出港管理

　　進出港管理系統為航政監理作業流程之主要子系統，目的在提供航商業者申辦船舶進出港簽證作業，以簡化申辦流程、提供便捷服務為主要目標，自動化審核船舶各項證書與適航文件及船員是否安全足額配置，為航運安全確實把關。

系統目的

(1) 提供航商、代理業者以及船東，辦理船舶進出港簽證作業。

(2) 建立主要我國商港之船舶進出港簽證系統，加速船舶進出港之效率，並且簡化航商之作業程序。

(3) 以網際網路作業方式進行進出港簽證申辦作業，達到「無窗口作業」之目標暨提昇航港服務品質。

(4) 以應用系統服務介面整合外部航政相關應用系統之資料，並提供各港港灣、棧埠作業所需之簽證、船舶及港口等資訊。

(5) 藉由接收各港灣棧埠系統所回傳的實際進出港時間資料，整合至船舶動態查詢功能，方便業者、CIQS 單位以及航務中心能即時掌握船舶在港動態資訊。

臺灣港務股份有公司──Taiwan Port Net臺灣港棧服務網[註4]

　　總公司、基隆港、臺北港、蘇澳港、臺中港、花蓮港、高雄港、安平港、澎湖港、布袋港等單位的系統公告及文件下載。系統提供港區停泊圖、港外下錨船舶表、船舶動態表、進港船舶表、出港船舶表、船席現況及指泊表、船席指泊表、碼頭狀態查詢。

港區自動化門哨系統

　　該系統將登錄貨櫃（物）進出港區門哨之資訊，並經自由港區管理機關（構）之資訊平台與海關貨櫃（物）動態資料庫及港區事業交換資料。其主要功能包括：人車進出門哨自動化辨識、人車資料即時核對、貨櫃（物）進出門哨即時資料核對及紀錄、車道監視錄影及網路傳輸、門哨訊息顯示、資料統計報表、異常訊息

[註4]　臺灣港務股份有公司──Taiwan Port Net 臺灣港棧服務網 https://tpnet.twport.com.tw/IFAWeb/CMS/

處理機制等。

臺灣港務股份有限公司所屬港區自動化門哨系統，以涵蓋提供商港管制區及自由貿易港區 24 小時不停等之通關服務。隨著科技日新月異，門哨系統也將藉由導入物聯網（IoT）、人工智慧（AI）、大數據（Big Data）等技術，提供更多實用且優質的便民服務。為因應日益成長之貨櫃吞吐量並提升港口國際競爭力，系統初期整合了光學字元辨識（OCR）、無線射頻辨識（RFID）、紅外線感測及網路攝影機等科技，可針對車輛、人員及貨物進行即時比對查核與記錄控管。車輛通行時間減少大幅提升了通關效率外，亦降低港警現場執勤負擔。此外，車輛怠速所排放之廢氣，亦獲得有效改善。

自由港區管理機關（構）將整合港區相關單位對人、車、貨櫃進出管制之電子資料需求，在不同作業與申辦流程中，規劃可行的系統整合方案，以達成單一平台、單一窗口之目標。將港警總隊人車通行管理、自由港區事業、港區門哨、海關放行資訊、關貿網路櫃動庫等資訊進行資料交換與傳遞，並由平台控管所有資訊之流通，經由此介面作為電子資料傳輸機制之橋樑，達成人車貨控管要求。

隨著物聯網、人工智慧、大數據等科技廣泛成熟的運用，也為門哨系統的未來發展開拓了嶄新的方向。臺灣港務公司目前已嘗試推動整合技術，以追蹤危險品進出港區運輸軌跡；此外藉由整合櫃場系統、閉路電視（CCTV），並透過人工智慧分析與大數據運用，搭配普遍使用之行動設備，可提供港區及周邊即時路況資訊與行車建議，將可作為進行車輛即時調度規劃之參考，進而提升櫃場作業效率與降低營運成本。

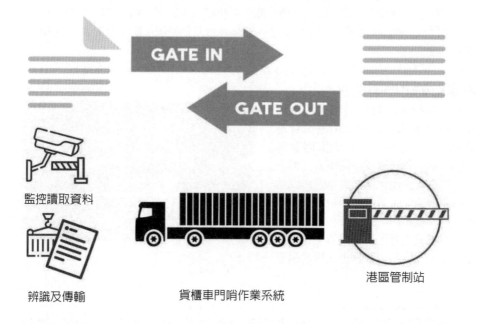

監控讀取資料

辨識及傳輸　　　　貨櫃車門哨作業系統　　　港區管制站

關港貿單一窗口（CPT Single Window）

因應國際經貿活動與通關作業資訊化、整合化之發展趨勢，促進我國貿易與經濟發展，加速貿易之進行，降低業者營運成本，以提升產業競爭力，行政院經濟建設委員會研議規劃推動優質經貿網絡計畫，在便捷化、安全化、智慧化及國際化的架構下，建構我國優質之經貿環境。

「關港貿單一窗口」計畫係「優質經貿網絡計畫」項下「智慧環境」之子計畫，由財政部主辦推動，其執行計畫書於98年奉行政院核定。本計畫期在現有通關自動化良好基礎下，結合通關、簽審及港務等機關與民間相關業者之專業經驗與力量，共同推動建構符合國際經貿環境便捷與貨物供應鏈安全架構之優質進出口作業環境，以精進進出口便捷服務效能，提升國家整體經貿競爭力。

「關港貿單一窗口」整體服務定位如下：

1. 國家級資訊交換基礎建設及架構，為我國各機關與他國公共部門間進行貿易電子資料交換具有公信力/公權力的窗口，以實現無接縫電子貿易服務。
2. 整合目前我國各種貿易簽審、報關及港務申請之服務窗口，讓企業、民眾及各種加值服務業者，利用多元管道，透過關港貿單一窗口即可完成各項申辦服務並取得各種作業及統計資料之查詢訊息。
3. 整合關、港、貿各權責機關間相關電子化作業之資訊傳遞，有效促進機關間的相互連結，提供通關業者「一次輸入，全程服務」的單一介面。
4. 合機關資訊，建立共用資料庫，以達資訊共享。

「關港貿單一窗口」初期所提供之服務內容區隔為「入口網服務」、「單一簽入管理服務」、「訊息交換服務」、「網際網路申辦服務」、「網際網路資訊查詢服務」、「稅規費繳納服務」、「商品資料倉儲服務」及「其他加值服務」等。

資料來源：關港貿單一窗口 https://portal.sw.nat.gov.tw/PPL/index

Unit 11-3 資訊應用技術

射頻識別系統（Radio Frequency Identification, RFID）的縮寫，通常是由感應器（Reader）和 RFID 標籤（Tag）所組成的系統，其運作的原理是利用感應器發射無線電波，觸動感應範圍內的 RFID 標籤，藉由電磁感應產生電流，供應 RFID 標籤上的晶片運作並發出電磁波回應感應器。以驅動能量來源區別，RFID 標籤可分為主動式及被動式兩種：被動式的標籤本身沒有電池的裝置，所需電流全靠感應器的無線電波電磁感應產生，所以只有在接收到感應器發出的訊號才會被動的回應感應器；而主動式的標籤內置有電池，可以主動傳送訊號供感應器讀取，訊號傳送範圍也相對的比被動式廣。RFID 在運輸上的應用可在通行證、貨櫃的運輸、定位、物流貨箱及車輛調度，而美國在 911 恐怖攻擊事件後也要求輸往美國港口的貨櫃要加裝 RFID 電子封條。

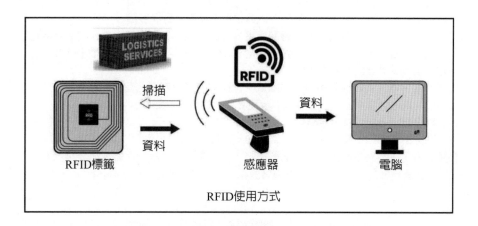

RFID標籤　　掃描　　資料　　感應器　　資料　　電腦

RFID使用方式

高雄港轉口櫃RFID電子封條押運管理系統 [註5]

海關為防杜私梟利用運送途中借機走私，規定需派員押運。但此措施在無形中增加許多人力及航商成本，也造成相關業者的不便。為解決上述問題，財政部高雄關稅局乃積極引進高科技，建置「高雄港轉口櫃 RFID 電子封條押運系統」，以科技設施取代人工押運作業。新系統目的有二：
1. 提升通關自動化效率及達到貨櫃免人工押運之目標。
2. 結合高雄港務分公司建置之「影像辨識系統」（OCR）及「人車資料讀取系統」

[註5]「高雄港轉口櫃 RFID 電子封條押運管理系統」簡介 https://eng.dgbas.gov.tw/public/Data/1151441171.pdf

（OBU），俾與世界關務組織（WCO）推動之國際貨櫃安全SAFE標準架構接軌，達成貨櫃運輸安全目標。

系統採用可拋棄被動式電子封條，封條固封後，能夠承受 200 公斤以上的拉力。封條內具備 1 組單一且不可偽造之識別碼，在封條未固封前，無法被讀取，封條固封後，才能將識別碼啟動、讀取，安全性高。另系統中之 RFID 固定式讀取器穩定度佳，貨櫃車高速行駛下，不受路況、封條加封位置影響，都能準確偵測到電子封條發出之訊號。

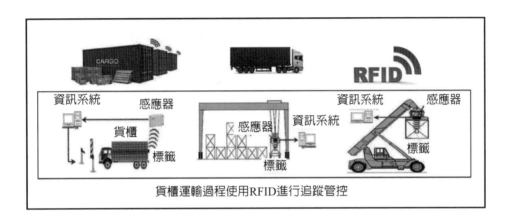

貨櫃運輸過程使用RFID進行追蹤管控

條碼（Bar code）

條碼是由一組按規則排列的條（Bar）和空（Space）所組成的標記，因為是以條型來記錄的碼，故稱之為「條碼」（Bar Code），條碼可以用光學掃描器（Optical scanner）來讀取所儲存的資訊，這種光學掃描器稱作條碼掃描器（Barcode Scanner）。聯合國貿易便捷及電子商業中心（UN/CEFACT），也透過簡化及統一程序與資訊流通方式以輔助國際貿易的全球組織，在海運使用美國條碼編碼組織「統一代碼委員會」（Uniform Code Council, UCC），UCC-128 此條碼是 Code128 條碼的特殊定義子集，多用於貨櫃航運，此條碼完全由數字組成，長度一律為 19 碼。

海關的「貨櫃（物）動態傳輸作業規定」，規定之實施範圍包括貨櫃裝卸船、進儲、出站及其於港口、保稅區（廠）或海關…貨櫃出站時，大門警衛（管制站）以光罩或光筆讀取運送單條碼（或人工鍵入貨櫃出站）…。另「海運快遞貨物通關辦法」第十條規定：海運快遞業者應將發票及可資辨識之條碼標籤黏貼於海運快遞貨物上，供海關查核。

電子資料交換（Electronic Data Interchange, EDI）是指公司之間的標準格式商業文件的通訊交換。EDI 的簡單定義是指用取代書面型文件（如艙單或發票）的標準電子格式，透過將書面文件型的交易予以自動化，組織可以節省時間，並消除人工處理

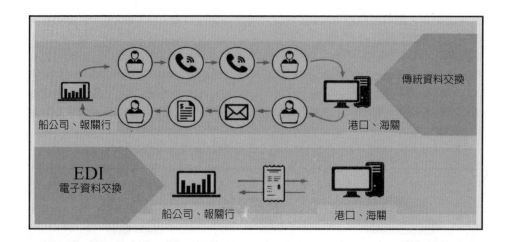

所造成的可能錯誤。

　　EDI 的 4 項要素為企業與企業之間，商業交易資料，標準的格式，及電子傳輸的方式。EDI 系統的組成要素包括下列[註6]：

1. EDI 標準的選擇：EDI 最大的特性就是在於利用電腦傳輸可由電腦自行處理的格式，而不需要人為的介入。使用者可根據產業的特性與需求來選擇符合自己需求的標準。可分技術上的傳送標準及業務上的格式標準。

2. EDI 軟體的整合：EDI 軟體，是指幫助我們進行 EDI 資料收取、格式轉換或資料傳送工作的電腦軟體。又可分為翻譯軟體及連通軟體。

3. EDI 網路：EDI 是電腦與電腦之間的資料傳輸，基本的電腦網路是不可或缺的。傳送有兩種：(1) 直接傳送：是一種點對點的傳送方式，通常是硬體較一致、往來對象較固定，距離較近時才適用；(2) 間接傳送：是一種透過第三者的網路系統，達到資料傳送的目的。EDI 可以透過加值網路（Value Added Network, VAN）的加值服務，達到 EDI 的目的。

4. 電腦硬體：一般個人電腦就可以進行 EDI，所以 EDI 系統的成本是不需很高的。

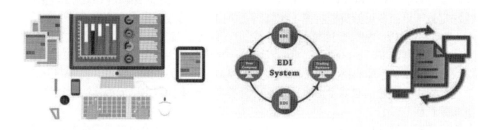

[註6] 電子資料交換 https://terms.naer.edu.tw/detail/1680628/

全球定位系統（Global Positioning System, GPS）

全球定位系統（Global Positioning System, GPS）原為美國為軍事上定位及導航目的而發展，後擴大計畫使其應用於民間定位測量。整個系統共有24顆衛星均勻分布於6軌道面上，衛星軌道近乎圓形，衛星高度約兩萬公里，繞行地球一周約12小時，如此可確保在世界上任何時間任何地點皆可同時觀測到4至7顆衛星，以利導航及精確定位測量之應用。

海上之應用

1. 在海上測量製圖方面，可從事探油平台定位、海上重力點位置測量、浮標位置測量、魚群位置測量、港灣及碼頭測量等應用。
2. 在海上運輸導航方面，可從事輪船在河流及海上導航、海洋科學研究、海難搜巡與救護等應用。

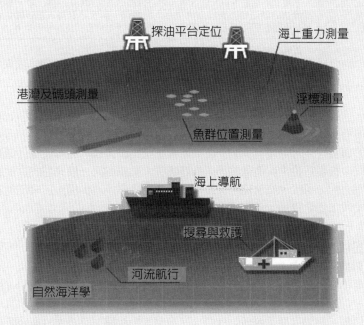

資料來源：內政部地政司衛星測量中心
https://gps.moi.gov.tw/SSCenter/Introduce/IntroducePage.aspx?Page=GPS1

Unit 11-4 大數據的應用

在 2001 年時 Gartner 用 3V 定義了大數據（Big Data）又稱巨量資料，這三個 V 分別為 Variety（多種類）、Velocity（高速率）、Volume（數量大）。多種類代表了非結構與半結構式數據，也就是說像文字、圖像、影音等形態的資料在現在都能夠被分析。而高速率則代表了數據傳送以及更新的頻率變的更快了，這是出於網路速度的提升所達到的，最後 Volume 則是數據量在現代變得更加龐大的意思。

大數據的三個 V [註7]

種類（Variety）	「種類」是指大數據多樣化的資料類型。傳統的資料類型結構嚴謹，並井然有序地存放在關聯式資料庫中。隨著大數據興起，新的非結構化資料類型也隨之應運而生。非結構化和半結構化的資料類型（例如文字、音訊和視訊）需要另外經過預先處理，才能產生意涵並支援中繼資料。
速度（Velocity）	「速度」是指接收資料的速率（有時也包括處理資料的速率）。一般來說，速度最快的做法是將資料流直接存入記憶體，其次才是寫入磁碟機。有些智慧連網產品會即時（或近乎即時地）運作，因而需要即時評估及回應。
數量（Volume）	大數據的資料數量是個「大」問題，因為您將不得不處理大量低密度且結構鬆散的資料。有些資料的價值可能還不明朗，例如網頁或行動應用程式獲得的點擊流，或是裝有感測器的設備傳回的資料。

近年來，大數據又有兩個新的「V」受到關注：價值（Value）和真實性（Veracity）。天生資料必有用，但除非有辦法找出其價值，否則該筆資料便形同廢物。而同等重要的是資料的真實性及可信度有多高？從大數據中挖掘出價值，與單純進行資料分析意義並不相同。後者可帶來其他截然不同的好處，大數據則是一段完整的探索過程，需要具有洞察力的分析師、商務使用者及高階管理層參與，藉由提出正確問題並做出明智的假設來找出固定模式，並預測下一步的行為。

大數據的挑戰

首先大數據的資料量無比龐大。儘管各種新的資料儲存技術接連問世，但資料量仍大約每兩年便成長一倍。組織仍在跟上資料增加的速度，並尋找有效的資料儲存方法。然而，只將資料儲存起來是不夠的。資料必須要能派上用場才具有價值，而這有賴於事前規劃。想要取得「乾淨的資料」（指與客戶相關，且經過整理後能產生重要分析結果的資料），必須要花很大的工夫。最後，大數據技術的演化是瞬息萬變，要跟上大數據技術，就必須面對接踵而來的挑戰。

[註7] ORACLE 台灣 https://www.oracle.com/tw/big-data/what-is-big-data/

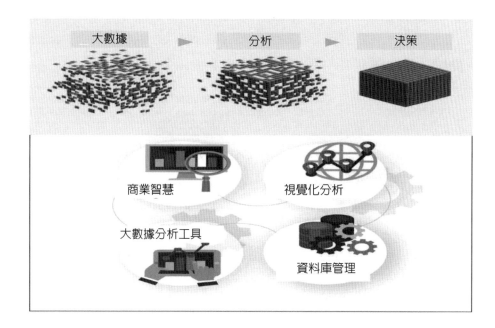

大數據的運作方式

1. **整合**：大數據匯集了來自各種不同來源及應用裝置的資料。在整合過程中必須導入並處理資料，同時確保資料格式正確，以利業務分析師展開相關工作。

2. **管理**：大數據需要充足的儲存空間。將儲存解決方案部署在雲端或企業內部或兩邊同時部署。根據企業的需求選擇合適的資料儲存形式，並為這些資料集選用必要的處理規範和引擎。

3. **分析**：必須對資料進行分析並採取因應行動，對大數據的投資才會產生回報。對各種不同的資料集進行資料視覺化（Data Visualization），可幫助獲得前所未有的深入發現進一步探索資料，以揭示全新洞見（Insight）。運用機器學習和人工智慧技術建置資料模型。根據資料採取實際行動。

大數據在海運業的應用 [註8]

角色	功能	應用案例
船舶營運者（運送人）	營運	船舶燃料管理
	船隊管理	船舶調度、服務規劃

[註8]　Big Data in Maritime: How a shipping company can effectively use data
https://marine-digital.com/article_bigdata_in_maritime

角色	功能	應用案例
船舶擁有者（船東）	新造船	設計最佳化
	技術管理	安全運作、船艙及俥葉清洗
租船營運	大數據提租船營運時所需的船舶資料及租金變動情形，並結合自動定位系統（Automatic Identification System, AIS）可分析船舶到離港情形及貨物流向，提出不同租船方案組合。	
船舶營運	船速：船舶的航行速度和動力輸出情形，視航行海象時有變化，也影響燃料的消耗，船舶航行的輪機作業觀測資料可作為最佳化的船速動態規劃。 維護：船舶的保養維護時機，涉及營運暫停及維護成本，船舶的監測資料可提供船東進行船舶維護的決策參考。	

國際航運大數據庫

LLOYD'S LIST INTELLIGENCE（英國勞氏航運資料庫）

https://www.lloydslistintelligence.com/

Lloyd＇s List（英國勞氏航運報導及分析報告資料庫）

https://lloydslist.maritimeintelligence.informa.com/

Clarksons Research（英國克拉克森航運市場研究）

https://www.clarksons.net/portal

Alphaliner（法國定期航運諮詢公司）

https://www.alphaliner.com/

中華航運數據庫

http://shippingdata.cn

上海航運交易所

http://www.sse.net.cn

航運大數據資料庫分析

航港大數據

交通部航港局建置「對外公開資訊平臺」，蒐集豐富且大量之航港相關之新聞、海運業專業網站資訊、各國際組織訊息，以及海運重要國家之海運與港務相關資訊。資料分類為航港新聞館（企劃類、航務類、港務類、船舶類、船員類、航安類）、國際經貿館、國際組織館、數據統計館、知識分享館、航港法規館、公開資料等。

資料來源：交通部航港局對外公開資訊平臺 https://data.motcmpb.gov.tw/

第十二章
環保與職安衛

Unit 12-1　環保規定
Unit 12-2　港區環保管理
Unit 12-3　職安衛規定
Unit 12-4　港區職安衛管理

Unit 12-1 環保規定

環境保護（簡稱環保）是在個人、組織或政府層面，為大自然和人類福祉而保護自然環境的行為。保護環境需要人類的各種活動配合。廢棄物產生、空氣及水質污染、生物多樣性滅絕（物種入侵和生存環境破壞所致）都是環保的相關議題。環境保護有三個相關因素：環境立法、道德與教育，這些因素都對國家環保決策和個人環境價值與行為產生影響。行政院環保署以「循環經濟」、「清淨空氣」、「改善水質」及「關懷大地」為施政主軸，港埠是國家主要經濟建設之一，在港埠營運必須將環保作為列為必要的管理作為。

基於人類社會及企業經營永續發展之理念，認為維護優質的生活品質及健康的生態環境，是所有企業社會的責任，在追求港埠營運成長的同時，也須體認兼顧環境永續發展之企業社會責任重要性，主動積極鑑別企業服務、活動相關之環境風險，自主管理並降低可能造成的環境衝擊。

「企業社會責任」（Corporate Social Responsibility, CSR）泛指企業營運應負其於環境（Environment）、社會（Social）及治理（Governance）之責任，亦即企業在創造利潤、對股東利益負責的同時，還要承擔對員工、對社會和環境的社會責任。近年來全球氣候異常、天災、地球暖化加劇等現象頻仍，社會已逐漸要求或期許企業經營者應兼顧企業社會責任，期許企業經營者能全面考量商機、風險及利害關係人權益，轉變組織營運模式，臺灣的港埠也須在經營管理上兼顧社會期望。

臺灣港務股份有限公司環境政策[註1]

一、落實綠色港口推動方案，打造國際優質港埠；

二、遵守環保相關法規要求，善盡企業環保責任；

三、執行環境監控汙染防治，提升港埠環境品質；

四、推動環境相關宣導教育，培育員工環保意識；

五、強化當地社區溝通平台，共創港市永續發展。

針對港埠的可能污染來源，行政院環境保護署[註2]有關環保的規定是對海洋污染與港區船貨作業時情況、國際組織或公約進行規範。

[註1] 臺灣港務股份有限公司環境政策
https://www.twport.com.tw/GP/cp.aspx?n=8672C9E3A0AE58F5
[註2] 行政院環境保護署 https://www.epa.gov.tw/

海洋污染

海洋污染防治法 海洋污染防治法施行細則	為防治海洋污染，保護海洋環境，維護海洋生態，確保國民健康及永續利用海洋資源，特制定本法。本法未規定者，適用其他法律之規定。
海洋環境污染清除處理辦法	海洋環境污染之清除處理，應就污染情況及作業環境評估清除處理技術，選用環境衝擊最低之方法為之。
海洋棄置許可管理辦法	公私場所從事海洋棄置應於裝船或出港二十四小時前，將棄置物質數量、海上棄置船舶名稱、航程、棄置作業區域及時程，以網路通報或傳真方式通知當地海岸巡防機關及各級主管機關。
海域環境分類及海洋環境品質標準	海域環境分為甲、乙、丙三類，其適用性質如下： 一、甲類：適用於一級水產用水、二級水產用水、工業用水、游泳及環境保育。 二、乙類：適用於二級水產用水、工業用水及環境保育。 三、丙類：適用於環境保育。

作業污染

商港法 商港港務管理規則	商港區域內，不得為下列污染港區行為： 一、船舶排洩有毒液體、有毒物質、有害物質、污油水或其他污染物之行為。 二、船舶之建造、修理、拆解、清艙或打撈，致污染之行為。 三、裝卸、搬運、修理或其他作業，致污染海水或棄置廢棄物之行為。 四、船舶排煙、裝卸作業、輸送、車輛運輸或於堆置區，發生以目視方式，即可得見粒狀污染物排放或逸散於空氣中之行為。 商港區域內，船舶之廢油水、廢棄物或其他污染物質，應留存船上或排洩於岸上收受設施。 前項污染物質於岸上收受，應委託公民營廢棄物清除處理機構處理。
廢棄物清理法 廢棄物清理法施行細則	廢棄物，分下列二種： 一、一般廢棄物：指事業廢棄物以外之廢棄物。 二、事業廢棄物：指事業活動產生非屬其員工生活產生之廢棄物，包括有害事業廢棄物及一般事業廢棄物。 　（一）有害事業廢棄物：由事業所產生具有毒性、危險性，其濃度或數量足以影響人體健康或污染環境之廢棄物。 　（二）一般事業廢棄物：由事業所產生有害事業廢棄物以外之廢棄物。
水污染防治法 水污染防治法施行細則	為防治水污染，確保水資源之清潔，以維護生態體系，改善生活環境，增進國民健康，特制定本法。本法未規定者，適用其他法令之規定。
空氣污染防制法 空氣污染防制法施行細則	污染源：指排放空氣污染物之物理或化學操作單元，其類別如下： 　（一）移動污染源：指因本身動力而改變位置之污染源。 　（二）固定污染源：指移動污染源以外之污染源。

固定污染源逸散性粒狀污染物空氣污染防制設施管理辦法	本辦法適用對象,指附表一所列會產生逸散性粒狀污染物之公私場所固定 污染源。但不包括營建工地。

因應國際公約

溫室氣體減量及管理法	為因應全球氣候變遷,制定氣候變遷調適策略,降低與管理溫室氣體排放,落實環境正義,善盡共同保護地球環境之責任,並確保國家永續發展,特制定本法。
國際船舶壓艙水及沈積物控管公約(BWMC)	將壓艙水公告為不得排洩之有害物質,並禁止在我領海內做壓艙水交換。
防止船舶污染國際公約(MARPO)	國際航線船舶應於 109 年 1 月 1 日全面採用硫含量 0.5% 以下之低硫燃油,以改善我國港區及鄰近地區之空氣品質。

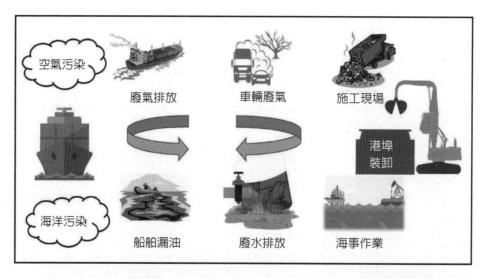

空氣污染源　　　　　　　　　　水質污染源

循環經濟（Circular economy）

循環經濟是政府推動「5+2」產業創新政策之一（「亞洲矽谷」、「智慧機械」、「綠能科技」、「生技醫藥」、「國防」，再加上「新農業」及「循環經濟」）。透過能資源的再利用，讓資源生命週期延長或不斷循環，以有效緩解廢棄物與污染問題，「從搖籃到搖籃」的新經濟模式。

為宣示台灣向循環經濟邁進的決心，讓產業發展從「開採、製造、使用、丟棄」直線式的線性經濟，轉型為「資源永續」的循環經濟。

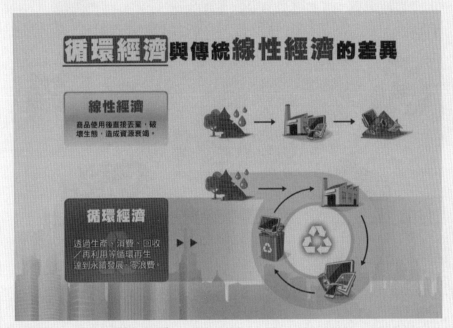

資料來源：行政院循環經濟推動方案
https://www.ey.gov.tw/Page/5A8A0CB5B41DA11E/18ef26a4-5d05-4fb3-963e-6b228e713576

Unit 12-2 港區環保管理

　　商港法第一條規定：商港之規劃、建設、管理、經營、安全及污染防治，依本法之規定。

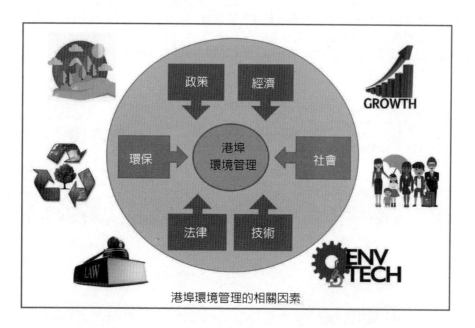

港埠環境管理的相關因素

　　港埠環境管理主要事項：
1. 環境影響評估程序：依法進行港區建設前的影響評估程序及工作。
2. 土壤及地下水管制：監測及管制，避免土壤液化及水質污染。
3. 揚塵管制：施工場所裸露場地及散裝貨物作業管制及設置設施。
4. 空氣污染防治：港區船舶及車輛、施工場所的空污監測及減量措施。
5. 污廢水與底泥污染處理：港區船舶及作業區域的管制排放及清理。
6. 廢棄物清理與環境清潔：港區水域及陸域廢棄物清理及源頭管理。
7. 溫室氣體、污染物減量與綠美化等公共政策：配合國際公約及碳減排放政策，進行船舶及作業的空污排放減量措施及環境綠化植栽。
8. 環境監測及員工環境教育：常年度港區環境監測及分析、依法每年辦理員工環境教育。
9. 污染災害事故應變及清除：港區船舶及貨物作業事故處理及演練。
10. 外包業務管理（船舶垃圾清運處理作業、船舶含油廢棄物清理作業……）：對申請進入港區從事船舶環保清理業者進行業務監督及合約管理。
　　環境影響評估（Environmental Impact Assessment, EIA）：依「環境影響評估法」

指開發行為或政府政策對環境包括生活環境、自然環境、社會環境及經濟、文化、生態等可能影響之程度及範圍，事前以科學、客觀、綜合之調查、預測、分析及評定，提出環境管理計畫，並公開說明及審查。環境影響評估工作包括第一階段、第二階段環境影響評估及審查、追蹤考核等程序。

環境影響評估法	為預防及減輕開發行為對環境造成不良影響，藉以達成環境保護之目的，特制定本法。本法未規定者，適用其他有關法令之規定。 道路、鐵路、大眾捷運系統、港灣及機場之開發行為對環境有不良影響之虞者，應實施環境影響評估。
環境影響評估法施行細則	本法第五條所稱不良影響，指開發行為有下列情形之一者： 一、引起水污染、空氣污染、土壤污染、噪音、振動、惡臭、廢棄物、毒性物質污染、地盤下陷或輻射污染公害現象者。 二、危害自然資源之合理利用者。 三、破壞自然景觀或生態環境者。 四、破壞社會、文化或經濟環境者。 五、其他經中央主管機關公告者。
開發行為環境影響評估作業準則	依開發行為應實施環境影響評估細目及範圍認定標準認定應實施環境影響評估之開發行為，其環境影響說明書或環境影響評估報告書之製作，依本準則之規定；本準則未規定者，適用其他法令。
開發行為應實施環境影響評估細目及範圍認定標準	港灣之開發，有下列情形之一者，應實施環境影響評估： 一、商港、軍港、漁港或工業專用港興建工程。 二、遊艇港興建、擴建工程或擴增碼頭席位，符合下列規定之一者： 　（一）位於國家公園。但申請擴建或累積擴建面積一千平方公尺以下，經國家公園主管機關及目的事業主管機關同意者，不在此限。 　（二）位於野生動物保護區或野生動物重要棲息環境。但位於野生動物重要棲息環境，申請擴建或累積擴建面積一千平方公尺以下，經野生動物重要棲息環境主管機關及目的事業主管機關同意者，不在此限。 　（三）位於重要濕地。 　（四）位於臺灣沿海地區自然環境保護計畫核定公告之自然保護區。 　（五）位於水庫集水區。但申請擴建或累積擴建面積一千平方公尺以下，經水庫主管機關及目的事業主管機關同意者，不在此限。 　（六）位於自來水水質水量保護區。但申請擴建或累積擴建面積一千平方公尺以下，經自來水水質水量保護區主管機關及目的事業主管機關同意者，不在此限。 　（七）位於原住民保留地。但申請擴建或累積擴建面積一千平方公尺以下，經原住民保留地主管機關及目的事業主管機關同意者，不在此限。 　（八）位於山坡地或臺灣沿海地區自然環境保護計畫核定公告之一般保護區，申請開發或累積開發面積一公頃以上。 　（九）位於特定農業區之農業用地，申請開發或累積開發面積一公頃以上。 　（十）碼頭席位一百艘以上或同一遊艇港各案開發總席位達二百艘以上。 三、商港、軍港、漁港、工業專用港之擴建工程或其碼頭、防波堤之新設或延伸工程（不含既有港區防波堤範圍內之工程），或商港區域外之特種貨物裝卸及其他特殊設施之興建、擴建或其碼頭、防波堤之新設或延伸工程，符合下列規定之一者： 　（一）前款第一目至第四目規定之一。 　（二）碼頭或防波堤，申請開發或累積開發長度五百公尺以上。

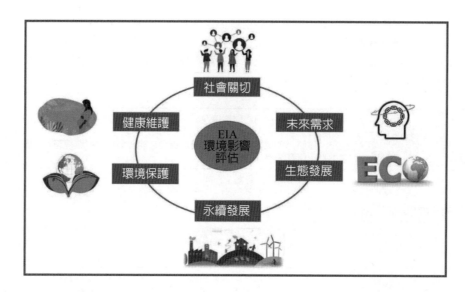

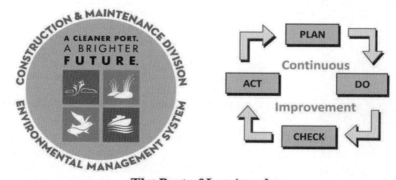

The Port of Los Angeles

ISO 14001 ENVIRONMENTAL MANAGEMENT SYSTEM

環境管理系統（Environmental Management System）

美國洛杉磯港在2003年開始推動環境管理系統（EMS），於2007年獲得ISO14001的國際標準認證，是美國西岸第一個獲得認證的港口，並在2015年再度獲得國際標準組織的更新認證。

洛杉磯港規劃的環境管理系統是港埠的作業及服務能盡量減少對環境的衝擊，並確保在管理態度上對環境保護的持續關注。規劃－執行－查核－行動模式（Plan-Do-Check-Act model）使員工在環境管理上，瞭解各項活動可能對環境衝擊的風險，及早提出各項反應。

ENVIRONMENTAL MANAGEMENT POLICY

The Port of Los Angeles is committed to managing resources and conducting Port developments and operations in both an environmentally and fiscally responsible manner. The Port will strive to improve the quality of life and minimize the impacts of its development and operations on the environment and surrounding communities through the continuous improvement of its environmental performance and the implementation of pollution prevention measures, in a feasible and cost effective manner that is consistent with the Port's overall mission and goals, as well as with those of its customers and the community.

To ensure this policy is successfully implemented, the Port will develop and maintain an environmental management program that will:

1. Ensure this environmental policy is communicated to Port staff, its customers, and the community;
2. Ensure compliance with all applicable environmental laws and regulations;
3. Ensure environmental considerations include feasible and cost effective options for exceeding applicable regulatory requirements;
4. Define and establish environmental objectives, targets, and best management practices, and monitor performance;
5. Ensure the Port maintains a Customer Outreach Program to address common environmental issues; and
6. Fulfill the responsibilities of each generation as trustee of the environment for succeeding generations through environmental awareness and communication with employees, customers, regulatory agencies, and neighboring communities.

www.portoflosangeles.org

資料來源：Environmental Management System
https://www.portoflosangeles.org/environment/environmental-management-system

環境監測與調查

Unit 12-3 職安衛規定

　　港埠作業環境是屬高風險的勞動環境，強化職業災害預防功能，加速降低職業災害率與提升職業健康照護率，確保勞工安全與健康，職業安全衛生（Occupational safety and health administration, OSHA）是港埠管理維持從業人員作業安全的重要職能之一。

　　保障工作者職場安全衛生，不僅是維護勞動者基本人權，更是國家發展進步的指標，為有效降低職業災害及強化勞工身心健康，勞動部職業安全衛生署【註3】秉持「人人享有安全衛生工作環境」之願景，輔導並鼓勵事業單位建立自主性安全衛生管理體制，以強化事業單位危害風險管控及落實安全衛生自主管理能力，並提升我國職場安全健康文化。

　　鑑於國內產業結構改變，工作場所除傳統之職業危害外，勞工尚面臨績效壓力、工時過長、輪班、心理壓力等健康危害，為因應過勞、肌肉骨骼等新興職業病之增加，及少子化、高齡化之趨勢，亟須推動勞工健康服務制度，以維護勞工身心健康，確保安全健康勞動力之提供。為落實勞工健康保護工作，勞動部職業安全衛生署刻正積極健全相關法制，並建構勞工健康服務體系，及制訂相關工具指引與培訓相關專業人員，期藉由相關配套之建置，提昇我國勞工健康照護率。

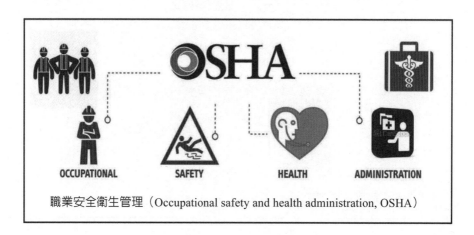

職業安全衛生管理（Occupational safety and health administration, OSHA）

【註3】　勞動部職業安全衛生署 https://www.osha.gov.tw/

職安衛主要相關法規

職業安全衛生法 職業安全衛生法施行細則	為防止職業災害,保障工作者安全及健康,特制定本法;其他法律有特別規定者,從其規定。 雇主使勞工從事工作,應在合理可行範圍內,採取必要之預防設備或措施,使勞工免於發生職業災害。 機械、設備、器具、原料、材料等物件之設計、製造或輸入者及工程之設計或施工者,應於設計、製造、輸入或施工規劃階段實施風險評估,致力防止此等物件於使用或工程施工時,發生職業災害。
職業安全衛生教育訓練規則	雇主對擔任職業安全衛生業務主管之勞工,應於事前使其接受職業安全衛生業務主管之安全衛生教育訓練。雇主或其代理人擔任職業安全衛生業務主管者,亦同。
職業安全衛生管理辦法	雇主應依其事業之規模、性質,設置安全衛生組織及人員,建立職業安全衛生管理系統,透過規劃、實施、評估及改善措施等管理功能,實現安全衛生管理目標,提升安全衛生管理水準。
職業安全衛生設施規則	本規則為雇主使勞工從事工作之安全衛生設備及措施之最低標準。
碼頭裝卸安全衛生設施標準	本標準依職業安全衛生法第六條第三項規定訂定之。

我國勞動部職業安全衛生署為鼓勵並輔導事業單位建立自主性安全衛生管理體制,持續改進安全衛生設施,以發揮自主管理功能,自民國 83 年即推動自主性評鑑管理制度,然而職場安全衛生之提昇,有賴企業比照品質、環境等管理系統,自主建構周延且完整的職業安全衛生管理系統(Occupational Safety and Health Management System, OSHMS)[註4],透過規劃(Plan)、執行(Do)、查核(Check)與改善(Act)的管理循環模式,提供工作者安全健康的工作環境,方能達預防職業災害發生之目標。

為激勵及擴大國內企業的參與,加速職場風險管控能力向上提升及與國際接軌,職安署除修法規定高風險且達一定規模之事業單位須優先推動職業安全衛生管理系統外,參考國外職業安全衛生管理系統相關標準及驗證規範,並考量國內企業推動職業安全衛生管理系統現況及需求,於 97 年推動臺灣職業安全衛生管理系統(Taiwan Occupational Safety and Health Management System, TOSHMS)自主性驗證及績效認可制度,將傳統重點式勞工安全衛生管理制度邁向系統化與國際化發展,引領國內企業將安全衛生管理內化為企業營運管理之一環,以落實推動及持續改善職業安全衛生管理系統及管理績效,並於 107 年 12 月商請經濟部標準檢驗局將 ISO 45001:2018 轉

[註4] 臺灣職業安全衛生管理系統簡介 https://www.toshms.org.tw/Intro

會為我國國家標準 CNS 45001 及作為 TOSHMS 驗證之標準，且將修法要求事業單位應參照國家標準建立職業安全衛生管理系統，期使我國推動職業安全衛生管理系統可符合世界潮流趨勢，並有效降低工作場所之危害及風險，加速我國職業災害率的降低，以邁向職業安全衛生標竿國家。

 職業安全衛生管理（OSHA）

美國國會於1970年通過職業安全衛生法（Occupational Safety and Health Act of 1970），據此建置職業安全衛生系統（Occupational safety and health administration, OSHA），以有效促進勞工職場安全、健康及建立有制度的標準、推動教育訓練及績效評估。OSHA組織是由美國勞動部所組織成立。
針對海運產業由船舶製造、修理及解體過程，包括貨物的裝卸、危險物品的運輸儲存、危險機具操作等，在管控、處理過程及訓練，OSHA提供必要的資源以促進勞工的工作安全。

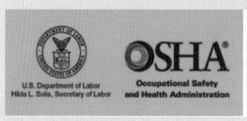

資料來源：Department of Labor, United states of America.
https://www.osha.gov/aboutosha

防護具

職業安全衛生設施規則第277條

雇主供給勞工使用之個人防護具或防護器具，應依下列規定辦理：

一、保持清潔，並予必要之消毒。

二、經常檢查，保持其性能，不用時並妥予保存。

三、防護具或防護器具應準備足夠使用之數量，個人使用之防護具應置備與作業勞工人數相同或以上之數量，並以個人專用為原則。

四、對勞工有感染疾病之虞時，應置備個人專用防護器具，或作預防感染疾病之措施。

港區工作的個人安全防護設備

資料來源：勞動部勞動法令查詢系統
https://laws.mol.gov.tw/FLAW/FLAWDAT0201.aspx?id=FL015021&beginpos=50

Unit 12-4 港區職安衛管理

　　臺灣港務股份有限公司於民國 108 年導入 ISO45001 國際職業安全衛生管理系統及 TOSHMS（CNS 45001）國家標準之臺灣職業安全衛生管理系統驗證雙系統驗證，驗證範圍由總公司開始、推展至四個分公司擴及台灣 7 大國際商港、2 個國內港口之管理系統建置，包含管理階層的領導與承諾、員工參與規劃與執行階段、回應利害相關者的需求與期望、評估職安衛風險、消除危害及發現進一步提升績效的機會及規劃管理措施等，能有效協助臺灣港務股份有限公司進行系統化的職安衛管理，除了符合法規要求，亦可依公司性質自行運作管理，以降低災害發生率及提升職安衛績效。

　　ISO45001 採用 ISO 國際標準共通的高階管理架構，從組織內部上到管理階層、下至供應鏈，甚至到顧客自主要求，每個環節密不可分，且皆有責任為工作者提供一個安全無虞的工作場所。建立健全的職安衛管理系統、積極主動的安全文化，降低事故發生機會，提升企業之職業安全衛生形象，滿足客戶需求，並且能夠降低成本，回應社會期望。

　　另港埠檢疫安全依法規港埠管理配合衛生福利部疾病管制署，對船舶、人員及場所進行防疫及應變處理。

港埠檢疫規定

傳染病防治法 傳染病防治法施行細則	為杜絕傳染病之發生、傳染及蔓延，特制定本法。 中央各目的事業主管機關應配合及協助辦理傳染病防治事項如下：交通主管機關：機場與商港管制、運輸工具之徵用等事項。
港埠檢疫規則	國際港埠經營管理機關（構）應會同檢疫單位組成工作小組或會報，協調各機關（構）、公、民營事業機構，以確保該港埠具備下列能力： 一、提供旅客適宜醫療服務。 二、提供旅客安全衛生環境，包括飲水、食物、盥洗、廢棄物處理、室內空氣品質及病媒管制。 三、對可能構成國際關注之公共衛生突發事件，及時為適切之應變。 檢疫單位得於港埠設檢疫站，並辦理下列事項： 一、人員健康之監視。 二、運輸工具之檢疫。 三、港區及運輸工具病媒之監測。 四、其他中央主管機關公告之事項。

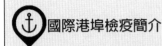國際港埠檢疫簡介

我國國際港埠之檢疫業務由衛生福利部疾病管制署統籌各項檢疫業務之規劃及督導並由疾病管制署各區管制中心（簡稱檢疫單位）負責執行相關業務。世界衛生組織（WHO）於2005年公佈的新版「國際衛生條例」（簡稱IHR2005），規範各國應建置指定港埠溝通協調、偵測及應變等核心能力。

為配合世界衛生組織「國際衛生條例」（International Health Regulations, IHR）規定，防範傳染病藉由船舶、航空器等交通工具境外移入，疾病管制署特公告修訂「港埠檢疫規則」，由所屬檢疫單位對入境船舶、航空器及其所載人員、貨物執行必要的檢疫措施，以維護國內防疫安全及保障國民健康。此外，我國邊境檢疫亦以IHR（2005）之規範及精神為基礎，在制定及採取各項措施時，同時兼顧避免干擾國際交通及貿易。

在行政院指導及大力支持下，我國完成7個IHR指定港埠核心能力建置（桃園國際機場、臺北松山機場、臺中清泉崗機場、高雄小港機場、高雄港、基隆港及臺中港等7個國際港埠），已具備因應緊急公共衛生安全事件的應變能力，能降低公共衛生安全危害發生的風險；同時各指定港埠持續透過維運保全計畫，每年自評且定期接受國際專家評核，以提升我國港埠檢疫緊急應變量能，與先進國家並駕齊驅。

各檢疫單位在國際港埠採取港區衛生重要措施：成立「衛生安全小組」：由疾病管制署各管制中心召集港埠經營管理機關（構）、移民署、港警總隊（航警局）、關務署、防檢局、海巡署及其他港區相關單位共同組成，每三至六個月召開會議（或視需要召開會議），規劃、協調及執行港埠地區衛生管制事項，維護出入境國際港埠衛生安全，以防範傳染病移入或傳出。

資料來源：國際港埠檢疫簡介，衛生福利部疾病管制署
https://www.cdc.gov.tw/Category/Page/MJh4SNDFF9IRVTVRuHqynA#

第十三章
港埠作業技術

Unit 13-1　貨物作業
Unit 13-2　什雜貨作業
Unit 13-3　液體貨作業
Unit 13-4　貨櫃作業

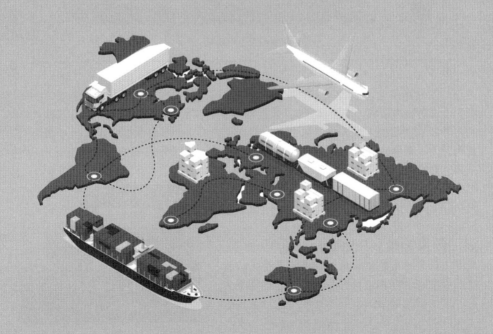

Unit 13-1 貨物作業

　　港埠是水陸運輸的樞紐，位於江、河、湖、海的沿岸，是船舶與其他運輸工具的交接點，也是貨物的集散地。港埠具有一定的設備條件，可供船舶安全進出、旅客上下船、貨物裝卸、儲存及辦理其他相關業務。港埠主要由水域及陸域所組成，港口水域是供船舶航行、錨泊、停泊裝卸作業之用，包括進出港航道、港池及錨地。港外錨地供船舶進行檢查、檢疫、等候引水人上下，港內水域由港內航道、港內浮筒、迴轉池及碼頭前沿水域。

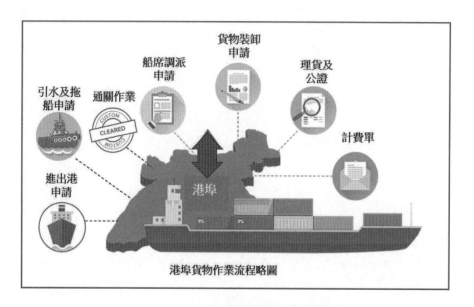

港埠貨物作業流程略圖

　　港口陸域是供旅客集散、貨物裝卸、貨物儲轉之用，有碼頭船席、碼頭前線作業區、後線倉庫堆置場、港區鐵公路，並配置各式裝卸機具與運輸機具，以及其他必要的生產及管理設施。裝卸機具是港埠最基本的設施之一，其主要作用是供港區內的貨物裝卸、搬運，一種是貨物在船舶的裝卸，另一種是貨物在倉庫內部或倉庫之間的搬運。專業化碼頭通常設有專門的裝卸機械，例如貨櫃碼頭設有岸間橋式起重機、櫃場有拖車、門型起重機等。

港口作業能量（Port capacity）

　　港口作業能量是港埠重要的營運指標，以營運的角度它是港埠進行裝卸規劃、合理作業人力、使用機械設備調配的依據，從設計及規劃

角度是確定港埠建設規模的基礎。港口貨運量的大小、運輸周轉期及運輸費用的高低，都取決港埠的作業能量及利用程度。因此綜合各種生產要素及選擇合理的作業線規劃，以擴大港埠的作業能量。

　　港口作業能量是指港埠在一定時期內，在一定的技術設備與勞動組織合作下，所能裝卸貨物的最大能量（以噸、TEU 表示）。

影響港埠作業能量的主要因素【註1】

1. **貨物**：不同種類的貨物有其特性，不同的批次數量及流向、運輸型式（散裝或包裝），不同的裝卸技術與工具也會影響港埠作業能量。
2. **港口規劃及專業化碼頭**：港口整體規劃是否配合貨物種類及運量預測，特殊貨物作業應規劃專用碼頭及設施（例如危險品、汽車碼頭），以提高作業能量。
3. **港埠設施與設備**：是否合理的港埠規劃，船席數量、大小及位置，配合各型船舶的機具設備、數量，都影響貨物的作業數量。
4. **運輸工具**：運輸工具主要是船舶與車輛，船舶種類、是否有合乎安全及船上機具設施、足夠的各式搬運車輛，避免貨運中斷。
5. **裝卸工人**：在港區的裝卸工人及作業司機，是否有足夠人數及訓練，對工安及貨物的安全都有影響，透過裝卸組織形式以進行提高其勞動能力。
6. **港口自然條件**：陸上及海上氣候（例如颱風、潮汐）將直接影響港口的作業時間及營運期的長短，並對船席調度、作業時間產生很大影響。
7. **管理能力**：貨物裝卸承攬業的行業監管及裝卸業內部的作業管理、員工訓練等，都會影響裝卸效能及作業是否合理調度。
8. **其他**：港區作業時段限制（例如因噪音、環保抗爭）、港口內外關係的良好協調（例如勞資協商），都直接或間接影響港埠的作業效率。

　　港埠貨物裝卸是人機配合進行貨物裝卸的連續作業過程，裝卸技術的的研究原則是安全、優質、節能、高效率，並不斷改進提高作業能力，例如雜貨改由貨櫃、石油由桶裝改為油罐車運輸，也就是裝卸過程要達到人、機、貨的安全，使貨物在車船裝卸、倉庫儲轉、貨物收發能達到高品質要求，合理的規劃及使用合適機具降低人的勞動，取得較好的工作效果和經濟目的。

【註1】　劉善平，「港口裝卸工藝」，人民交通出版社，2012 年。

海運貨物種類（Types of marine cargo）

海運貨物種類極多，依其貨物特性（包裝、外觀形狀、重量及體積等）有不同種類的貨船，其裝載貨物的規格及設備也不相同。近代船舶因應貨物的特性，有各式的專用船舶出現，如木材船、汽車運送船、液化天燃氣、貨櫃船等，港埠配合設置碼頭及專業設施以提高作業效率。

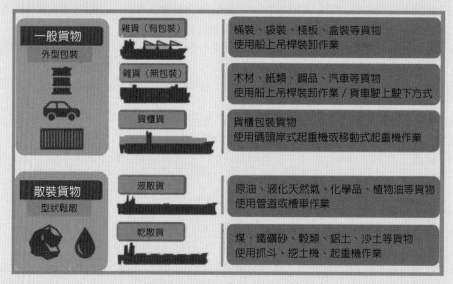

一般貨物 外型包裝	雜貨（有包裝）	桶裝、袋裝、棧板、盒裝等貨物 使用船上吊桿裝卸作業
	雜貨（無包裝）	木材、紙類、鋼品、汽車等貨物 使用船上吊桿裝卸作業／貨車駛上駛下方式
	貨櫃貨	貨櫃包裝貨物 使用碼頭岸式起重機或移動式起重機作業
散裝貨物 型狀鬆散	液散貨	原油、液化天然氣、化學品、植物油等貨物 使用管道或槽車作業
	乾散貨	煤、鐵礦砂、穀類、鋁土、沙土等貨物 使用抓斗、挖土機、起重機作業

資料來源：The Geography of Transport Systems
https://i1.wp.com/transportgeography.org/wp-content/uploads/types_maritime_cargo2.
png?resize=900%2C520&ssl=1

貨櫃運輸是港埠主要業務

轉船運輸和轉口（過境）運輸

轉船運輸（Transhipment）是指貨物通過中途港重新裝卸和轉運。一般來說，貨物中途轉船可能導致費用增加和發生貨物損失，買方往往不肯接受貨物轉船的條款。但當進出口貨物運往沒有直達船的港口或一時無合適的船舶運輸貨物，或目的地的港口條件太差，需通過轉船才能到達目的地，買方可規定允許轉船規定條款。

轉口（Transit）貨物係指運輸工具由國外裝運暫時卸存貨棧，等待轉口國外之貨物。有些貨物從裝貨港指定運往目的地時，因目的地可能是內陸國家無港口，必須經第三地港口轉口（過境）運送至目的地，或等候合適船舶再繼續運送，或是轉口貿易在第三地進行加工、等候買家再進行出貨。

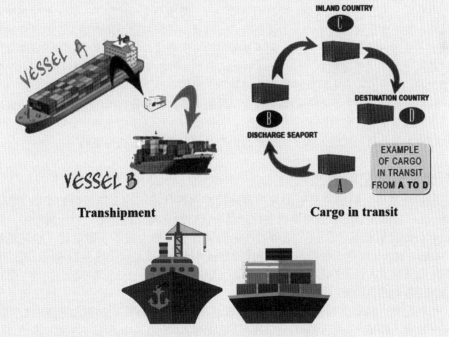

資料來源：Difference between transhipment and cargo in transit
https://www.shippingandfreightresource.com/transhipment-and-cargo-in-transit/

Unit 13-2 什雜散貨作業

港埠什雜貨裝卸是指針對有包裝或無包裝的成件貨物，按照什雜貨專用技術提供港埠裝卸服務。散貨裝卸是針對運輸途中不加包裝而散裝運送的貨物，依散貨裝卸技術和設備進行港埠裝卸的服務。

什雜貨作業場所一般分為碼頭前線及後線倉庫、露置場，有些港口貨物規模較大的碼頭可進行不同貨種的專業化分工，如木材、鋼材等，使用的裝卸技術與工具也有區別。在貨櫃化運輸形成前，海運貨物大多以箱、捆、袋、桶等包裝型是進行運輸，這就是所謂的什雜貨運輸。

從20世紀50年代開始，為提高海上運輸的效率，船舶開始大型化，液體貨及散貨的機械化及大型化開始面臨須突破，特別是什雜貨的裝卸效率常成為船舶大型化後的作業瓶頸。由於什雜貨本身的特點如外型不一、體積不一、比重不一等，要提高裝卸效率，首先要擺脫低效率的人力裝卸方式。將貨物成組的標準化與擴大化的「貨物單元」，使得各式規格的什雜貨，通過某種組合方式變成外型、大小一致的「貨件」，於是就出現「成組運輸」（Unitized Transport），例如運用網袋、棧板打包成單一標準化的「貨件」，在不同的運輸方式轉換時，可以不拆組能迅速轉移。

船舶裝卸設備是指裝置在船舶甲板上，為船上貨物裝卸貨物所用的船上專用設備如吊桿或起重機。什雜貨船舶較多配備船舶裝卸設備，以加速船舶裝卸效率，散貨船因貨物為大量及散裝狀態，大多使用碼頭上的裝卸設備如移動式起重機。

什雜貨船舶配積載[註2]

船舶配載與船舶積載是船舶貨物運輸相當重要且密切的工作，船舶配載（Pre-stowage plan）是指船公司根據貨物託運人提出的貨物託運計畫，對所屬船舶具體航次分配貨載任務，即決定每個航次船舶裝什麼貨物、裝多少數量等。船舶積載（Cargo plan）則是指在船舶貨運任務確定後，進一步確定貨物在各船艙內正確合理的配置及堆放。合理的船舶配載與積載補僅能使貨物及時、安全地運抵目的港，而且能夠使船舶的艙位獲得最有效的運用。

船舶配載、積載為船舶的具體航次正確選擇貨載，及確定船舶這次裝運的貨物品類、數量、體積，以及到達的港口等，並以裝貨清單（Loading List, L/L）表示。根據裝貨清單進一步確定各貨艙、各層艙裝載貨物種類、裝載噸位及貨物在艙內的具體堆放位置，貨物在船艙中最後裝載情況，並以貨物積載圖來表示。

在海運運輸、裝卸和搬運中的乾散貨是指呈鬆散顆粒（或粉末）的貨物，乾散貨往往是原材料貨物，一次裝載搬運的數量較大屬於大宗貨物，主要貨種包括砂土、散裝水泥、煤鐵等礦砂。

[註2] 楊茅甄，「件雜貨港口管理實務」，上海人民出版社，2015年。

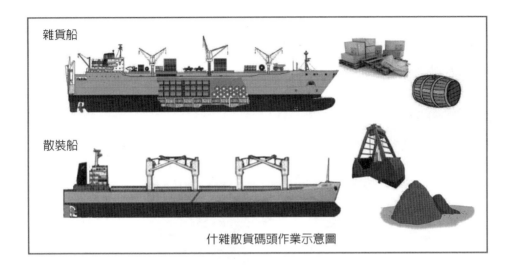

什雜散貨碼頭作業示意圖

乾散貨裝卸搬運特性

與什雜貨裝卸搬運相較，乾散貨有其特殊之處：

1. **貨物的批量大**：每航次的貨物噸量大，在港作業時間長，需要起重機、抓斗、挖土機等機械輔助人工作業。
2. **運輸工具的大型化**：散裝船的運量大、船舶朝大型化發展，使得要加速裝卸效率，要使用機械化、自動化的機械設備，如輸送帶、真空（吸）輸送機等。
3. **港口的特性**：由於乾散貨的作業流量非常大，在專用的碼頭設置廣大堆置場地及裝卸設備非常有需要，以供貨車疏運不及的臨時堆放。

在臺灣大多國外進口原材料如煤鐵、礦砂、穀類等，在港埠卸貨以貨車、火車進行搬運或輸送帶運送至碼頭後線倉庫，國內僅少數砂石及散水泥在國內進行裝船運輸。散裝船在作業時，因貨物容易移動造成船舶不平衡狀態，「船舶散裝固體貨物裝載規則」規定須注意進行「平艙作業」，平艙指為降低航行中貨物移動產生之任何危險，經人工或機械方法整平裝船貨物後之狀態。

什雜貨物包裝方式

駛上駛下碼頭（Roll on/Roll off, Ro/Ro）

駛上駛下船（滾裝船）；簡稱Ro/Ro ship，是利用車輛上下船裝卸貨物的多用途船舶。將裝有貨櫃等大件貨物的拖車和裝有貨物的輪式的棧板貨架作為貨運單位，由拖車或堆高機直接駛進出貨艙進行裝卸。駛上駛下船通常在船尾設有貨門和跳板，車輛可通過跳板、閘門和各層甲板間的活動斜坡道或升降平台，直接駛入各層甲板，因此駛上駛下船不需要船上或碼頭上傳統的起重機設備。

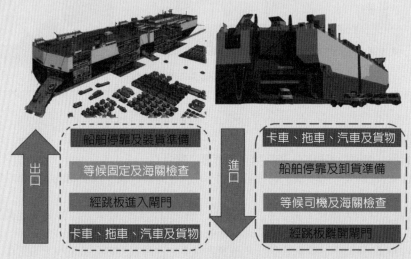

駛上／駛下碼頭作業

圖片來源：Comparing model development in discrete event simulation on Ro-Ro terminal example
https://www.researchgate.net/figure/Operation-flow-in-a-Ro-Ro-terminal_fig3_306193898

RO-RO船運送車輛方式

乾散貨船及雜貨船

乾散貨船（Dry Bulk Carrier），又稱散裝貨船，乾散貨船是指裝運輸穀物、煤、礦砂、鹽、水泥等大宗乾散貨物的船舶的統稱，或簡稱散貨船。因為乾散貨船的貨種單一，不需要進行包裝成捆、成包、成箱的裝載運輸，貨物不怕擠壓，便於裝卸，所以都是單甲板船。臺灣現在有許多散裝船業者，包含裕民、新興、益航、中航、台航、慧洋-KY、四維航、正德等公司。

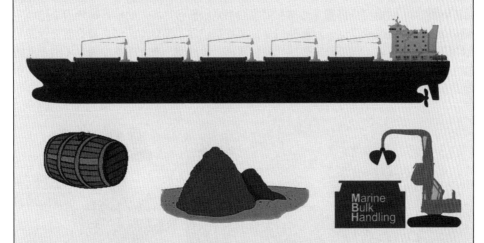

雜貨船（General Cargo Ship）雜貨船是指定期航行於貨運繁忙的航線，以裝運零星雜貨為主的船舶，多用於定期船運輸。這種船航行速度較快，船上配有足夠的起吊設備，船舶構造中有多層甲板把船艙分隔成多層貨櫃，以適應裝載不同的貨物。

General Cargo Ship

資料來源：DRY BULK CARGO
https://www.maritimeinfo.org/en/Maritime-Directory/dry-bulk-cargo

Unit 13-3 液體貨作業

　　液體貨是指以液體狀態運輸和儲存的貨物，主要貨品為石油及相關成品、液化氣及化學品等，液體貨物的運輸儲存具有一些共同的特徵和要求，不同的貨物也有不同的特點。其中石油及石油產品具有易燃燒、易爆炸、易產生靜電等特性，在港埠從事儲運及裝卸會具有危險性，因此必須熟悉和掌握貨物特性，並針對這些特性採取安全措施，以確保裝卸作業安全。

　　港區常見的油槽（庫）是儲存、轉運和供應液體貨的專業性倉庫，按照油庫的業務和管理體制，油槽可分為獨立油槽和附屬油槽兩大類型，獨立油槽是專門用來接收、儲存及配送的企業或單位，附屬油槽是企業或單位為了滿足本部門自身的需要而設。液體貨依儲運方式不同可分為散裝和整裝兩種，用油槽、車（鐵路油罐車、汽車油罐車）、船（油船或駁船、管道（Pipeline transport）等儲存或運輸的方式為散裝，用桶或其他專用容器整運則為整裝，主要的裝卸設備為管線、加壓泵及附加設備。

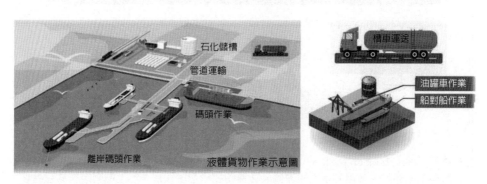

石化儲槽
管道運輸
碼頭作業
離岸碼頭作業
液體貨物作業示意圖
槽車運送
油罐車作業
船對船作業

液體貨裝卸特性[註3]

　　港埠液體貨的裝卸作業包括裝卸船及裝卸車兩種作業：

1. **船舶裝卸**：可分為靠碼頭直接裝卸及通過海上錨地裝卸，海上是為在離陸地較遠的地點設置的靠船設備，主要為棧橋式或浮筒繫舶經過管線運送。另一種為海上直接裝卸，貨物直接從一艘船裝卸到另一艘船的作業。

2. **油罐車裝卸**：罐裝方法是船上使用泵加壓輸送到油罐車，卸車是用泵抽下卸方式，碼頭要設卸油平台。

[註3]　真虹，「港口貨運」，人民交通出版社，2008 年。

液化天然氣碼頭【註4】

　　液化天然氣（Liquefied Natural Gas, LNG）具有熱能高、清潔無毒且不含硫化物，是近年許多國家實施使用能源結構調整及永續發展策略的重點新能源，液化天然氣的海上運輸便快速的發展，液化天然氣亦是一種危險貨物，外泄時容易造成公共危險，港埠裝卸場所設有專業化的碼頭。

　　為了因應進口和接卸液化天然氣的需要，港口必須建設專門的大型碼頭（如臺中港、永安港），以接卸與存儲這種貨物，此外還要建設從液化天然氣恢復氣態的二次汽化設備。就碼頭型式可分為岸基和離岸式，離岸式又分為深水和淺水兩種；就碼頭結構型式又可分為浮動碼頭和海上碼頭，採用浮動碼頭時，液化天然氣船將貨物轉儲到浮動式碼頭上儲槽，經第二次汽化後再經由海底管道輸送上岸，存儲設施可分為地上和地下存儲兩大類。為了提高安全性，目前盡可能把液化天然氣碼頭設在海上，並避免其他船隻往來的干擾。

　　液化天然氣船一般要通過靠近港口設施、工業設施和居民社區的擁擠水道，一旦船艙貨艙損壞，液化天然氣船洩漏失控，便可能造成嚴重後果，港口在裝卸這類貨物時，同時存在這種危險，這是液化天然氣碼頭區有別於其他一般碼頭的主要特點。液化天然氣碼頭的設計、建造和營運過程的各個階段內，都應包含有專門的安全程序和技術：

1. **圍堤**：儲槽應有築圍堤讓液體擋存在圍堤內，避免其四處流動。
2. **安全距離**：保持圍堤與地界一定距離，避免火勢的熱效應傷到人員。
3. **設置逸散區**：儲槽附近讓外洩天然氣在該範圍內逸散於大氣之中。

【註4】　劉善平，「港口裝卸工藝（第二版）」，人民交通出版社股份有公司，2017 年。

4. 設置專門停泊地區：港區比較偏遠地區避免造成其他意外干擾。
5. 交通指揮及應變系統：船舶航行指揮及事故處理的管理體制。

液體貨（化學品）碼頭（Liquid Terminal）

液體貨碼頭是設置在岸上的液體貨物裝卸作業及儲轉場所，船舶、槽車、儲槽、槽罐，在此場所進行運輸及配送工作，它屬管道運輸。由於此類貨物常具有高度的可燃性與爆炸性，貨物的作業設施及安全要求會較一般貨物作業高。

液散貨碼頭示意圖

資料來源：What is a Liquid Terminal?
International Liquid Terminals Association (ILTA)
https://www.ilta.org/About-ILTA/Why-Terminals

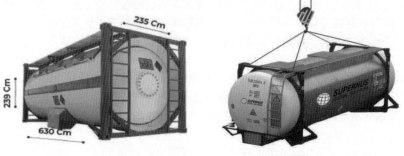

儲放化學品的槽罐（Tank container）

國際標準的罐式貨櫃

ISO TANK罐式貨櫃（Tank Container）是一種20英尺國際標準貨櫃外部框架的不鏽鋼容器，整箱外型尺寸及堆放運輸模式完全等同於20英呎國際標準貨櫃。它是專用以裝運酒類、油類（如動植物油）、液體食品以及化學品等液體貨物的貨櫃。油槽罐式貨櫃為框架筒槽型壓力容器，多裝載於液態散裝貨品，為符合陸運及海運運輸上的需求，其設計上必需嚴格遵守各國際法規及國際標準組織（ISO）之安全規範。油槽罐式貨櫃所能裝載之石油化學品據國際海運組織（IMO）所出版之國際海運危險品運送法規（IMDG code），裝載危險品劃分為九大類中（3, 5, 6, 8, 9級）各類液態石油化學產品。

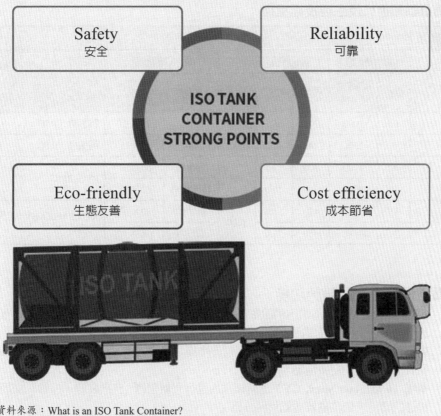

資料來源：What is an ISO Tank Container?
https://www.morethanshipping.com/what-is-an-iso-tank-container/

Unit 13-4 貨櫃作業

貨櫃碼頭是專供停靠貨櫃船舶、裝卸貨櫃用的港埠作業場所。貨櫃碼頭的典型設施主要包括：船席（Berth）、貨櫃場（Container yard）、貨櫃集散站（Container freight station）、控制室（Control tower）、管制站（Gate）、貨櫃作業機械（Container handling machinery），以及其他必要的專用設施。隨著貨櫃船的高速化及大型化發展，貨櫃貨物如何壓縮在港滯留作業時間，已成爲提高貨櫃物流效率的一個關鍵問題。

自 20 世紀 50 年代海運貨櫃運輸開始，不管是貨櫃船舶或港埠作業已有跨越式的發展，也影響海運航線及港口在世界海運網路中的角色。

貨櫃碼頭世代及主要技術指標[註5]

碼頭	主要技術參數							
	靠船能力		碼頭長度 /m			橋式機配備		裝卸方式
代	10^3t	載櫃量 TEU	長度	水深	陸域縱深	等級	能量 TEU/ 年	
一	1.5	1000	200	9.0	400	小	25×10^4	跨載機、RTG
二	3	2500	240	12.0	600	中	30×10^4	跨載機、RTG
三	5	4500	300	13.5	800	巴拿馬	50×10^4	RTG, RMG
四	10	8800	350	16.0		超巴拿馬	60×10^4	
五	15	12500	420	18.0	1000	蘇伊士	80×10^4	RTG,RMG,AGV、自動化系統
六	20	18000～	450	21.0		碼六甲	100×10^4	

貨櫃碼頭得主要設施功能

1. **船席（Berth）**：是碼頭內供船舶停靠的岸壁線與對應水域逤構成的區域，上有繫船（纜）柱及碰墊等繫固設施。

2. **碼頭前沿（Apron）**：指碼頭岸壁到前方堆場之間的區域，通常設有貨櫃起重機，是貨櫃上下船的交接地點。

3. **櫃場（Container yard, CY）**：是碼頭內進行貨櫃重櫃 / 空櫃裝卸、保管、交接及轉運的場所，依位置及功能可區分爲：

   (1) **整裝櫃場（Marshaling yard, MY）**：是位於碼頭前線與後方櫃場的位置，爲

[註5] 殷明、章強，「集裝箱碼頭組織與管」，上海交通大學出版社，2015 年。

提高貨櫃船裝卸效率，暫時存放整理貨櫃的準備場地。

(2) **後線堆存櫃場**（**Back up yard**）：是用於貨櫃重櫃／空櫃的交接、保管及堆放，進一步可分為進口櫃、出口櫃、轉口櫃及冷藏櫃區。

4. **貨櫃集散站**（**Container freight station, CFS**）：是貨櫃碼頭內處理貨櫃貨物拆併裝業務的場所。

5. **控制室**（**Control room**）：是貨櫃碼頭負責指揮、調度裝卸作業，負責各項作業規劃的實施，除了計算機控制系統，還配置通信、監視及氣象系統等。

6. **維修工廠**（**Maintenance shop**）：是碼頭內專門用於貨櫃及相關裝卸搬運機具檢查、維修保養的場所。

7. **管制站**（**Gate**）：是貨櫃碼頭的出入口，也是貨櫃和貨櫃貨物的交接點，也是區分碼頭內外責任的分界點，在這裡要檢查包括櫃號、封號、櫃體表面狀況及相關提領單據。

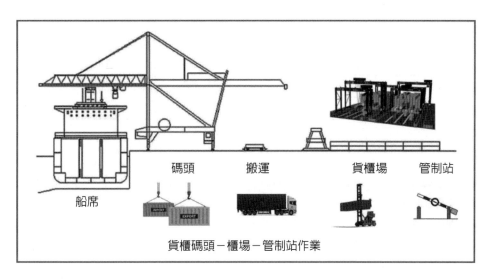

貨櫃碼頭－櫃場－管制站作業

貨櫃碼頭岸邊常見的裝卸機具包括貨櫃橋式起重機（Gantry crane, Quay crane）、高架輪式起重機（Multi-purpose portal crane）、多用途門座起重機（Mobile harbor crane）。橋式起重機是設在碼頭前沿進行船岸之間貨櫃裝卸的專用機械，是現代貨櫃碼頭不可缺少的重要設備。

由於航運業希望在港作業時減縮短，貨櫃船又朝大型化發展，配備在碼頭的橋式起重機數量也不斷提高、其規格大小也變大，單獨的船席會配備兩臺橋式起重機，在國際貨櫃樞紐港的超大型貨櫃碼頭，一般每80～100公尺配備一臺橋式起重機。

隨著船舶大型化，橋式起重機的外伸距也日益增大，不僅要確保船舶水平靠泊時可以直接吊裝船上所有貨櫃，還能做到船舶向外傾斜時，仍能完成最外側最高層的貨櫃吊裝作業。

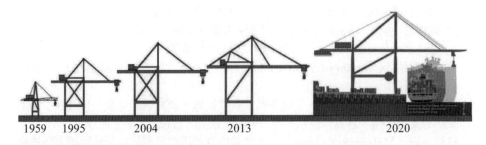

1959　1995　2004　2013　2020

貨櫃橋式機世代及主要技術參數

世代／等級		外伸距 ／m	軌距 ／m	軌上高度 ／m	小車速度 ／（m/min）	額定起重 ／t	裝卸效率／ （TEU/h）
一	小	28	10	22	120	25.0	20
二	中	35	16	25	150	30.5	25
三	巴拿馬	38	16～30	30	180	30.5～40.5	30
四	超巴拿馬	42～50	22～30	35	210	40.5～50.0	40
五	蘇伊士	52～61	30～35	40	240	50.0～61.0	60
六	馬六甲	65～73	35	45	300	61.0	80～100

　　管制站是貨櫃拖車拖運貨櫃進出貨櫃碼頭的必經之處，是貨櫃碼頭與拖車運送人進行貨櫃交接、單證處理和資訊紀錄的一個重要地方。管制站一般設在碼頭後方靠近大門側，分為進場及出場的檢查口，管制站的基本工作任務是：
1. 檢查貨櫃櫃體狀況、進行貨櫃交接。
2. 審核貨櫃裝櫃單證，磅秤出口櫃實際重量。
3. 配合貨櫃場作業，指定收櫃或提櫃的櫃場儲位。
4. 進出場貨櫃的資訊彙整處理。
　　貨櫃集散站是以裝櫃、拆櫃、集併貨和配送為主要業務的運輸服務場所，貨櫃集散站主要有港口貨櫃集散站和內陸貨櫃集散站兩種，貨櫃集散站的基本工作任務是：
1. 貨櫃貨的承運、驗收、保管及交付，包括進口的拆櫃及出口的併櫃。
2. 重櫃和空櫃的儲放及整櫃貨轉運，貨櫃的檢驗、清洗、修理等。
3. 貨運單證的交接及簽證處理，代辦海關通關業務。

貨櫃碼頭 (Container Terminal, CT)

貨櫃碼頭是專供貨櫃船舶靠泊、裝卸貨櫃的作業地點，是貨櫃運輸過程中，水陸運輸的連接點，也是貨櫃複合運輸的樞紐。一般設有碼頭船席（Berth）、貨櫃堆積場（Container Yard）、控制室（Control Tower）、管制站（Gate House）、貨櫃集散站（Container Freight Station）、貨櫃搬運專用機械和其他修護場等專用設施等。

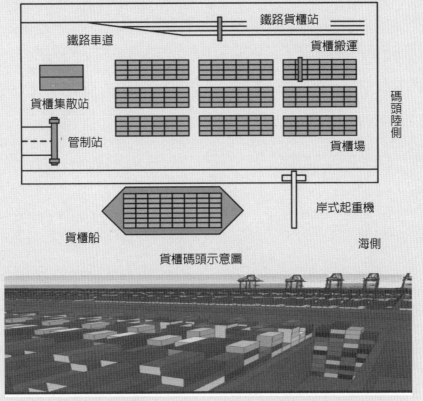

貨櫃碼頭示意圖

圖片來源：Modelling and Optimal Receding-horizon Control of Maritime Container Terminals
https://www.researchgate.net/figure/Layout-of-a-container-terminal_fig1_220121422

第十四章
港埠營運績效

Unit 14-1　績效評估
Unit 14-2　作業績效
Unit 14-3　財務績效
Unit 14-4　財務報表分析

PORT
PERFORMANCE

Unit 14-1 績效評估

若欲衡量一個企業治理之良窳,可採用經營績效管理機制。當經營績效良好時,可推論董事會已根據資料善盡其監督責任,國營事業的經營績效一定包括獲利,然而國營事業之所以成立,其欲達成的目標,除獲利外,必有其他,否則就是與民爭利。那麼,這些績效目標又是什麼?企業營運,都應先訂定目標,繼而辨認會影響目標的事項,並評估該等事項發生的機率,以及一旦發生時的嚴重程度,再決定如何因應。【註1】

目前經營管理臺灣商港的臺灣港務股份有限公司係依「公司法」成立的公司組織,依「國營事業管理法」規定,國營事業的定義與角色:

第二條	國營事業以發展國家資本,促進經濟建設,便利人民生活為目的。
第三條	本法所稱國營事業如下: 一、政府獨資經營者。 二、依事業組織特別法之規定,由政府與人民合資經營者。 三、依公司法之規定,由政府與人民合資經營,政府資本超過百分之五十者。 其與外人合資經營,訂有契約者,依其規定。
第四條	國營事業應依照企業方式經營,以事業養事業,以事業發展事業,並力求有盈無虧,增加國庫收入。但專供示範或經政府特別指定之事業,不在此限。
第六條	國營事業除依法律有特別規定者外,應與同類民營事業有同等之權利與義務。
第廿九條	國營事業工作之考核,應由主管機關按其性質,分別訂定標準。

國營事業涵括造幣、造船、航空、郵政、交通運輸、港務、醫療等產業,行政院每個部會的國營事業肩負的政策任務都不同,有些要跟民間競爭、有些是獨占,若未來皆採齊頭式的待遇(例如核發績效獎金),不僅可能影響員工積極性,長期恐將造成「劣幣驅逐良幣」的現象,造成人才流失,影響企業競爭力。臺灣的國際商港經營事業屬交通部獨資成立的國營事業,依行政院的「國營事業工作考成辦法」基於管考簡化、尊重事業主管機關專業及分層負責等原則,由各主管機關訂定所屬事業之年度工作考成實施要點,另由主管機關主動辦理實地查證。依「國營事業工作考成辦法」規定,國營事業的考成事項與程序:

【註1】 馬秀如,「國營事業的經營績效:風險管理」,國土及公共治理季刊,第五卷第三期,106 年 9 月。

第三條	國營事業工作考成應著重年度盈餘及國家政策之達成，各主管機關得按所屬事業性質，選定下列考成事項： 一、業務經營。 二、財務管理。 三、生產管理。 四、人力資源管理。 五、企劃管理。 六、環境保護及工業安全。 七、其他。 國營事業年度工作考成作業要點，由國家發展委員會定之。
第五條	國營事業工作考成分為自評、初核、複核三個步驟；其辦理程序及時限如下： 一、各國營事業應於每年度終了時，依第三條第一項所定事項自評，並填具自評報告等資料後，併同年度決算書於次年二月二十五日前提經主管機關，並副送行政院相關業務處、主計總處、人事行政總處及國發會。但中央銀行應逕報行政院。 二、主管機關辦理國營事業工作考成，應依據前款自評報告及參酌其他資料，加具審核意見，完成初核；並連同第九條規定之考成等第，於三月三十一日前報行政院複核。 三、行政院收受前款主管機關所報初核結果後，應參酌其他考核資料，於三個月內完成複核，並呈報總統。
第九條	各主管機關對所屬國營事業工作考成結果，應按甲等、乙等、丙等、丁等四種評定其等第，報請行政院複核。 具下列情形之一者不得考列甲等： 一、國營事業年度盈餘經調整配合執行政策因素後，未達預算數者。但已較上一年度增加者，不在此限。 二、國營事業經調整配合執行政策因素後未有盈餘者。但已達預算目標且虧損較上一年度有明顯改善者，不在此限。 三、執行政策或業務有嚴重過失者。
第十條	國營事業人員年終考成列甲等人數比例及各高低職位間考列甲等之比例，應以各該國營事業工作考核之等第為依據，其人數及比例由主管機關擬訂，報請行政院核定。 主管機關辦理所屬國營事業重要人員之考核及任免，應將各該國營事業工作考核之等第列為衡量因素。

國營企業（State-Owned Enterprise, SOE）

國營事業工作考成

國營事業由於規模龐大或具市場獨占及優勢地位,營運績效良窳,影響國家經濟與民眾福祉甚鉅。如經營績效良好,不僅有助於挹注國庫,帶動國家整體經濟發展,進而更可提升國家競爭力,因此國營事業之經營績效向為民眾關注議題。

為期有效督促國營事業不斷進步與發展,行政院自48年頒布「國營事業工作考成辦法」,建置國營事業工作考成機制迄。為配合行政院組織改造提升行政效能之要求,基於管考簡化及尊重專業等原則,於107年9月12日奉院核定國營事業工作考成作業及實地查證由各主管機關主責,以收權責相符之效並提升行政效能。

國營事業考成評核標準由各主管機關配合行政院政策方向,逐年研訂工作考成實施要點報院備查。複核作業由國家發展委員會會同行政院相關業務處、主計總處及人事行政總處等機關,採年終書面審核方式,並參酌年度中實地訪查等相關資料辦理,評核結果則簽報行政院作為國營事業未來改進之重要參據。

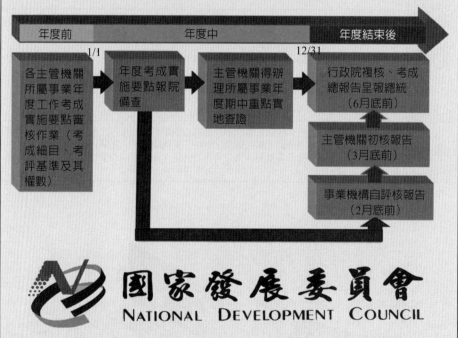

資料來源:國家發展委員會
https://www.ndc.gov.tw/Content_List.aspx?n=002ABF0E676F4DB5

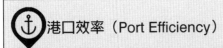港口效率（Port Efficiency）

港口的績效考核指標是由多個構面所組成，有營運績效、公司治理績效、職安衛（保全）績效、社會經濟貢獻、市場拓展、環境保護績效及聯外交通連接性等，在港口績效上是盡可能在既有的資源下讓產出及收入達到最高程度。例如作業績效以碼頭作業為例，以每小作業多少噸量或服務是每小時處理多少件申請。

今日港口的績效評量除了財務績效外，也會融入多方面的考核，社經貢獻是港口對地方就業率、公益投入的評量；公司治理績效是因港埠設施多數是公共財由政府提供，經營團隊應善盡管理人責任，努力拓展市場以創造最大經營績效。

由於民眾及公共團體對人員作業安全、環境保護及永續發展議等題的增加關注，除了效率及收入外，其他績效考核的因素也會列入。

資料來源：Port Efficiency
https://porteconomicsmanagement.org/pemp/contents/part6/port-efficiency/

Unit 14-2 作業績效

　　港口績效指標[註2]依聯合國貿易及發展會議（UNCTAD）於 1976 年曾提出發展港口績效指標系統的必要性，指標可分為財務性及作業性兩類，財務性指標注重收入 /成本關係，作業性指標注重貨物、船舶及碼頭的生產力，這些指標可用於港口擁擠附加費、港口發展、港口費率及投資決策等的協商，資料來自港埠管理當局長期的蒐集及按月作成統計分析，以及早發覺實際與目標的差異（例如每座碼頭的裝卸效率）提出因應對策。

財務性指標

作業噸量	噸
每噸貨物船席收入	元 / 噸
每噸貨物裝卸收入	元 / 噸
每噸貨物工資支齣	元 / 噸
每噸貨物資本支出	元 / 噸
每噸貨物收入	元 / 噸
總收入	元

＊每月針對每種碼頭群某一類貨物作業的統計

作業性指標

到港延誤	船數 / 日
等候時間	時數 / 船
服務時間	時數 / 船
周轉時間	時數 / 船
每一船噸量	噸 / 船
靠碼頭間隔時間	–
移船所需每組人員數	組
在港每小時作業噸量	噸 / 小時
在碼頭每小時作業噸量	噸 / 小時
每組作業人員每小時作業噸量	噸 / 延遲小時
每組作業人員待工時間	–

＊每月針對每種碼頭群某一類貨物作業的統計

[註2] Port performance indicators, UNCTAD
https://unctad.org/system/files/official-document/tdbc4d131sup1rev1_en.pdf

　　以上是早期港口指標的範例，由於每個港口的發展策略重點及環境差異，每個港口會發展出本身的績效評估指標，由於港口管理體制的差異（例如公有機關或公司化、民營），管理重點及應揭示資料（政府統計法規及公司法）亦有不同。

荷蘭鹿特丹港績效指標[註3]

鹿特丹港務局（Port of Rotterdam Authority 2009）	
總收入（歐元）	519
港口費	274
土地租金	232
總投資（歐元）	347
淨值	167
員工數	1239
鹿特丹港（Port of Rotterdam 2009）	
港區總面積（包括船渠及道路）	10500 公頃
作業區	5000 公頃
貨物的市場佔有率（鹿特丹－漢堡－安特衛普））	36.8%
貨櫃的市場佔有率（鹿特丹－漢堡－安特衛普）	28.0%
到港船數（包括駁船）	33352

　　由於臺灣的國際商港經營管理機構是 2012 年依「公司法」成立的交通部獨資國營事業，績效指標需依港埠政策、經營環境、董事會、年度營運目標進行檢討訂定。

交通部統計月報項目

臺灣地區各國際商港進出港船舶	臺灣地區各國際商港進口貨物按貨品及地區分
臺灣地區各國際商港進出港船舶按國籍分	臺灣地區各國際商港出口貨物按貨品及地區分
臺灣地區各國際商港進出港船舶按地區分	臺灣地區各國際商港貨櫃裝卸量
臺灣地區各國際商港進港船舶按船種分	臺灣地區各國際商港貨櫃裝卸量按空實櫃及類型分
臺灣地區各國際商港進出港旅客人數	臺灣地區各國際商港貨櫃貨物量
臺灣地區各國際商港貨物吞吐量	臺灣地區各國際商港進出港散裝貨物量

[註3]　Introduction: Port of Rotterdam
　　　https://www.faq-logistique.com/EMS-Livre-Corridors-Transport-15-Port-Rotterdam.htm

臺灣地區各國際商港進出港船舶	臺灣地區各國際商港進口貨物按貨品及地區分
臺灣地區各國際商港進出口貨物量	臺灣地區各國際商港船舶按停泊時間分
臺灣地區各國際商港國內航線貨運量	臺灣地區各國際商港貨物裝卸量
臺灣地區國際商港進出港國輪與外輪艘次按地區分	臺灣地區各國際商港貨物裝卸量按貨物分類分
臺灣地區國際商港進出口貨物按國輪與外輪別運費統計	臺灣地區各國際商港倉棧營業量
臺灣地區各國際商港進出口貨物國輪與外輪承運量比較表	

政策性指標如重要營運量、兩岸直航及自由港區

港口進出	船舶數、客運量、吞吐量、貨物裝卸量、貨櫃裝卸量
兩岸直航	船舶數、客運量、貨物裝卸量、貨櫃裝卸量
自由港區	貿易量、貿易值

臺灣港務股份有限公司年報統計表部分

一、船舶	進出港船舶、進港船舶按順位分、進港船舶按國籍分、進港船舶按地區分、進港船舶按船種分、進出港貨物國輪與外輪承運量
二、貨物	貨物吞吐量、進港貨物按貨品分、進港貨物按地區分、出港貨物按貨品分、出港貨物按地區分、進港散裝貨物按貨品分、進港散裝貨物按地區分、出港散裝貨物按貨品分、出港散裝貨物按地區分、進港貨櫃貨物按貨品分、進港貨櫃貨物按地區分、出港貨櫃貨物按貨品分、出港貨櫃貨物按地區分、進港雜貨按貨品分、進港雜貨按地區分、出港雜貨按貨品分、出港雜貨按地區分
三、旅客	進出港旅客人
四、裝卸	貨物裝卸量、貨物裝量按貨品分、貨物卸量按貨品分、貨櫃裝卸量、貨物裝卸效率
五、兩岸航線船舶	兩岸航線進港船舶按船舶運輸類型分、兩岸航線進港船舶按順位分
六、兩岸直航裝卸	兩岸直航貨物裝卸量、兩岸直航貨物裝量按貨品分、兩岸直航貨物卸量按貨品分、兩岸直航貨櫃裝卸量
七、自貿港區貨物	自由貿易港區貿易量、值 自由貿易港區進儲國外貨物按貨品分、自由貿易港區進儲國外貨物按地區分、自由貿易港區輸往國外貨物按貨品分、自由貿易港區輸往國外貨物按地區分

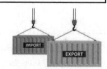

⚓ 港口績效計分（Port performance scorecard）

聯合國貿易及發展會議（UNCTAD）於2015年在印尼雅加達港所召開全球港口績效工作論壇，提出港口績效的評估內容及重點項目。
・港口治理、競爭、所有權及經濟管制（Port governance, competition, ownership and economic regulation）
・財務情況（Finance data）　　　・船舶作業（Vessel operations）
・貨物作業（Cargo operations）　・人力資源（Human resources）

資料來源：UNCTAD brings together port professionals from around the world to improve competitiveness with 'port performance scorecard'
https://unctad.org/news/unctad-brings-together-port-professionals-around-world-improve-competitiveness-port

Unit 14-3 **財務績效**

　　財務管理（Financial Management）是對組織內的資金需要及資金籌措提供可能性的調整活動，和金融不同，財務管理注重公司的資金需求和籌措、資本結構、股利政策等[註4]。對企業經營者而言，財務管理是在尋求最具獲利性的投資方案、最低成本的資金組合以及最高的經營利潤與股東財富。

　　財務管理之定義[註5]，在於如何尋求最具獲利性的投資方案，如何籌措最低成本的資金組合，支援企業活動，創造企業最大的價值，以及如何分配經營利潤，以使股東財富達到最大。其主要內容包括：

1. **資本預算規劃**：企業在從事長期投資（如擴充廠房、購買機具）時，評估投資案對公司的效益以及衡量風險與可行性的程序與方法。
2. **長期融資決策**：討論企業基於長期發展的願景，如何搭配適當比例的權益（包括發行債券或發行股票）與長期借貸，由外部取得資金，降低本身的資金成本，適時減少自有資金的比例，以求提高股東可享有的盈餘。
3. **營運資金管理**：如何將日常營運中進行必要的短期資金調度與管理，例如調整各項流動資產的持有比例、進行短期資金周轉等，使公司兼顧流動性與獲利性的平衡。
4. **股利分配政策**：決定如何將盈餘適當分配給股東，亦即在「將保留盈餘再投資」與「發放現金股利」兩者之間作適當的取捨，以兼顧公司的股價與未來成長。

　　港埠的財務管理是營運和建設投資資金的控管及資金的籌措，臺灣商港的主要資金來源是自有營業基金、公民事業投資、航港建設基金及對外投資業務收益（海外投資、證券、外幣匯差），港埠投資也重視投資報酬率及建設方案的財務可行性，以免影響港埠長期發展。國外港埠財務來源雷同，另有民間基金投資或由民間股票上市公司投資經營，亦會特別注意公司法對資金運用、對外借貸、轉投資及股東權益等的規定。

歐洲港口基礎建設的財務挑戰[註6]

　　港埠的營運和基礎建設都有資金投入大、回收期長及功能不可轉讓性，因此大部分由國家基金支援財務來源，但外在環境演變也會影響到港埠後續資金的使用收益及回收條件，以歐洲港口為例，港埠建設就面臨財務上增加海運產業需求的挑戰：
· 船舶大型化、航運聯盟的議價能力增加

[註4] 財務管理，維基百科
https://zh.wikipedia.org/zh-tw/%E8%B4%A2%E5%8A%A1%E7%AE%A1%E7%90%86
[註5] 財務管理導論 https://www.cyut.edu.tw/～ce/department/department/hwaiuj/3436-01.pdf
[註6] The Infrastructure investment needs and financing challenge of European ports
https://www.espo.be/media/Port%20Investment%20Study%202018_FINAL_1.pdf

・船舶碳排放減排的議題
・地球氣候變遷調適問題
・綠色船舶的技術要求
・數位化和自動化作業
・港口保全要求增加
・港市之間發展衝突的壓力

　　歐洲港埠面臨的財務壓力來源，台灣港埠同樣有國際客運業務增加（郵輪業務增加旅客中心設施更新、新建）、迎接超大型貨櫃船（Ultra-large container vessel, VLCC）進出港作業（航道碼頭及迴船池浚深、增加裝卸機具、聯外運輸道路）、因應氣候變遷及溫室效應的法規及技術要求（船型要求、清淨船舶能源、碼頭節能設備），這些海運產業環境變化，都會影響港埠資金的調度規劃及投資決策。

依我國「審計法」對公營事業的財務績效要求

第 48 條	公有營業及事業機關財務之審計，除依本法及有關法令規定辦理外，並得適用一般企業審計之原則。
第 51 條	公有營業及事業之盈虧，以審計機關審定數為準。
第 65 條	審計機關辦理公務機關審計事務，應注意左列事項： 一、業務、財務、會計、事務之處理程序及其有關法令。 二、各項計畫實施進度、收支預算執行經過及其績效。 三、財產運用有效程度及現金、財物之盤查。 四、應收、應付帳款及其他資產、負債之查證核對。 五、以上各款應行改進事項
第 66 條	審計機關辦理公有營業及事業機關審計事務，除依前條有關規定辦理外，並應注意左列事項： 一、資產、負債及損益計算之翔實。 二、資金之來源及運用。 三、重大建設事業之興建效能。 四、各項成本、費用及營業收支增減之原因。 五、營業盛衰之趨勢。 六、財務狀況及經營效能。

依我國「預算法」對公營事業的財務績效要求

第 34 條	重要公共工程建設及重大施政計畫，應先行製作選擇方案及替代方案之成本效益分析報告，並提供財源籌措及資金運用之說明，始得編列概算及預算案，並送立法院備查。
第 85 條	附屬單位預算中，營業基金預算之擬編，依左列規定辦理： 一、各國營事業主管機關遵照施政方針，並依照行政院核定之事業計畫總綱及預算編製辦法，擬訂其主管範圍內之事業計畫，並分別指示所屬各事業擬訂業務計畫；根據業務計畫，擬編預算。 二、營業基金預算之主要內容如左： 　　（一）營業收支之估計。

（二）固定資產之建設、改良、擴充與其資金來源及其投資計畫之成本與效益分析。

（三）長期債務之舉借及償還。

（四）資金之轉投資及其盈虧之估計。

（五）盈虧撥補之預計。

三、新創事業之預算，準用前款之規定。

四、國營事業辦理移轉、停業或撤銷時，其預算應就資產負債之清理及有關之收支編列之。

五、營業收支之估計，應各依其業務情形，訂定計算之標準；其應適用成本計算者，並應按產品別附具成本計算方式、單位成本、耗用人工及材料之數量與有關資料，並將變動成本與固定成本分析之。

六、盈餘分配及虧損填補之項目如左：

（一）盈餘分配：

甲、填補歷年虧損。

乙、提列公積。

丙、分配股息紅利或繳庫盈餘。

丁、其他依法律應行分配之事項。

戊、未分配盈餘。

（二）虧損填補：

甲、撥用未分配盈餘。　　乙、撥用公積。

丙、折減資本。　　　　　丁、出資填補。

七、有關投資事項，其完成期限超過一年度者，應列明計畫內容、投資總額、執行期間及各年度之分配額；依各年度之分配額，編列各該年度預算。

國營事業辦理移轉、停業，應依預算程序辦理。

港埠作業統計及收入、費用成本分析

財務管理功能（Financial management functions）

財務管理是企業資金採購、使用等財務活動的規劃、組織、指導和控制。

1. 投資決策包括固定資產投資（稱為資本預算）。對流動資產的投資也是被稱為流動資本決策的投資決策的一部分。

2. 財務決定：其涉及從各種資源中籌集資金，這些資金將取決於對來源類型、融資期限、融資成本以及由此產生的回報而決定。

3. 股息決定：財務經理必須就淨利潤分配作出決定。

   淨利潤一般分為兩種：

   股東的股息：股息及其比率必須決定。

   留存利潤：留存利潤數額必須最後確定，這將取決於企業的擴張和多角化計畫。

財務管理的目標：

· 產值最大化 · 利潤最大化 · 股東財富最大化 · 企業價值最大化

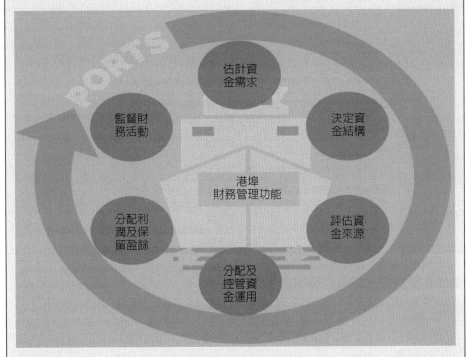

資料來源：What is financial management and example? Explain its functions and importance?
https://startupaplan.com/what-is-financial-management/amp/

Unit 14-4 **財務報表**

企業經營情況看財務基本面，而財務基本面的資訊，就來自企業財務報表。一家公司的獲利能力、管理能力，財務狀況健康與否，獲利模式與體質的變化，都會在財務報表中呈現出來。港埠事業經營機構為公營事業，因此需依相關規定編製財務報表展現其經營狀況。

商業會計法對財務報表規定

第1條	商業會計事務之處理，依本法之規定。 公營事業會計事務之處理，除其他法律另有規定者外，適用本法之規定。
第2條	本法所稱商業，指以營利為目的之事業；其範圍依商業登記法、公司法及其他法律之規定。 本法所稱商業會計事務之處理，係指商業從事會計事項之辨認、衡量、記載、分類、彙總，及據以編製財務報表。
第28條	財務報表包括下列各種： 一、資產負債表。 二、綜合損益表。 三、現金流量表。 四、權益變動表。 前項各款報表應予必要之附註，並視為財務報表之一部分。
第28-1條	資產負債係反映商業特定日之財務狀況，其要素如下： 一、資產：指因過去事項所產生之資源，該資源由商業控制，並預期帶來經濟效益之流入。 二、負債：指因過去事項所產生之現時義務，預期該義務之清償，將導致經濟效益之資源流出。 三、權益：指資產減去負債之剩餘權利。
第28-2條	綜合損益表係反映商業報導期間之經營績效，其要素如下： 一、收益：指報導期間經濟效益之增加，以資產流入、增值或負債減少等方式增加權益。但不含業主投資而增加之權益。 二、費損：指報導期間經濟效益之減少，以資產流出、消耗或負債增加等方式減少權益。但不含分配給業主而減少之權益。

商業會計處理準則對財務報表規定

第3條	本準則所列會計憑證、會計項目、會計帳簿及財務報表，商業得因實際需要增訂。 記帳憑證、會計帳簿及財務報表之名稱及格式，由中央主管機關公告。
第14條	資產負債表之表達如下： 一、資產。 　（一）流動資產。 　（二）非流動資產。 二、負債。 　（一）流動負債。 　（二）非流動負債。 三、權益。

	（一）資本（或股本）。 （二）資本公積。 （三）保留盈餘（或累積虧損）。 （四）其他權益。 （五）庫藏股票。
第 32 條	綜合損益表得包括下列會計項目： 一、營業收入。 二、營業成本。 三、營業費用。 四、營業外收益及費損。 五、所得稅費用（或利益）。 六、繼續營業單位損益。 七、停業單位損益。 八、本期淨利（或淨損）。 九、本期其他綜合損益。 十、本期綜合損益總額。
第 42 條	權益變動表，為表示權益組成項目變動情形之報表，其項目分類與內涵如下： 一、資本（或股本）之期初餘額、本期增減項目與金額及期末餘額。 二、資本公積之期初餘額、本期增減項目與金額及期末餘額。 三、保留盈餘（或累積虧損）。 　（一）期初餘額。 　（二）追溯適用及追溯重編之影響數（以稅後淨額列示）。 　（三）本期淨利（或淨損）。 　（四）提列法定盈餘公積、特別盈餘公積及分派股利項目。 　（五）期末餘額。 四、其他權益各項目之期初餘額、本期增減項目與金額及期末餘額。 五、庫藏股票之期初餘額、本期增減項目與金額及期末餘額。
第 43 條	現金流量表，指以現金及約當現金之流入與流出，彙總說明商業於特定期間之營業、投資及籌資活動之現金流量。

　　企業存在的目的正是獲利，股東投資企業也是希望獲得報酬。需要了解一家企業使用資產賺錢的能力如何、有沒有妥當分配負債比重，爲股東帶來的收益又是如何。ROA、ROE 這兩個數字愈高，代表企業的獲利能力愈好，但仍然必須和同業相比，才會比較客觀。

　　資產報酬率（Return on Assets, ROA）代表企業使用資產賺錢的能力：
　　資產報酬率＝稅後淨利／總資產
　　股東權益報酬率（（Return on equity, ROE）代表企業爲股東賺錢的能力：
　　股東權益報酬率＝稅後淨利／股東權益

　　資產負債表（Balance sheet）：是財務報表的一種，由資產、負債、股東權益部分組成，資產負債表（分爲左右兩邊，左邊爲借方（資產）、右邊爲貸方（負債及股東權益），資產負債表能看出企業某一時間點的財務狀況、企業資源具體分佈情況。

　　資產總額＝負債＋股東權益

1. 資產：代表資金運用去哪了（現金、存貨、設備機具、土地廠房）。
2. 負債、股東權益：代表資金的來源（來自債主、股東）。

綜合損益表（**Income Statement**）：目的是報告企業在一年、一季或某個時段內發生的收入、支出、收益、損失，以及由此產生的淨收益。損益表用比較簡化的方式可以分成：

1. 營收（Revenues）：透過銷售商品或提供服務所賺取的金額。
2. 費用（Expenses）：包括銷售成本、管理與行政費用、利息支出、稅務等。
3. 淨利（Profit or loss）：將收入減去支出或損失的結果，就是最後股東淨賺或虧損的金額。

損益表主要可以分為營收、費用、淨利這幾個部分，營收就是這段期間流入的錢、費用就是這段時間流出的錢，而流入與流出的費用差異就是淨利（損益）。

現金流量表（**Statement of Cash Flows**）：指的是企業在「一段特定時間」內，各式各樣現金之流入／流出的狀況。現金流量表只有在現金真的「實收、實付」的時候才會有紀錄產生，且又依據各現金流性質的不同，現金流量表內總共分成「營運現金流（Cashflow From Operating Activities）」、「投資現金流（Cashflow From Investing Activities）」及「籌資現金流（Cashflow From Financing Activities）」，三者的加總則稱為「淨現金流」。

1. 營業現金流，指的是所有跟公司本業的營運有關的現金流入／流出。
2. 投資現金流，指的是公司以「投資」為目的所發生的現金流。
3. 籌資現金流，指的是公司為不同目的而償還、籌措、發放資金等等活動，所造成的現金流入或流出。

權益變動表（**Statement of changes in equity**）：表達在某特定期間內，企業的股東所擁有權益的變動情形。企業經營良好而有盈餘，股東權益會增加；企業經營不善出現虧損或分配股利股東權益會減少。

企業最重要四大財務報表

1.資產負債表	2.綜合損益表	3.現金流量表	4.權益變動表
表達一企業在某特定日期的財務狀況，為靜態報表。	表達一企業在特定期間的經營結果，其所表示者為某一段時間，為動態報表。	表達一企業在特定期間現金流入與流出情形，為動態報表。	表達一企業在特定期間股東權益之變動情形，為動態報表。

中長期財務策略規劃

維護及提升企業價值

銀行往來與資金調度

財務預算執行與檢討

董事會與監察人會議

利害關係人管理執行

轉投資案評估與監理

客戶往來與信用評等

企業併購與證券業務

財務報表編製與分析

財務單位職能

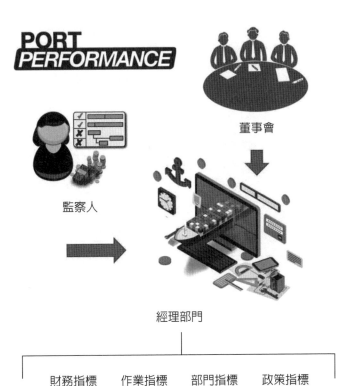

PORT PERFORMANCE

董事會

監察人

經理部門

財務指標　作業指標　部門指標　政策指標

關鍵績效指標（Performance Indicator, KPI）

關鍵績效指標（KPI），是一套用來評估團隊或企業是否達到預期目標的度量標準，團隊和領導者們使用KPI來評估業務和個人績效。關鍵績效指標是為實現企業願景，由策略目標及執行戰略轉換為行動計畫，並藉由組織內部流程來設定具體可行的衡量指標及目標，讓各經理部門及各階層員工有所依據，以創造公司的競爭優勢及持續發展的能力，有利於組織長期發展，是業界常用的績效管理工具之一。

KPI舉例：

※淨利率（Profit margin）：指的是稅後淨利占營收的百分比，此數據通常用於業務內部對比。

※每月經常性收入（Monthly Recurring Revenue）：代表每個月固定的營收。

※銷售成長（Monthly sales growth）：評價企業成長狀況和發展能力的重要指標

KPI設計注意事項：

※KPI必須清楚（Clear）、精確（Specific）及可測量（Measurable）以衡量績效。

※KPI必須清晰及詳細地呈現衡量的內容。

※衡量時所需花費的成本（資料確認與追蹤）不會超越其價值。

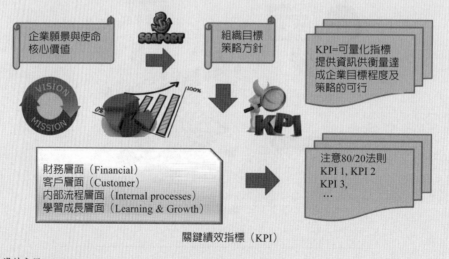

關鍵績效指標（KPI）

資料來源：What is a KPI?
https://www.klipfolio.com/resources/articles/what-is-a-key-performance-indicator

第十五章
綠色港口

Unit 15-1　綠色港口發展
Unit 15-2　港埠環境影響
Unit 15-3　港口環境監測
Unit 15-4　綠色港口指標

Unit 15-1 綠色港口發展

　　港埠是國際物流的重要節點，隨著全球經濟和貿易的發展，港埠物流產業的發展也引起諸多環境問題，如船舶廢氣及廢水、陸域廢棄物及工業污水排放，導致港區及鄰近海域污染嚴重，如何協調環境保護及經濟發展以求港埠能永續發展，成爲國際及國內各主管機關的關切議題。

　　國際上對「綠色」的概念通常是包括生命、節能及環保三個層面，泛指包括保護地球生態環境的活動、行爲、計畫、思想與觀念等。綠色象徵自然、生命及希望，綠色是現代人類文明及進步的象徵標誌。自 20 世紀 90 年代開始，國際社會、國際組織及環境保護組織的共同參與及促進下，國內外港口紛紛提出「生態港口、綠色港口、環保港口」等概念港口，並積極進行綠色港口建設、

　　綠色港口（又稱爲生態港口），是在能滿足環境要求下又能獲得良好經濟效益下的港埠可持續性發展策略，建立港埠－社區－自然的動態協調及融合關係，綠色港口發展策略[註1]：

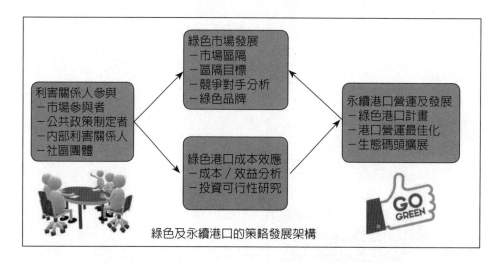

綠色及永續港口的策略發展架構

綠色港口建設的理論基礎[註2]：

　　綠色港口建設就是要實現港埠的可持續性發展，才能解決經濟發展、環境保護和社

[註1] Green Port Strategy for Sustainable Growth and Development
https://www.semanticscholar.org/paper/Green-Port-Strategy-for-Sustainable-Growth-and-Lam-Voorde/aeeaa98296ccc6bb3a0e71f871d4b21656765705

[註2] 鞠美庭、方景清、邵超峰等，「港口環境保護與綠色港口建設」，化學工業出版社，2010年。

會協調等方面的問題，實現經濟與社會效益的均衡發展。綠色港口建設要平衡地考量經濟發展與環境保護兩者之間的關係，根據港區的環境與資源特點進行建設，保護自然資源的可持續利用。

循環經濟是實現可持續發展的基本模式，循環經濟要求人們建立自然資源產品和再生資源用品的經濟新思維，要求從生產到消費的各個領域建立新的經濟規範和行為準則。因此綠色港口建設的全程從港口規劃、建設評估、完工啟用的過程、環境管理，要考慮循環經濟所要求的減量、再生和循環原則，以削減污染和保護環境、提高資源的有效運用。

按照生態學的要求，任何生產活動都要在生態系統加以觀察及尊重生態系統的協調關係。港口也是由社會、經濟、自然三個系統複合而成的生態系統，港口建設應綜合考量前述三個因素，港口的開發不應以犧牲生態環境為代價，對可能造成的生態影響及破壞進行合理的預測、評估，採取有效的生態復原措施，進行環境補償以將損害降到最低程度。

綠色港口建設規劃的主要內容：

1. 基礎性工作

(1) 港口陸域與海域環境現況調查：陸域建設情況、水域使用現況、海洋災害、動植物資源、沿海社經條件、建立污染源資料庫。

(2) 港口建設環境影響分析：敏感目標分析、計畫項目和選址分析、資源利用和環境影響分析、海岸環境影響分析、海洋生態結構分析、可持續姓分析。

(3) 港口區域環境容量分析：排放入海污染物種類、海域環境功能分析、制定排放分配、優化、減量及控制的方案。

(4) 綠色港口指標體系：建立環境品質及污染控制指標、生態環境指標、綠美化指標、經濟效益指標、管理能力指標及綜合性指標。

2. 重點性工作

(1) 港口污染防治：煤及礦產等裝卸污染、工業污水排放、養殖污染、都市生和廢水、船舶污染、污染管制計畫。

(2) 港區生態建設：生物資源調查、濕地保護、生物多樣性保護、養殖能量調查、海洋生態文化培育、建立海洋生態環境投資機制。

(3) 環境風險管理：突發性海洋事故監測技術與方案、船舶漏油處理技術與方案、貨物裝卸環境風險評估及對策、建立緊急應變機制。

(4) 環保基礎建設：分析環保設施的處理能量、環保基礎設施的建設計畫、環境監測的計畫、構建環境保護建設及管理體系。

(5) 綠色環境管理：結合環保及獎勵投資等相關法規，進行可行作業方案、調查及分析各機關分工及責任目標、構建環境管理平台，進行數據交換以完整環境監測、分析及控制的整合管理。

(6) 綠色獎勵措施：建立協調組織、增修管理法規、使用綠色運輸工具、綠色港口活動及建立人員的鼓勵措施。

臺灣港群的綠色港口計畫【註3】

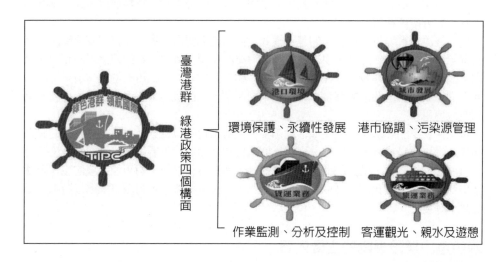

臺灣港群　綠港政策四個構面

環境保護、永續性發展　港市協調、污染源管理

作業監測、分析及控制　客運觀光、親水及遊憩

　　臺灣港務股份有限公司為實踐綠色港口的理念，兼顧經濟、環境及社會的永續發展，已於 2014 年開始推動歐洲生態港認證（Eco ports），並取得生態港認證複評，提升港區環境，創造港口與自然和諧發展。臺灣港群將兼顧經濟、環境及社會三個層面的永續發展概念納入，除基本的空氣、水質、土質的污染防制外，還透過不同的管理手法、具體建設與法規、規範要求等，從港口環境、港市發展、貨運環境及旅運業務不同構面，減輕港口從施工建設到營運所有環節對於環境、生態系統的影響。

臺灣港群國際商港取得Eco Ports認證

【註3】　綠港政策主題網 https://www.twport.com.tw/gp/

綠色港口認證的相關國際組織

生態港認證（Eco Ports Certification）為歐盟的歐洲海港組織（European Sea Ports Organization, ESPO）旗下生態環境永續物流鏈基金會（ECO Sustainable Logistic Chain, ECOSLC）提供歐洲及國際港埠檢視其港埠環境友善之認證，亦為目前國際唯一針對港埠所設計之環境認證檢視系統，可藉由推動認證過程中，整合港區管理系統情形及績效，藉由每兩年自行檢核及外部認證，進行滾動式修正，持續提升港口環境品質，進而改善附近社區及生態圈之品質。

亞太港口服務組織（APEC Port Service Network, APSN） 2016年起推動綠色港口認證（Green Port Award System, GPAS），是專屬亞太地區推廣綠色港口的機制，希望能以GPAS為亞太港口的最佳環保措施交流平台，互相分享最佳案例，提升亞太區域內港口合作及港部關聯產業營運的永續發展績效。

國際港埠協會（International Association of Ports and Harbors，IAPH）是目前國際上最有影響力之港埠組織，約有180個港口會員，臺灣港口也是會員之一。IAPH為鼓勵港口實施最佳管理經營方式，自2013年增設環境最佳管理獎項，頒贈港口環境獎（Port Environment Award），在2018年12月之後，變更計畫申請內容及評選方式推出「世界港口永續方案（World Ports Sustainability Program，WPSP）」，主要在展示港口之永續發展方案，凡是IAPH會員均可申請，申請的題材必須與韌性基礎設施、氣候和能源、安全、社區關係與港式對話或治理和道德等五大面向相關。

| 歐盟歐洲海港組織(European Sea Ports Organization, ESPO)的生態港認證(EcoPorts Certification) | 亞太港口服務組織(APEC Port Service Network, APSN) 的綠色港口認證(Green Port Award System, GPAS) | 國際港埠協會(International Association of Ports and Harbors，IAPH)的世界港口永續方案(World Ports Sustainability Program, WPSP) |

資料來源：生態港口魅力港灣 https://transport-curation.nat.gov.tw/greenport-museum/index.html

Unit 15-2 港埠環境影響

　　港埠是城市的對外窗口、國際貿易的綜合運輸體系一環，港埠的持續發展是必然的趨勢，港埠的建設必然對天然環境和資源產生影響，如水域、海岸線、土地資源的開發利用、碼頭的空氣污染、水質污染、以及運輸工具的碳排放等。

　　港埠為經濟發展提供重要推力的同時，也成為環境污染的主要來源之一，如何讓經濟發展與環境保護協調發展、自然環境與開發行為之間的矛盾能夠緩解，建立一個綠色低碳港口便成為一個重要的議題。

　　港埠雖然不是直接生產和加工生產商品的場所，也不是大量貨物消費的地點，但是港埠是重要的貨物集散中心，有大量的車船等運輸工具在此從事運輸作業，車船等是污染性較強的運輸工具（如排放廢氣、噪音），有些貨物性質也帶有一定的污染性（如粉末、危險物品），港埠的污染不僅有損港埠作業人員身心健康，也可能破壞海域生態平衡和城市發展。

港埠衍生的環境問題【註4】

1. **港區生態環境破壞**：港口開挖、浚深，改變海岸線、淺灘及濕地等，原有地形及地貌被改變，使動植物原有棲地及生存環境改變，海洋生態系統的平衡失衡，破壞生物多樣性。
2. **港口水域環境污染**：船岸油污染、工業及生活廢污水，造成港區水質污染，各式有機物、重金屬及廢油污等，造成動植物的損害，影響生態鏈的正常維持。
3. **港口陸域環境污染**：陸域環境涉及大氣、噪音和垃圾等方面，船舶和動力生產裝置（車輛和工廠）的粉粒及化合物；岸上噪音（機械、施工）及船舶噪音，都影響港區從業人員健康及都市居民起居生活和作息。
4. **港口環境事故風險**：進口化學品、危險物品的儲運等作業都存在著環境風險，管理法規、應變訓練、場所及設備標準、管理方式等如有不足，一旦發生事故可能造成不可估量的損害。

　　我國的海洋污染防治法、海洋基本法、商港法及國際性的聯合國海洋公約（UNCLOS）、防止傾倒廢物等物質污染海洋公約（倫敦公約）、防止船舶污染國際公約（MARPOL 73/78）等，都是防止海洋污染的法規。

港埠的污染因素

1. **港埠運輸方式**：運輸是使貨物產生位移的動作，各種作業機械與車輛所產生的廢氣排放、道路修建、運輸作業不當（貨物未固定、老舊車輛等）。
2. **港埠儲存保管**：港區都有大量貨物儲存，穀倉、油庫、油罐儲槽等，如有外洩或爆炸發生，都會造成大量污染發生。

【註4】 于航、白景峰，「綠色低碳港口建設理論與實例」，海洋出版社，2018 年

3. **港埠貨物包裝**：在運輸或保管的作業，會對貨物包裝裝處理進行保護，包裝材質的污染或廢棄時所造成的垃圾污染（木條、鐵線、塑膠包裝袋等）。

4. **港埠裝卸儲運**：港埠作業的過程如有規劃及操作不當，造成貨物損傷或資源浪費（油料、機具），廢棄物有可能造成污染（溢漏化學物）或經二次處理。

5. **港埠流通加工**：港口的簡易加工作業，各國貨物在港區加工產生廢氣、廢水及廢物的產生，增加資源的消費或過度包裝。

6. **港埠配送貨物**：物流作業爲了適應各種貨物及批量運送，有不同型式車輛交錯運行在港區及市區，增加對道路的大氣及噪音影響。

港埠的污染類型

1. **水域污染**：港口水域污染源主要來自船舶排放的廢油、作業廢棄物、動力裝置冷卻水、被污染的壓艙水、生活垃圾等；船舶事故或碼頭作業洩漏至水中；浚挖港區污泥所攪動的有毒物質，港區及市區未經處理排放的廢污水等。

2. **空氣污染**：港口空氣汙染主要來自有顆粒物質（PM）、揮發性有機化合物（VOCS）、氮氧化物（NOX）、硫化物（SOX）、一氧化碳（CO）、重金屬等，海上船舶主要以排放 NOX、SOX 爲主，港口污染染主要式船舶及車輛在航行減速及停止怠速的廢氣排放，散貨作業時的貨物逸散粉塵漂浮於大氣之中，以及車輛行進的揚塵與工廠鍋爐排放廢氣。

3. **噪音污染**：主要來自各種機械設備（堆高機、貨櫃搬運機、馬達運轉、船笛聲、廣播等）、車輛通行時（發動、刹車等）發出的噪音。

港埠各項污染來源

防止傾倒廢物等物質污染海洋公約

聯合國1972年制定「防止傾倒廢物等物質污染海洋公約」（Convention on the Prevention of Marine Pollution by Dumping of Wastes and Other Matter, London Dumping Convention），通稱「倫敦公約」，目的在管制世界各國利用海洋處理廢棄物於海洋；1996年並進一步訂定「倫敦公約1996年議定書」，除正面表列七類物質可考慮許可海洋棄置外，其他廢棄物均不得進行海洋棄置，並禁止廢棄物或其他物質出口至他國進行海拋或海上焚化。原則規定除疏浚泥沙、污水污泥、漁產加工廢棄物、船舶及平台或者其他人工海洋結構物、無機之地質材料、自然有機物質與主要成分為鐵、鋼、混凝土等類似無害材料之大體積等七大類物質外，不得進行海洋棄置作業。

我國相關法規：海洋污染防治法、海洋棄置許可管理辦法、海洋棄置費收費辦法

資料來源：行政院環境保護署
https://enews.epa.gov.tw/Page/3B3C62C78849F32F/179368c3-55db-4640-9569-f6cf710a97e3

循環經濟（Circular economy）

所謂循環經濟，是英國著名循環經濟（Circular economy）提倡組織——艾倫·麥克亞瑟基金會（Ellen MacArthur Foundation）於2012年的報告提出：「循環經濟具有可回復性及可再生性，其特性是透過創新設計，從一條完整價值鏈的系統，重新檢視各種經濟活動，建立資源循環圈，以取代人類既有的線性經濟模式。」

循環經濟保有綠色經濟（Green Economy）低耗、再生、環保等核心價值，在廢棄物處理上，除了Reduce（減量）、Recycle（回收）及Reuse（再利用）這3R之外，更進一步加入Redefine（重新定義）和Redesign（重新設計）的2R概念，透過重新設計產品和定義商業模式，打造新的生產循環鏈，重視資源使用效率，並完整規劃廢棄物循環再生模式，避免創造污染自然環境的「負資產」，最終並轉變消費型態與消費者觀念。

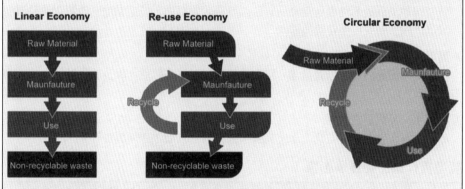

資料來源：Ellen MacArthur Foundation, https://ellenmacarthurfoundation.org/
圖片來源：https://en.ctimes.com.tw/DispArt.asp?O=HK24R8PO6IOARASTD2

Unit 15-3 港口環境監測

　　港口大都位於沿海大城市靠海側，周圍被城市及工業所包圍，港口的陸域及水域環境，除本身各類貨物作業產生的污染物，沿著港口周圍的生活及工業污水、固體垃圾傾倒和工程施工，也都是港口廢棄物污染的來源，此外船舶廢棄物也是污染一大來源[註5]。環境監測是因應環境影響評估需求，包括：環評階段、施工期間及營運期間之物化環境調查。

1. 氣體逸散測量

　　石化製程或揮發性有機液體儲槽之設備元件普查、檢測，異味污染物檢測，周界揮發性有機物檢測，紅外線攝影檢測。

2. 特殊性工業區空氣品質監測

　　依特殊性港區緩衝地帶及空氣品質監測設施設置標準，於適當地區設置空氣品質監測設施，採手動或自動監測法監測。

3. 聲音環境品質

　　環保法令規範的噪音振動量測、建築聲學現場測試與評估、噪音改善評估、水下噪音量測等。

4. 水質水文及底泥之量測

　　包括水質及水質即時監測、水文調查、底泥調查及海洋生態調查等。

乾散貨作業主要環境影響

類型	污染來源	主要成分／影響
水	壓艙水、機械沖洗、雨污水、地面抑塵用水	懸浮物、石油類
空氣	乾散貨作業、堆儲	粉塵、廢氣
聲音	進出港車輛、船舶及港區各種機械作業	噪音
固體廢棄物	作業垃圾、生活垃圾、船舶垃圾	垃圾
環境風險	煤炭堆置場	火災

液散貨作業主要環境影響

類型	污染來源	主要成分／影響
水	壓艙水、機械沖洗、雨污水、洗槽罐廢水	懸浮物、石油類
空氣	作業和儲存的氣體揮發	廢氣

[註5] 蔣江波、張立柱，「港口水環境污染與監測」，海洋出版社，2010 年。

類型	污染來源	主要成分／影響
聲音	進出船舶、汽車	噪音
固體廢棄物	作業垃圾、生活垃圾、船舶垃圾	垃圾
環境風險	儲存和作業	溢油、火災、洩漏

什雜貨作業主要環境影響

類型	污染來源	主要成分／影響
水	壓艙水、機械沖洗、雨污水、地面抑塵用水	懸浮物、石油類
空氣	礦石等雜貨堆存及作業	粉塵、廢氣
聲音	進出港車輛、船舶及港區各種機械作業	噪音
固體廢棄物	作業垃圾、生活垃圾、船舶垃圾	垃圾
環境風險	易燃雜貨	火災

貨櫃作業主要環境影響

類型	污染來源	主要成分／影響
水	壓艙水、機械沖洗、雨污水	懸浮物、石油類
空氣	貨櫃搬運、裝卸機械作業	粉塵、廢氣
聲音	進出港車輛、船舶及港區各種機械作業	噪音
固體廢棄物	作業垃圾、生活垃圾、船舶垃圾	垃圾
環境風險	危險物品	火災

辦公區主要環境影響

類型	污染來源	主要成分／影響
水	生活污水	懸浮物
空氣	機動車輛	粉塵、廢氣
聲音	進出辦公區車輛	噪音
固體廢棄物	生活垃圾	垃圾
環境風險	建築材料、辦公用品	火災

未來關注環境議題

　　氣候變遷及碳排放為國際港口關注的趨勢，港埠的碳減排已列入巴黎氣候峰會目標，該目標旨在將全球氣候暖化變化保持在 2°C 以下，港口當局與參與者可以合作

或開發技術，以減少來自航運、港口和陸上的二氧化碳排放。另外也試採取實現能源轉換改善空氣品質並刺激啟動循環經濟模式。以此面向解決之議題為能源效率、循環經濟、生物經濟、可再生能源、二氧化碳和基礎設施、清潔船舶獎勵措施及船舶替代性運輸燃料（LNG、電動）。

　　建設韌性基礎設施施（Resilient Infrastructure）亦為港口逐漸重視的議題【註6】，也因為港口相關的產業鏈結日漸關注氣候變遷的問題，與港埠相關的基礎設施需預測海上運輸和陸上物流的需求、適應氣候和天氣條件的變化，並與當地社區、自然和文化和平發展。港口韌性基礎設施計畫應針對不同極端氣候的影響施行各項行動，例如極熱氣候對設施管線之影響、港埠運作效益及勞工安全等；乾旱對空氣品質及揚塵等之影響；海平面上升及淹水對港口基礎設施之影響等。

 OECD（經濟合作暨發展組織）

經濟合作暨發展組織於1961年成立，總部在巴黎，目前計有38個會員國。OECD素有WTO智庫之稱，主要工作為研究分析，並強調尊重市場機制、減少政府干預，以及透過政策對話方式達到跨國政府之間的經濟合作與發展。

OECD所出版的環境監測報告，針對航運業對港口所造成的環境衝擊主要有三個部分：
1. 船舶引擎和裝卸作業時的機械噪音。
2. 船舶引擎排放CO_2, NO_X和SO_2的廢氣。
3. 裝卸穀物、砂土及煤灰所造成揚塵。
4. 進出港區的鐵路及公路車輛。

港口污染產生的原因：
1. 港口本身的作業活動。
2. 船舶到港作業產生。
3. 港區到內陸的複合運輸產生排碳。

資料來源：Environmental impacts of ports
https://www.oecd.org/greengrowth/greening-transport/environmental-impacts-of-ports.htm

---

【註6】　陸曉筠、張展榮、蔡宗勳，「港口對接聯合國永續方案之規劃及建設」，中國工程師學會，94卷 01 期，2021 年 3 月。

海洋污染（Ocean Pollution）

海洋面積占地球表面70.8%，其體積亦為陸地的36倍；在陸地資源漸被開採枯竭的未來，海洋生物資源將占有越來越重要之地位。1971年聯合國將海洋污染定義為：「任何人類所生之物質（或能量）直接或間接進入海洋環境中，致危害生物資源，有礙人體健康，阻礙漁業等之海洋活動，降低海水之使用品質，損害環境之舒適感等不利之影響」。1982年「海洋公約法」將海水污染源歸類為：(1)來自陸上污染，如農業、工業；(2)來自船舶之污染，如油料洩漏；(3)來自大氣之污染，如工廠廢氣；(4)來自廢棄傾倒之污染，如工業廢棄物；(5)來自海底探勘與開發之污染，如石油、天然氣之開採等。

「1982年聯合國海洋公約」將專屬經濟海域正式列入，各國紛紛畫定所轄專屬經濟海域，限制別國在本國範圍內之經濟活動，因此臨近海域資源之保育更為重要。為免於海域受污染，可透過經常性的海洋污染調查與監測以預防之。監測工作可確保海域水質是否符合規定標準，並可藉以進行污染源之調查、鑑定；長期監測並可收集水理與水質等基本資料，以作為擬訂法規之參考，同時海洋生態、生物之長期資料，方可作為環境影響評估之參考。

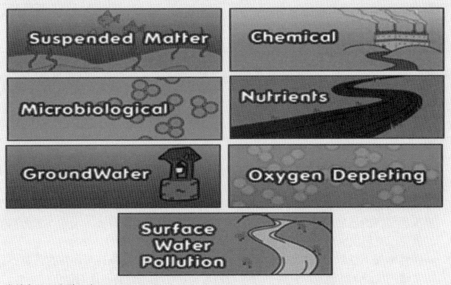

資料來源：海洋污染 (Ocean Pollution), https://terms.naer.edu.tw/detail/1308486/
圖片來源：http://www.envismadrasuniv.org/New%20kids_corner/Environment_1/Pollution_water_1.html

Unit 15-4 綠色港口指標

　　港埠發展帶來環境問題和能源消耗，如何配國際節能低碳趨勢及國家清靜家園政策，建設對環境友善的綠色港口，從最大能力發揮港口帶動經濟發展的動力，又協助將港口對環境和資源的使用壓力降到最低，建立科學、合理的港口指標，可供執行之遵循及檢驗成果之依據。

臺灣港群綠色港口推動方案四大構面

旅運	貨運	港口環境	城市／社區發展
以郵輪、旅運中心為主要環境績效提升目標	船舶、設備、陸運升級，提昇作業效率並減少污染	環境品質提升，強化港口永續經營	著重港市介面，綜合地方發展政策
·減輕郵輪造成之環境衝擊，如廢水、旅客廢棄物等 ·建構符合綠建築規範及節能減碳之旅運中心	·改善運輸貨物於海上及陸上產生之環境污染，如空氣污染、噪音等 ·推動裝卸設備之汰舊更新及電氣化	·優化港區環境品質，包括空氣、水質、綠化空間等 ·建立公司永續營運之環保企業形象	·發展港市水陸交界之親水遊憩空間 ·配合地方政府發展，推動港區業務及爭取支持港區建設

　　訂定綠色港口指標應是系統性、關聯性且具有準確性，在考慮設計及採用時，應注意以下原則：

1. **促進平衡發展**：港埠及海運運輸本是經濟發展的衍生需求，綠色港口就是求取環境保護與經濟發展的協調平衡，因此指標必須引導永續性發展，不是一味強調節約資源保護環境而放棄發展。
2. **科學性衡量**：任何指標必須符合科學性的要求，指標必須能有規範性的測量方式與準確的統計，才能有系統性的反映港口經濟、生態及社群關係的變化。
3. **開放性原則**：綠色港口指標是依國情、港口條件、發展策略階段性而定，應持開放性設計，而不是完整抄襲其他港口作法。
4. **可操作性**：指標數量需適量，如果過多會難以聚焦並花費過多人力及物力；盡量使用已有的統計資料，指標要能量化作分析。
5. **針對性**：對特定目標如港市發展、國際及國內法規規定，應建立相關指標以反映規劃及實施進度，也能展現具體對現況改善的回應。

6. **時效性**：港埠發展不是一成不變，它隨外在環境及內在條件而改變，指標除反映靜態結果，也能動態預測未來趨勢，使綠色港口能依港口發展需求而演變。

　2017年國際港埠協會（International Association of Ports and Harbors）決定發起建置世界港口永續方案（World Ports Sustainability Program, WPSP）[註7]，對接聯合國2030永續發展目標（Sustainable Development Goals, SDGs），以氣候與能源、社區和港口城市的對話、治理與倫理、韌性基礎設施、安全和保安五個面向提出全面性之作為，綠色港口的發展往港口永續性發展，已不單純是屬於職安與環保層級，而是整體港埠屬害關係人的共同投入努力。

國際港埠協會（International Association of Port and Harbors, IAPH）
世界港口永續方案（World Ports Sustainability Program, WPSP）
－氣候與能源（Climate and Energy）
－社區與港市的對話（Community outreach and port-city dialogue）
－治理與倫理（Governance and Ethics）
－韌性基礎建設（Resilient Infrastructure）
－安全與保安（Safety and Security）

1. **氣候與能源**：港口此面向解決之議題為能源效率、循環經濟、生物經濟、可再生能源、二氧化碳減量和基礎設施、清潔船舶獎勵措施及替代性運輸燃料。
2. **社區和港口城市的對話**：港口此面向解決之議題為利害關係人管理、永續發展報告、社區向外延伸、港市關係、就業、教育、空間規劃、港口定位、港口文化、港口運營效應外溢。
3. **治理與道德**：港口此面向解決之議題為透明、誠信、平權、機會、公平貿易、反腐敗、負責任的供應鏈。
4. **韌性基礎設施**：此面向解決之議題為港口規劃和設計、公私合作、融資、數位化和自動化、氣候適應力、與自然合作、生態系統管理。
5. **安全和保安**：港口在此面向解決之議題為網路安全、關鍵基礎設施保護、國際港口設施保全、航海安全、勞工安全、負責任的照護。

[註7] World Ports Sustainability Program, WPSP
https://sustainableworldports.org/

歐洲生態港認證申請方式

綠色港口的推動是重視對港口城市、周邊社區或利害相關人進行溝通,以達到人與環境、港口與社會平衡發展,兼顧經濟及環境的永續發展,透過使用較清潔的能源並提升能源效率,減緩全球氣候變遷,故獲得綠色港口或生態港認證能代表港口對環境品質提升的努力,進而提高其國際能見度及吸引力,增加港口投資機會及利害相關人的信心,以獲得市場優勢。

生態港認證(Eco Ports Certification)為歐盟的歐洲海港組織(European Sea Ports Organization, ESPO)旗下生態環境永續物流鏈基金會(ECO Sustainable Logistic Chain, ECOSLC)提供歐洲及國際港埠檢視其港埠環境友善之認證,目前臺灣七個國際商港均已經通過認證並每兩年參加複評。

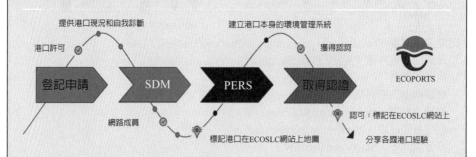

歐洲海港組織(European Sea Ports Organization, ESPO)-生態港認證步驟

資料來源:EcoPorts
https://www.ecoslc.eu/about

第十六章
智慧科技

Unit 16-1　產業演變
Unit 16-2　智慧船舶
Unit 16-3　智慧碼頭
Unit 16-4　智慧物流

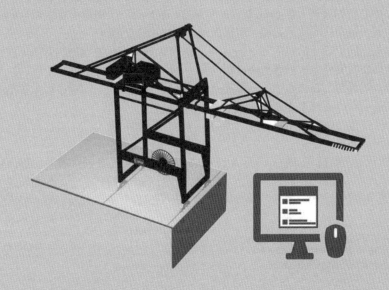

Unit 16-1 產業演變

從 18 世紀的工業革命開始，每一次新的科技出現都改變原有產業的運作模式，也對生產及服務提供新的思考方向，海運業從風帆船到蒸氣輪船、機械控制、數位化管理的船舶，也使提供船舶服務及作業的港口面臨新的數位化應用趨勢。

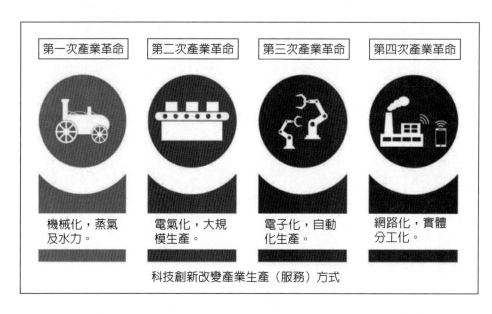

第一次產業革命	第二次產業革命	第三次產業革命	第四次產業革命
機械化，蒸氣及水力。	電氣化，大規模生產。	電子化，自動化生產。	網路化，實體分工化。

科技創新改變產業生產（服務）方式

資訊科技及網路化的發展使新的第四次產業革命（或工業 4.0）特點[註1]是：
1. 去中心化的決策（Decentralized decision-making）：網路與實體結合的系統，不似過去層級式的決策系統，可以對現況做快速的反應。
2. 透明化的資訊（Information transparency）：透過感知器獲得的資訊，在實體世界能很快複製分享，影響到感受與行動。
3. 技術的輔助（Technical assistance）：系統能協助人們對問題進行求解及決策時，能避免有危險或不安全的動作。
4. 交互運作（Interoperability）：裝置、感知器、機械及人們，可以透過通訊方式進行資訊連結。

資訊及通訊科技（Information & Communication Technology, ICT）的發展內容及一些應用方式，從機械化、自動化、資訊化及智慧化（網路化），對船舶航運、港埠作業及環境安全管理等，新科技對流程再造、組織運作及港埠效能定義，都將重新界定

[註1] The Evolution of Industry 4.0
https://www.iotcentral.io/blog/the-evolution-of-industry-4-0

其功能。

近年來全球航運及港口進行對智慧港口的推廣，何謂智慧港口（Smart port）？各方常有多種定義，從管理面是港口作業自動化蒐集資料進行正確商業決策並運作更有效率，概念是運用智慧科技提升港口效率及競爭力，在實施的過程不僅港埠受益也使整個海運供應鏈受惠[註2]。智慧港口從技術面是自動控制理論、計算機技術、網路通訊技術、資訊處理及管理等在港埠設備進行作業控制的綜合應用表現。

散貨碼頭發展

全球化的發展促進乾散貨（如煤炭、穀物、金屬礦石等）運輸量的增加，運輸船舶也愈來愈大，船舶結構也複雜化，相對應的港口碼頭與裝卸設備也日趨專業化及大型化。港口裝卸設備的操作人員的視覺能力和工作壓力在風雨、陰暗天氣下更加深工安風險及效率不易提升的困境，為了達到專業化碼頭作業能力、全天自動化連續作業的目的，智慧化的建設可使系統根據貨物儲存情形和作業計畫進行系統指令生成，控制裝卸設備，透過現場感知器回傳資料及監視系統，工作人員可監控作業情形。

貨櫃碼頭發展

自動化的貨櫃碼頭運用現代的資訊技術，結合人工智慧提高裝卸系統的可靠性和穩定度、提高裝卸設備的使用率，同時也實現節能減排的效果。透過人機分離、遠端遙控的操作方式，提高作業安全性改善職業安全的勞動條件，智慧化技術的應用大量減少較低技術的人力需求，並降低人力成本。自動化碼頭的發展歷程[註3]：

1. 以 1993 年荷蘭鹿特丹港 ECT 碼頭為代表，使用軌道式門型機（RMG）及自動導引搬運車（AGV）相結合的作業方式。
2. 以 2002 年德國漢堡港 CTA 碼頭為代表，也是採用軌道式門型機及自動導引搬運車相結合的作業方式。
3. 以 2015 年荷蘭鹿特丹港 Euromax 二期碼頭為代表，以橋式起重機和自動升降搬運車的遠端控制。

目前半自動化碼頭僅在貨櫃場進行自動化作業，全自動化碼頭僅岸邊起重機保留部分人力操作，在貨櫃場運輸及管制站的進出採取自動化。

[註2]　What is a Smart Port?
　　　　https://www.adv-polymer.com/blog/smart-port
[註3]　嘉紅霞、劉海威、楊陽，「港口智能控制」，上海科學技術出版社，2017 年。

智慧港口運用的智慧科技

全世界各大港口都在加速優化升級，透過5G、物聯網、人工智慧、無人載具、區塊鏈等智慧科技，藉以提高現有的作業效率，並朝向智慧港口的目標邁進。傳統的港口碼頭屬於人力密集作業，亟需藉助遠端控制技術以實現無人化；後來進展到自動化碼頭，透過網路實現遠端控制功能，並運用智慧科技開始進入數位化。

1. 人工智慧（Artificial Intelligence, AI）：指由人製造出來的機器所表現出來的智慧，通常人工智慧是指透過普通電腦程式來呈現人類智慧的技術。早期有類似決策支援系統或專家系統，今日透過機器學習方式，可進行碼頭作業的管理及控制。

2. 大數據（Big Data）：大數據又被稱為巨量資料，指數量龐大而無法以傳統方式處理的資料集合。港埠作業涉及資料的傳遞及作業協調，大數據可供商情分析及作業管理使用。

3. 區塊鏈（Blockchain）：藉由密碼學串接並保護內容的串連文字，記錄是不可變的共用分類帳，可在商業網路中促進記錄交易與追蹤資產的程序。海運文件透過此加密傳遞方式可供各方快速分享。

4. 物聯網（Internet of Things, IoT）：是一種計算裝置、機械、數位機器相互關聯的系統，並具有通過網路傳輸數據的能力，無需人與人、或是人與裝置的互動。資料可上傳供人工智慧及大數據分析使用，可應用在貨況追蹤、交通車流管理等。

| 人工智慧 | 大數據 | 區塊鏈 | 物聯網 |

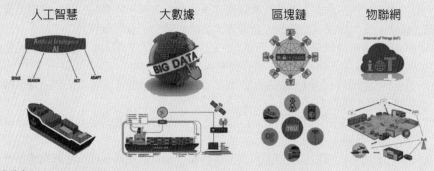

資料來源：What is a Smart Port?
https://www.porttechnology.org/news/what-is-a-smart-port/

⚓ 新加坡的智慧港口實驗室

為維持新加坡港在全球樞紐港的領先地位，新加坡海事港口局（MPA）進行港口智慧化的應用領域及技術研發的專責單位，從事四大領域的先期研究：無人作業系統及機器人、智慧型港埠基礎設施、資料自動蒐集及分析系統、人員安全（設施保全）及環保的環境，透過大型海事資料庫的建立及進行廣泛資料分析，運用各項資訊技術和建置各式應用平臺，因應未來無人船舶航行及無人機作業，建立新一代的船舶服務系統、運用雲運算及資料庫、分析模型建立等，以確保港口作業及環境的安全。

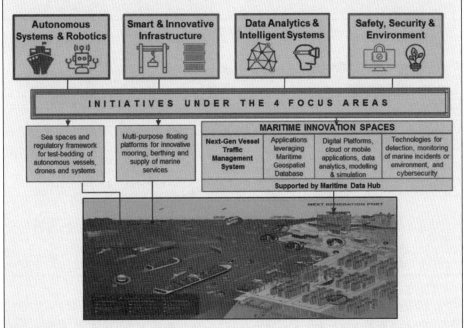

資料來源：MPA Living Lab Focus Areas
https://www.mpa.gov.sg/web/portal/home/maritime-companies/research-development/MPA-Living-Lab/MPA-Living-Lab-Focus-Areas

Unit 16-2 智慧船舶

智慧船舶（Smart ship）是近年國際航運和造船業積極發展的新船舶類型，由於船舶朝大型化、船舶營運及維護成本變高，以及船舶操作技術門檻更高，結合新的技術發展如遠端遙控、物聯網、高速通訊網路、節能技術、人工智慧的應用，可以大幅減少船上船員的配置及工作負擔，智慧船舶也因此而產生。

智慧船舶的數位轉換功能 [註4]

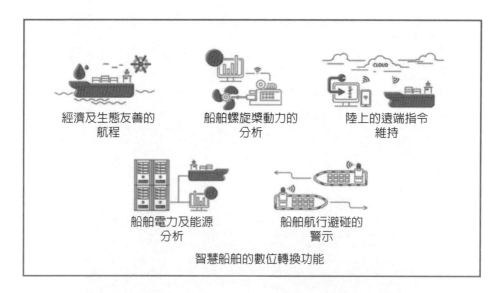

智慧船舶的數位轉換功能

為因應地球溫室效應的環保要求，以及國際海事組織（IMO）對海運業船舶設備的強制節能減碳要求，在船舶的動力使用效率、環保設備等，便需要智慧化的感測設備提出海上不同情況下合適航速調整及各項能源使用建議；海上發生船舶設備簡易故障時，為減少進港維修成本，透過岸上控制中心以衛星通訊進行遠端故障排除或視訊指導船員；為減少船舶在海上航行時因氣候變化、船員當值的人為過失等，容易造成船舶碰撞的事故，智慧化的導航及警示系統能協助增進船舶操作安全，這是智慧船舶基本發展項目。智慧船舶上的能源消耗、貨物資訊、設備狀態也可透感知設施回傳路上管理中心，增進船舶營運及管理調度效率。

自主航行船舶（Autonomous Ship）（又稱無人船或無人駕駛船，Driverless ship）

[註4] SMART SHIP SOLUTION
https://intertradegroup.net/services/smart-ship-solution/

是一種不需要船上人員介入操控，能由岸上人員遠距控制，或自動依據任務需求及行駛環境狀態，進行航行控制的水面船舶。依噸位大小及任務功能，無人船可區分為兩大類別：第一類為尺寸、噸位較小（通常船長在十公尺以下，滿載排水量在 10 噸以下）的自主式水面載具（ASV）；第二類為基於現有載人、載貨的有人駕駛船舶，透過遠端遙控（remote control）或自主駕駛（self-driving）技術與系統，使其具備無人駕駛功能的中大型船舶，這類無人船又稱為 Maritime Autonomous Surface Ship（MASS）[註5]。

自主航行船舶功能 [註6]

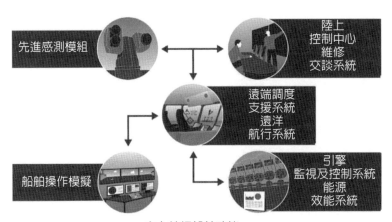

自主航行船舶功能

　　自主航行船舶的出現，特別是歐洲已發展出小型沿岸航行的貨櫃輪試驗，未來朝大型無人貨輪發展，對港口的衝擊是船舶進出港引水、靠離碼頭及航道避碰規則等，都將有異於現在人工指示及交談式模式，通訊及自動導航系統、海事管理規則將會有重大改變。

[註5]　熊治民，「自主航行船舶 (無人船) 發展趨勢」，經濟部技術處。
　　　https://www.moea.gov.tw/MNS/doit/industrytech/IndustryTech.aspx?menu_id=13545&it_id=202
[註6]　Autonomous Ships Are on Their Way
　　　https://www.powerelectronics.com/technologies/power-management/article/21863960/autonomous-ships-are-on-their-way

智能航運與智能船舶

智能航運定義

是傳統航運要素與現代信息、通信、傳感和人工智能等高新技術深度融合形成的現代航運新業態，主要包括智能船舶、智能港口、智能航保、智能航運服務和智能航運監管等5個方面的基本要素。

智能船舶定義（中國船級社智能船舶規範）

指利用傳感器、通信、物聯網、互聯網等技術手段，自動感知和獲得船舶自身、海洋環境、物流、港口等方面的訊息和數據，並基於計算機技術、自動控制技術和大數據分析技術，在船舶航行、管理、維護保養、貨物運輸等方面實現智能化運行的船舶。以使船舶更加安全、更加環保、更加經濟和更加可靠。

資料來源：張德文，「智慧綠色集裝箱碼頭」，清華大學出版社，2020 年。

我國財團法人驗船中心，智能船舶（Smart ship）是為了特定目的運用級整合現代資訊技術、計算機網路技術和智能控制技術，應用在評估、診斷、預測及決策等方面，具有以下的特點：
1. 感知（**Perception**）：能感測外界及獲得外部資訊
2. 記憶及思考（**Memory and thinking**）：經由儲存與思考來提升從外界獲得的資訊及知識，同時進行對資訊的分析、計算、比較、判斷、協調及決策，以創造有用的知識。
3. 學習及自我調適（Learning and self-adaptability）：藉由持續的學習及累積知識，經與環境的互動，能夠因應環境的變化。
4. 行為決策思考（**Behavioral decision making**）：能回應外部的刺激、進行決策及轉換相關知識。

資料來源：GUIDELINES FOR SMART SHIPS，財團法人驗船中心。
https://www.crclass.org/chinese/content/publications/guidelines/download/18-Guidelines%20for%20Smart%20Ships%202020/GD-SMT-202002.pdf

德國貨櫃 4.0 版的智慧船舶

德國在工業製造4.0的政策構想下，提出智慧製造的發展方向，針對海運貨櫃運輸往智慧船舶進行研發，歐洲國家發展智慧船舶因素一部分是為海洋生態環境保護，發展環保船（Eco Ship）運用科技監控進行節能減碳，另一因素是為減少人力成本及人為管理疏失的危害風險，運用資訊及通訊技術（ICT）及物聯網（IOT），進行船舶航行及貨物保存（鮮）的監控及管理，感測器及遠端監控技術的發展，使智慧船舶的發展將影響物流及供應鏈的作業銜接。

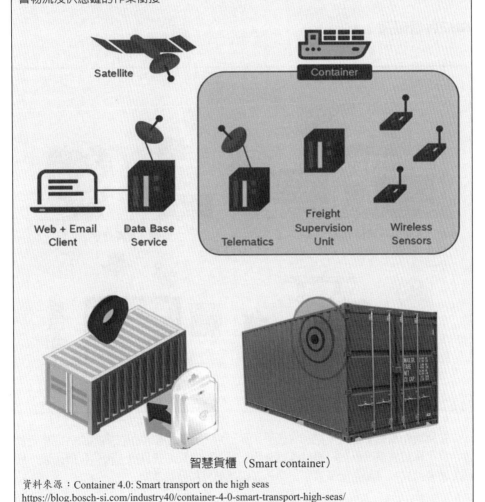

智慧貨櫃（Smart container）

資料來源：Container 4.0: Smart transport on the high seas
https://blog.bosch-si.com/industry40/container-4-0-smart-transport-high-seas/

Unit 16-3 智慧碼頭

貨櫃碼頭（Container terminal）是指包括港池、進港航道、船席等水域及貨櫃集散站、碼頭前沿等區域範圍，能夠容納完整的貨櫃裝卸操作的場所。貨櫃鬼碼頭的進口卸櫃作業約可分為資訊蒐集與處理、作業規劃與調度和實際作業，資訊蒐集與處理是各項業務的第一步準備工作，也是資訊系統運作的數據來源，作業計畫與調度是對貨櫃碼頭的作業機具調度及流程安排，實際作業是工作人員根據控制中心的調度安排進行實際裝卸作業。【註7】

傳統貨櫃碼頭

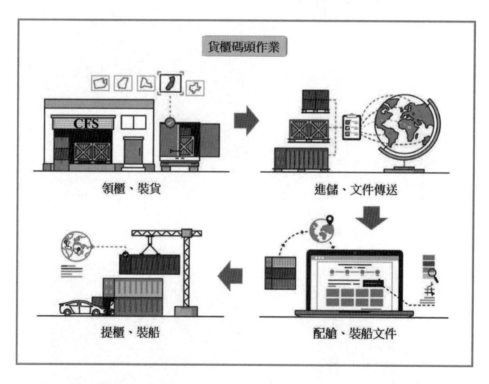

由於貨櫃船舶愈來愈大，從航次經濟核算分析，允許船舶停留在碼頭的時間相對較少，為了保證貨櫃碼頭在碼頭以最短時間及經濟方式裝卸完貨櫃，現代貨櫃碼頭一般都配備專門化、自動化、高效率化的裝卸搬運機械和控制系統。

【註7】 沈陽、譚劉元，「智慧碼頭」，南京大學出版社，2018 年。

　　貨櫃碼頭裝卸技術系統由船舶裝卸、碼頭 - 貨櫃場的水平運輸及貨櫃場堆存作業三個環節組成，碼頭作業效率是三個環節的綜合表現。提高貨櫃碼頭作業效率關鍵在於提高三個環節的運作速度、自動化程度及合理配置設備數量，確保整個流程能銜接且高速運轉，盡可能提高裝卸系統中各環節的操作自動化，以滿足貨櫃船舶對碼頭作業效率的高要求。

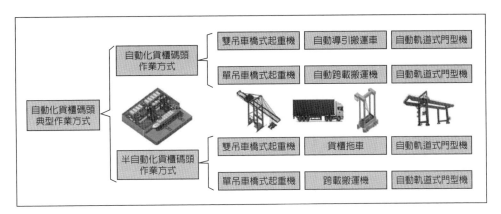

　　在智慧化貨櫃碼頭主要三個作業環節中，即由貨櫃橋式起重機、軌道式門型起重機、拖車或自動導引搬運車所組成的碼頭裝卸系統，其中軌道式門型起重機因設在固定範圍的設定路徑，更易於實現自動化作業。在貨櫃碼頭的水平搬運的自動化作業，涉及許多隨機的路徑選擇決策和交通規劃等智慧化問題，需要高度可靠的自動定位和追蹤系統技術支撐。由於船舶在波浪和風力情況的運動具有不可預測性，船舶的設計和結構差距很大，目前對船邊作業的橋式起重機還沒有完全實現自動化，主要自動化表現是在櫃場的作業[註8]。

　　目前傳統貨櫃碼頭的升級改造主要是以提升自動化、智慧化、減少人力投入、降低能源消耗為目標，主要的改造方式包括以下幾種：

1. **起重機遠端搖控技術**：將櫃場使用的軌道式門型起重機、輪胎式門型起重機，由機上人工操作改造為中央控制室遠端監控或一臺起重機由多個監控臺控制，達到基本半自動化的程度。

2. **水平運輸設備升級為無人搬運車、無人跨載機**：由於衛星定位系統和 5G 通訊傳輸技術的應用日漸成熟，可以對人工駕駛拖車的區域進行封閉式管理，實行無人化作業管理。

3. **加強自動化輔助系統與設施**：如管制站、理貨系統、智慧監控、貨櫃定位等，較為人所忽視，但會影響整替運作效率。

[註8]　楊小明、宓為建、陶其鈞，「自動化集裝箱碼頭設計與仿真」，上海科學技術出版社，2016年。

4. **貨櫃拖車作業系統**：利用人工智慧及自動掃描識別技術，提高拖車進場尋櫃及交提櫃的作業效率，減少拖車等待時間。
5. **通訊網路的更新**：未來通訊速度愈快，櫃場貨櫃各項作業的資訊交換、貨櫃定位、貨況追蹤、作業規劃系統，將普遍應用新一代通訊網路以取代人工指揮。

自動化貨櫃碼頭^{【註9】}

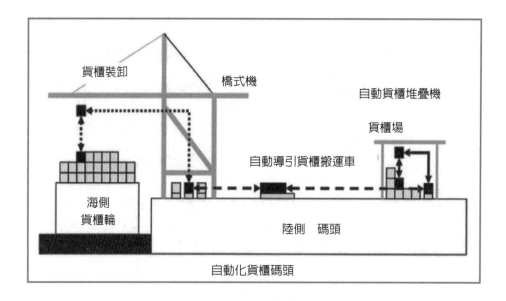

　　未來的智慧化碼頭進一步運用了作業研究、系統工程理論和先進的自動控制技術，能根據貨櫃進出港資訊，在最少人工參與下，自動完成貨櫃堆存規劃、船舶配艙和作業設備調度計畫。對各個裝卸搬運設備進行調度控制和管理、實施貨櫃裝卸和搬運的無人化、從安全、效率及節能下作最佳作業路徑安排、貨櫃與搬運設備、場地進出進行互聯網的資訊傳遞，與海關及港口管理機關進行電子資料交換，都是各國現階段智慧化碼頭的實施現況。

【註9】 Routing automated guided vehicles in container terminals through the Q-learning technique
https://media.springernature.com/lw785/springer-static/image/art%3A10.1007%2
Fs12159-010-0042-5/MediaObjects/12159_2010_42_Article_Fig1_HTML.gif

貨櫃碼頭作業（Container Terminal Operation）

貨櫃碼頭作業系統是按設定的貨櫃裝卸技術所組成，由人員、設備、基礎設施構成的作業系統。貨櫃碼頭裝卸作業方式一般採用垂直作業吊上及吊下方式，即在碼頭岸邊設置貨櫃起重機（Quay crane, QC），俗稱貨櫃橋式起重機進行貨櫃進出艙的裝卸作業。

碼頭上的貨櫃是以水平搬運和貨櫃場作業來完成貨櫃的儲轉及翻櫃作業，貨櫃的裝卸技術使用拖車（Trailer）、自動導引車（Automatic Guided Vehicle, AGV）、跨載機（Straddle carrier）、輪胎式門型機（Rubber-Tired Gantry crane, RTG）、軌道式門型機（Rail-Mounted Gantry crane, RMG）。

目前在實施碼頭自動化的關鍵技術包含有兩類，一是資訊與通訊（ICT）技術，如無人化、定位、即時通訊技術；二是系統的最佳化規劃決策技術，此外是作業的標準化也是很重要。

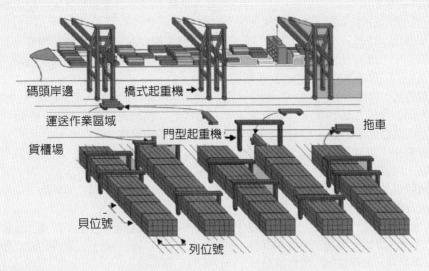

資料來源：Quayside container transport at an automated container terminal
https://www.researchgate.net/figure/Quayside-container-transport-at-an-automated-container-terminal_fig2_301271664
劉晉川、金淳，「港口作業系統與設備前沿技術」，人民交通出版社股份有限公司，2017年。

Unit 16-4 智慧物流

　　智慧物流（Smart logistics）【註10】的發展，是國際物流業作業演化的過程，也符合智慧科技發展的自動化、網路化、視覺化、即時追蹤及智慧監控的發展趨勢，也是在電子商務、物聯網及供應鏈等發展基礎上，滿足物流業對客戶服務要求而發展出的物流智慧化結果。

　　計算機技術的出現及大量應用，使物流業進入電子化時期，資訊技術開始成為物流業的助力，最為典型的技術是條碼（Bar code）及電子資料交換（EDI），使用條碼（電子標籤）使物流系處理貨物的儲放、檢貨及貨物追蹤作業變成是即時可供查詢，電子資料交換透過網路來進行更大範圍的連結，應用到物流主要環節的線上訂貨、庫存管理、發送貨管理、報關和金融支付。

　　隨著智慧標籤、無線射頻識別技術（RFID）、電子資料交換、全球定位系統（GPS）、地理資訊系統（GIS）、智慧交通系統（ITS）等應用系統日益成熟，相對應出現智慧物流應用的雛形，包括倉儲管理、冷鏈管理、貨櫃運輸管理、電子商務等，透過物聯網的聯結，智慧物流未來發展的特點：

1. **智慧化**：隨著人工智慧技術、自動化及資訊技術的發展，智慧化應用程度將不斷提升，不僅侷限於庫存的管理、運輸路徑的選擇、自動追蹤控制、自動檢貨、物流中心的管理等問題，都會賦予新的內容。
2. **整合化**：物流活動包括企業內部的活動、企業與企業（B2B）、企業與人（B2C）之間的全部物流活動，以智慧物流管理為核心，將物流過程中運輸、倉儲、配送、裝卸等環節整合，以最低成本提供客戶最滿意的服務。
3. **客製化**：以客為尊的理念，依客戶需求提供高度可靠、特殊性、附加價值的服務，以增加客戶滿意度。
4. **國際化**：隨著全球貿易增加及區域經濟整合，更多貨物在過國之間移動，物流設施及作業更趨於標準化、規模更大。

　　智慧物流作業【註11】，指企業運用現代化資訊技術對物流過程產生的全部或部分資訊進行蒐集、分類、傳遞、彙整、辨別、追蹤、查詢等一系列活動，以實現物流活動輔助市場交易、業務控制、工作協調、支持決策擬定等功能。

【註10】 王喜富，「物聯網與智能物流」，清華大學出版社／北京交通大學出版社，2014 年。
【註11】 Smart Logistics
　　　　 https://umento.sg/smart-logistics/

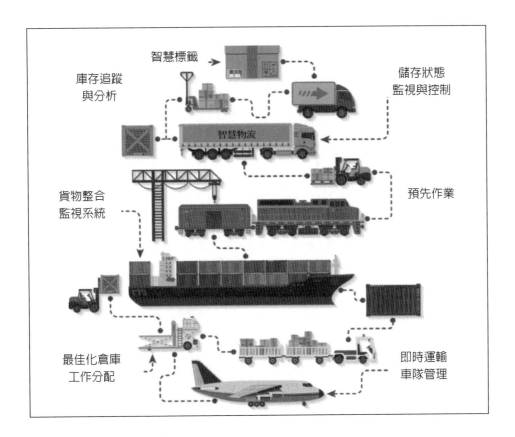

主要的智慧物流應用技術

1. 自動辨識及資料蒐集（**Auto Identification and Data Collection, AIDC**）：應用條碼及無線射頻識別技術等自動蒐集資料。
2. 電子資料交換：資料格式標準的統一以加速商業文件資料的交換。
3. 定位及地理資訊系統：應用在運輸工具追蹤及貨物位置管理。
4. 倉儲管理資訊系統：進行貨物儲位及庫存、檢貨等的工作管理。
5. 公共平台：提供市場參與者資料傳遞、交換、處理及查詢場所。
6. 資料庫及大數據：蒐集資料經分類、加工、挖掘成有用的決策資訊。
7. 人工智慧：機器模擬人類直覺思考的類神經網路，學習協助解決複雜的問題。

物聯網（Internet of Things, IOT）

只要是物品之間透過感知介面聯通而成的網路，都算是物聯網的範圍；而進一步與電信網路無縫連接，最終形成物與物的訊息交換。物聯網強調物與物的互聯，使現實世界所有物品都有數字化、標籤化標示，方便人們識別、管理與共享。

物聯網強調「Any Things Connection」，而「Thing」不但包括現實世界的物（Object），也包括各種計算設備與虛擬空間的人工物體（Artifact）及使用人（Human）。物聯網實際上是包含了物與物之間、人與物之間、人機之間、人與人之間的互聯，現階段是以現實世界中萬物（Object）的互聯為主。

物聯網透過訊息蒐集過程，將實體的「物」轉換為訊息及數據，訊息在網路中經過一定標準和規範傳送，最終經由「人」來進行操作及管理，實現對「物」的控制。物聯網是將物、人及作業環境結合，讓整個作業過程自由運作。依據國際電信聯盟（ITU）對物聯網的聯接性有三個特點：

1. 任何時間的聯接性（Anytime Connection）
2. 任何地點的聯接性（Any place Connection）
3. 任何物體的聯接性（Anything Connection）

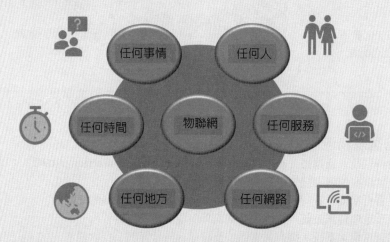

物聯網強調物與物的互聯，透過各種感知器的訊息傳送將各種物體聯通而形成的網路。

資料來源：Internet of Things Applications, Challenges and Related Future Technologies
https://www.researchgate.net/figure/Internet-of-things-Concept_fig1_313651150

第十七章
新南向相關航港組織

Unit 17-1 東南亞區域
Unit 17-2 東協區域內次級國際組織
Unit 17-3 南亞區域
Unit 17-4 南太平洋區域

Unit 17-1 東南亞區域

　　東南亞是臺灣主要外貿地區,特別是新加坡、越南、菲律賓、馬來西亞、印尼、泰國,也有陌生的寮國(老撾)、柬埔寨、東帝汶等國,有中南半島湄公河流域國家,也有海洋島嶼國家,麻六甲海峽及南中國海也是東西方主要近洋、遠洋航線交會地區,也是各國區域新興港口崛起的地區。

東南亞(Southeast Asia)

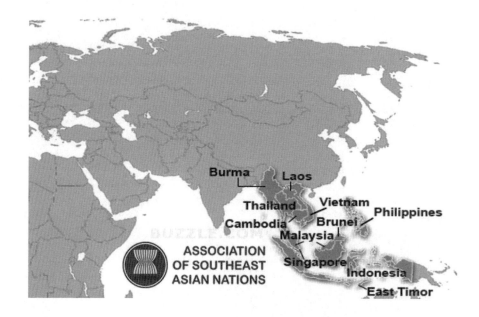

◎ 緬甸(Republic of the Union of Myanmar, Myanmar, 舊稱 Burma),首都:奈比多(Nay Pyi Taw)。
◎ 泰國(Kingdom of Thailand, Thailand),首都:曼谷(Bangkok)。
◎ 寮國(Lao People's Democratic Republic, Laos),首都:永珍(Vientiane)。
◎ 柬埔寨(Kingdom of Cambodia, Cambodia),首都:金邊(Phnom Penh)。
◎ 越南(Socialist Republic of Vietnam, Vietnam),首都:河內(Hanoi)。
◎ 印尼(Republic of Indonesia, Indonesia),首都:雅加達(Jakarta)。
◎ 馬來西亞(Malaysia),首都:吉隆坡(Kuala Lumpur)。
◎ 菲律賓(Republic of the Philippines, Philippines),首都:馬尼拉(Manila)。
◎ 新加坡(Republic of Singapore, Singapore),首都:新加坡(Singapore)。
◎ 汶萊(Nation of Brunei, the Abode of Peace, Brunei),首都:斯里巴卡旺(Seri

Begawan）。

◎ 東帝汶（Democratic Republic of Timor-Leste, East Timor or Timor-Leste），首都：
狄力（Dili）。

◎ 湄公河（Mekong river）流經中國大陸西藏自治區、雲南省、寮國、緬甸、泰國、
柬埔寨和越南等國區域，為各國最大內河運輸河流。

主要國家機關（構）介紹

1. 菲律賓海運產業局（Maritime Industry Authority, MARINA）

是菲律賓運輸部（Department of Transportation）的下屬機關，於 1974 年 6 月 1 日
成立，是負責全國海運產業活動的發展、行銷及管制等。

Maritime Industry Authority（MARINA），https://marina.gov.ph/

2. 菲律賓港務局（Philippines Ports Authority, PPA）

是菲律賓運輸部（Department of Transportation）的下
屬機關，於 1975 年成立，總部設於馬尼拉，負責督導
全國的海港，在呂宋（Luzon）島的 Manila（馬尼拉）、
Batangas（八打雁）、Subic（蘇比克）為主要國際商港；
在維薩亞斯（Visayas）島的宿霧港（Port of Cebu）另有
成立獨立管理的港務局。

Philippines Ports Authority（PPA），https://www.ppa.com.ph/

3. 菲律賓主要港口

菲律賓重要的海港為 Manila（馬尼拉）、Batangas（八打雁）、Subic（蘇比克）、
Cebu（宿霧）、Iloilo（怡郎）、Davao（達沃, 納卯）、Cagayan de Oro（卡加延德奧
羅）、Zamboanga（三寶顏）。

(1) 馬尼拉北港區公司 Manila North Harbour Port, Inc.（MNHP）
　　https://northport.ph/Site/

(2) 亞洲碼頭公司 Asian Terminals Inc.（ATI）
　　https://www.asianterminals.com.ph/

(3) 蘇比克灣管理局（Subic Bay Metropolitan Authority, SBMA）
　　http://www.mysubicbay.com.ph/
　　Subic Bay International Terminal Corp.
　　https://www.ictsi.com/what-we-do/our-terminals/subic-bay-international-terminal-corp

(4) 達沃港（Port of Davao）
　　International Container Terminal Services, Inc., ICTSI

https://www.icontainers.com/ports/davao/

(5) 宿霧港務局（Cebu Port Authority, CPA）

https://www.cpa.gov.ph/

1. **馬來西亞運輸部**（Ministry of Transport, Malaysia）

OFFICIAL PORTAL
MINISTRY OF TRANSPORT
MALAYSIA

　　馬來西亞運輸部是屬中央機關設有民航、陸運、航運、物流及國際關係等單位，總部設在行政首都 - 布城（Putrajaya）舊稱爲太子城，運輸部在各主要國際港口除設有港務管理機關並將港口業務對外開放民營公司經營。

http://www.mot.gov.my/en/maritime/ports-in-malaysia

2. **馬來西亞主要港口**

(1) 巴生（Port Klang）

https://www.pka.gov.my/index.php/en/

北港 - North Port, Northports Sdn Bhd

西港 - West Port, Westports Sdn Bhd

(2) 柔佛（Johor Port）, Johor Port Sdn Bhd

http://www.johorport.com.my/

(3) 關丹（Kuantan Port）, Kuantan Port Consortium Sdn Bhd

http://www.lpktn.gov.my/lpktn/index.php/en/

(4) 民都魯（Bintulu Port）, Bintulu Port Sdn Bhd

http://www.bintuluport.com.my/

(5) 丹戎帕拉帕斯（Tanjung Pelepas Port）, Port of Tanjung Pelepas Sdn Bhd

http://www.ptp.com.my/

(6) 檳城（Pulau Pinang Port）, Penang Port Sdn Bhd

http://www.penangport.com.my/

1. **越南海港協會**（Vietnam Seaport Association, VPA）

　　越南海港協會是由越南海事局（Vietnam Maritime Administration）於1993 年 11 月向越南交通部（Ministry of Transport）提案成立，1994 年 8 月在胡志明市成立，會員是由越南北中南三大區域的港口、碼頭公司參加，提供航運知識及港口意見交流、合作的平台。

http://www.vpa.org.vn/

Vietnam Maritime Administration

http://www.vinamarine.gov.vn/en

2. 越南有 114 個海港，按北中南三區域分為海防、峴港及胡志明港等三大港群：

(1) 海防港（Port of Haiphong），海防港位於越南北部，是首都
河內重要的門戶和中轉站，也是越南北方最主要的港口。位
於越南東北沿海京泰河下游，紅河三角洲東北側，瀕臨北部
灣的西北岸，是越南北方最大的海港。
Port of Haiphong Join Stock Company
https://haiphongport.com.vn/en/home.html

(2) 峴港（Port of Da Nang），峴港是越南中部的中央直轄市，位於中部沿海韓江口
西岸。峴港是越南第四大城市，僅次於胡志明市、河內市和海防市，是越南中部
最大及重要的港灣城市之一。
https://danangport.com/
國營越南國家航運公司（Vietnam National Shipping Lines）管理峴港
http://vinalines.com.vn/en/home/

(3) 胡志明港（Port of Ho Chi Ming City），越南安江省附近
的海港就是胡志明市，胡志明市位於西貢河，本身是越南
最大的港口，底下的 CAT LAI、NEW PORT、ICD（各個
公司貨運集散站）、VICT 都是屬於它的碼頭。
TỔNG CÔNG TY TÂN CẢNG SÀI GÒN
SAIGON NEWPORT CORPORATION
Saigon Newport Corporation
https://saigonnewport.com.vn/en/Pages/default.aspx

1. 泰國海事處（Marine Department）

　泰國中央政府交通部（Ministry of Transport and Communications）
下屬單位，海事處四大工作項目：1. 負責水上運輸秩序及安全、1. 海
運相關業務（含造船）發展及人才訓練、3. 水上觀光運輸推廣、港
口設施更新及安全，以及 4. 海洋與河道環境保護、污染防治。
　Marine Department, http://www.md.go.th/en/

2. 泰國港務局（Port Authority of Thailand, PAT）

　泰國中央交通部（Ministry of Transport and Communications）監
督的國營企業單位，並管理與營運其他泰國的港口，於 1951 年依
港務局法（Port Authority Act B.E. 2494）成立，管理曼谷港，因曼
谷港是位於昭披耶河（The Chao Phraya River），發展受限水深限
制，後續再興建其他深水海港（Laem Chabang）。PAT 並與民營碼
頭公司如香港和記港口控股（泰）公司（Hutchison Ports Thailand）及新加坡國際
港務集團（PSA International）合作營運林查班港（Laem Chabang）貨櫃碼頭。
Port Authority of Thailand, PAT, http://www.port.co.th
泰國主要港口
(1) 清萊港（Chiang Saen Port）北部湄公河的河港
(2) 清孔港（Chiang Khong Port）北部湄公河的河港

(3) 曼谷港（Bangkok Port）南部昭披耶河的河港
(4) 林查班港（Laem Chabang Port）南部海岸近曼谷的海港
(5) 拉廊港（Ranong Port）西南海岸
(6) 宋卡港（Songkhla Port）西南海岸

1. 印尼海洋事務與漁業部（Ministry of Marine Affairs and Fisheries）

負責海運政策及事務，總部設在首都－雅加達。https://kkp.go.id/

印尼目前有 24 個商港分布在 Sabang（沙邦，蘇門答臘），Medan（棉蘭，蘇門答臘），Batam（巴淡，廖內群島）和 Pontianak（坤甸，西加里曼丹）等區域。印尼的五個主要海港：

雅加達（Jakarta），爪哇島

Tanjung Priok Port, https://www.indonesiaport.co.id/tanjung-priok-port

泗水（蘇臘巴亞）（Surabaya），爪哇島

Port of Surabaya, https://www.icontainers.com/ports/surabaya/

棉蘭（Medan），蘇門答臘島
美娜多（萬鴨老）（Manado），蘇拉威西島
望加錫（錫江）（Makassar），蘇拉威西島

2. 印尼港務公司（The Indonesia Port Corporations or PT Pelabuhan Indonesia（Pelindo））

是國營公司，負責治理、管制、維護及營運印尼的港口，港務公司的數目是依據所在區域的港口數目，從西方的蘇門答臘（Sumatra）島到東方的巴布亞（Papua）島，共設立印尼第一～第四港務公司（Pelindo I～ IV）。

(1) Pelindo Ihttps://www.pelindo1.co.id/en/default.aspx
(2) Pelindo IIhttps://www.indonesiaport.co.id/en#close
(3) Pelindo IIIhttps://www.pelindo.co.id/id

(4) Pelindo IV.https://www.inaport4.co.id/

1. 汶萊航港局（MPABD）

是 2017 年 9 月依法成立的公司董事會組織，負責港口及海運的推廣、營運及管理等事項，同時也是汶萊政府就港口及航運領域在國際海事組織及東協的組織代表。

Maritime and Port Authority of Brunei Darussalam（MPABD）

http://www.mpabd.gov.bn/Theme/Home.aspx

角色及責任

・監控港口限制區域、航道及港口鄰近區域。

‧對海運及港口服務進行許可及管制。

‧推廣港口及航運事業的應用及發展。

‧提供汶萊水域的海上急難救助。

‧規範商船的海上安全、船舶管理及污染防治。

‧對海運及港口的服務與設施，提供經濟及管制的架構。同時代表汶萊擔任國際組織有關海事、海運及港口的組織代表。

汶萊麻拉（穆阿拉）港（Port of Muara）是由汶萊政府的達魯莎蘭資產資產公司（Darussalam Assets Sdn Bhd）與中國大陸北部灣控股（香港）有限公司（Beibu Gulf Holding（Hong Kong）Co., Ltd.）於 2017 年 2 月合資成立貨櫃碼頭管理公司，2018 年 7 月接管原有的傳統碼頭後，整個港口公司全部接管摩拉港的營運及管理業務。

https://www.muaraportcompany.com.bn/

1. **緬甸交通部**（Ministry of Transport and Communications, Myanmar）

　　這是中央機關之一，負責航運、港口及通訊業務，網站只有緬甸文的內容說明。

https://www.motc.gov.mm/

2. **緬甸海運處**（Department of Marine Administration, Myanmar）

　　是中央政府交通部的下屬機關，成立於二戰前，1972 年 5 月 16 日更名為現在的 DMA，主要職責為航政的船舶、船員及安全管理及國內沿岸航運監理。

https://dma.gov.mm/category/home/

3. **緬甸港務局**（Myanmar Port Authority）

　　主管緬甸港口營運，特別是歷史悠久（英國統治時期的 1852 年）的仰光港，以及與仰光港位於同一仰光河的其他河港、其他邦的海港（Pathein、Mawlamyine Port、Thantwe Port、Sittwe Port、Kyaukphyu Port、Myeik Port、Kawthaung Port、Dawei Port），前身曾數次變動港口管理單位及名稱，1972 年 3 月 16 日組織變更為緬甸港務公司，1989 年 3 月 31 日又更名回為緬甸港務局。

http://www.mpa.gov.mm/

4. **緬甸的深水海港**

　　實兌（Sittwe）、皎漂（Kyaukphyu）、坦德威（Thandwe）、勃生（Pathein）、毛淡棉（Mawlamyine）、仰光（Yangon）、德威（Dawei）、丹老（墨吉）（Myeik）、高當（Kawthaung）。

(1) 仰光港（Yangon port）

亞洲世界港碼頭 Asia World Port Terminal（AWPT）
https://www.asiaworldport.com/index.php/en/about-us
緬甸迪拉瓦國際碼頭 Myanmar International Terminals Thilawa（MITT）
https://www.mitt.com.mm/
(2) 實兌港（Sittwe）
Sittwe Port, http://www.mpa.gov.mm/facts-figures/sittwe-port

1. 新加坡海事港務局（Maritime and Port Authority of Singapore）

新加坡全國航港業務係由新加坡海事港務局（Maritime and Port Authority of Singapore 簡稱 MPA）所主管。該局係依據 1996 年 2 月正式公布施行的「新加坡海事及港務局法（Maritime and Port Authority of Singapore Act 1996）」成立。

「新加坡海事港務局」為一官方機構，於 1996 年 2 月依「新加坡海事及港務局法」（Maritime and Port Authority of Singapore Act 1996）及合併港灣部（Marine Department）、國家海事委員會（National Maritime Board）、原屬 PSA 之航港行政公權力部門（Regulatory departments of the former Port of Singapore Authority），為一人事、採購、預算、會計、決算、財務獨立單位之公法人組織，主要收入來源為商港服務費（port dues）及提供港灣服務之收入（marine services），與「新加坡國際港務集團公司」（PSA）純商業港務經營完全不同。

新加坡海事港務局之法定職權如下：

1. 執行新加坡交通部賦予之權限，管理新加坡港內船舶交通，確保港口及海運航行安全，維持乾淨的海洋環境，扮演管理與特許港口海運業務及海事設施如燈塔、標竿、浮筒及其他助航設施之港口當局之角色。
2. 與外國政府代理及海事工程夥伴合作，成就全球領先之海運與港口聯絡中樞，吸引船東及經營者核心集團於新加坡設立為目標，促進海事服務相關產業設立，改善海運工業商業環境，扮演開發與促進者角色。
3. 扮演國家運輸代表，於國際舞台，保護新加坡的海運與港口利益，延伸提供有關政府海洋運輸、海事與港口設施服務諮詢顧問。
4. 其他尚有使用改善與發展港口，管理港口工業之商業活動，管理新加坡的商用船隊任務。
5. 提供或促進海事事業發展與港埠事業辦理訓練課程
6. 管制港區及航道的航行、並發佈航船佈告。
https://www.mpa.gov.sg/web/portal/home

2. 新加坡港務集團（PSA International）

於 1997 年 9 月 1 日前原為港務局，2003 年後改為國營公司，現已改制為國際港務集團，除新加坡港原有碼頭，並已至國外 26 個國家 50 處投資營運貨櫃碼頭及物流業務。

1997 年 10 月 1 日「新加坡海事港務管理局」的營運部門

改組成立「新加坡國際港務集團公司」，成為新加坡港的唯一港埠事業經營者，亦為當時世界最大的貨櫃碼頭經營公司。PSA集團公司定位為「全球性的港埠經營公司」（A global port operator），也就是除經營新加坡港港埠事業，更加強調其在他國的投資與聯營。

在港灣與海事業務經營方面，PSA另成立「PSA海事公司」（PSA Marine）經營港灣與海事業務。該公司總部也在新加坡，其主要業務為拖船、引水、加水、交通船、海洋環境服務、機艙服務及海事諮詢等，分別由海事服務部（Marine Services）、海事物流（Marine Logistics）、公司服務（Corporate Service）及企業發展（Business Development）等四個部門負責：

(1) 海事服務部（Marine Services）：提供引水及拖船服務。
(2) 海事物流（Marine Logistics）：提供船舶、人員及技術的服務（例如提供加水、環境保護、吊重之服務）。
(3) 公司服務（Corporate Service）：負責公司行政、財務、人力資源之管理。
(4) 企業發展（Business Development）：開發國內或海外新的業務機會。

    PSA International, https://www.globalpsa.com/
    PSA Singapore, https://www.singaporepsa.com/
    https://www.slideshare.net/suryakesavan/port-of-singapore-34078938

3. 新加坡郵輪中心（Singapore Cruise Centre）

新加坡是東南亞著名的郵輪母港，新加坡郵輪碼頭有兩個位置，一是新的濱海灣郵輪中心（Marina Bay Cruise Centre），另一是原有的新加坡郵輪中心的國際旅運中心。

Marina Bay Cruise Centre, https://mbccs.com.sg/#
Singapore Cruise Centre, https://www.singaporecruise.com.sg/

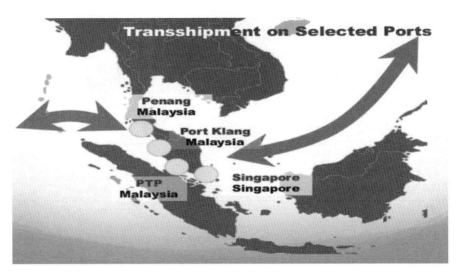

新加坡港鄰近的轉運港

東南亞國家協會（ASEAN）

東南亞國家協會（Association of Southeast Asian Nations, ASEAN），簡稱東協或東盟，是集合東南亞區域國家的一個政府性國際組織。最初是1961年7月31日由馬來亞（馬來西亞前身）、菲律賓、泰國所組成的「東南亞聯盟」，1967年8月6日印尼、馬來西亞、新加坡、菲律賓、泰國五國外長在曼谷舉行會議，於8月8日發表了「東協宣言」，正式宣告為「東南亞國家協會」，成立目的在增進區域經濟發展、維持穩定和平、推動各領域的多邊合作及訓練、促進對東南亞的研究及跟有相同發展目標的區域組織合作，秘書處總部設於印尼雅加達。東協各國經濟發展情況是存有貧富極端，現代歷史上亦有領土爭議、軍事衝突，東協現在正發展區域自由貿易區並與周邊國家（中、日、韓及紐、澳）加強發展經濟貿易關係。

東協目前共有10個正式的成員國，另外還有一個候選國（東帝汶）和一個觀察國（巴布亞紐幾內亞）：成員國（合稱東協十國）有印尼（創始國）、馬來西亞（創始國）、菲律賓（創始國）、泰國（創始國）、新加坡（創始國）、汶萊、柬埔寨、寮國、緬甸、越南；候選國東帝汶；觀察國巴布亞紐幾內亞（自1976年起）。

東協以「ASEAN : A Community of Opportunities for All」為目標，設有三大目標：
1. 東協政治安全體（ASEAN Political-Security Community）
2. 東協經濟體（ASEAN Economic Community）
3. 東協社會文化體（ASEAN Socio-Culture Community）

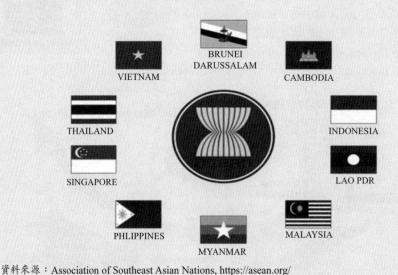

資料來源：Association of Southeast Asian Nations, https://asean.org/

東協加三（ASEAN Plus Three）

東協加三（ASEAN Plus Three, APT）是原東協會員國與中國大陸、日本和韓國等三個東亞鄰近國家的合作機制，又稱「東協10+3」、「ASEAN+3」等。三國分別於1997年12月在馬來西亞吉隆坡與東協發表聯合聲明，承諾基於相互的利益與責任，共同為亞太地區的區域和平穩定、經濟成長繁榮、社會文化發展等層面努力，同時支持東協2025發展願景。東協加三的合作機制迄今擴及政治安全、跨國犯罪、經濟、金融貨幣、農林畜牧、能源、礦業、旅遊、健康、勞工、文化、藝術、環境、科技、資訊與傳播科技、社會福利、農村發展與滅貧、疾病管制、青年、婦女等20個領域，並具有東協加三高峰會、部長會議等57個組織。

2007年第11屆東協加三高峰會（新加坡）決議通過東亞合作第二次聯合聲明與東協加三合作執行計畫（2007～2017），各國重申東協加三的合作機制將以實現東協共同體為目標，繼續支持東協的各項整合，並在推動東亞共同體此一長程目標上，扮演關鍵角色。同時，該會也為「東協加三合作基金」（ASEAN Plus Three Cooperation Fund）的成立背書，用以促進東協加三合作執行計畫的相關工作。

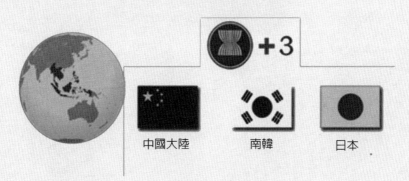

中國大陸　　　　南韓　　　　日本

資料來源：ASEAN Plus Three, https://aseanplusthree.asean.org/
東協加三，台灣東南亞國家協會研究中心，財團法人中華經濟研究院
https://www.aseancenter.org.tw/%E6%9D%B1%E5%8D%94%E5%8A%A0%E4%B8%89

Unit 17-2 東協區域內次級國際組織

1. **大湄公河次區域經濟合作**（Great Mekong Subregion Cooperation, GMS）【註1】

1992 年由亞洲開發銀行（ADB）發起的東協次區域組織，大湄公河次區域處於東南亞、南亞和中國大西南的結合部。次區域涉及瀾滄江 - 湄公河流域內的中國、緬甸、寮國、泰國、柬埔寨、越南。「大湄公河次區域合作」項目自 1992 年起開始實施，經過初期規劃、項目選擇，進入項目實施階段。亞洲開發銀行（日本主導）「大湄公河次區域合作」範圍，包括湄公河流域寮國、緬甸、柬埔寨、泰國、越南 5 國和中國雲南省、廣西省，涉及 7 個合作領域，即：交通、能源、電訊、環境、旅遊、人力資源開發以及貿易與投資。該合作機制分為兩個層次：

(1) 是部長級會議，自 1992 年起每年一次；
(2) 是司局級高官會議和各領域的論壇（交通、能源、電訊）和工作組會議（環境、旅遊、貿易與投資），每年分別舉行會議並向部長級會議報告。

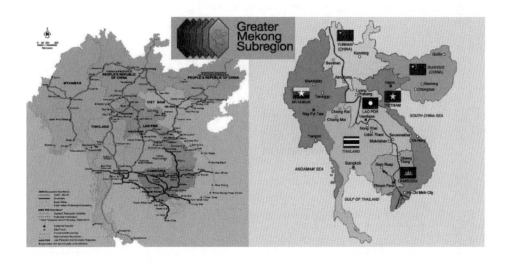

2. **汶萊 - 印尼 - 馬來西亞 - 菲律賓的東協成長區**（Brunei Darussalam-Indonesia-Malaysia-Philippines East ASEAN Growth Area, BIMP-EAGA）【註2】

是於 1994 年成立，由菲律賓總統發起的東協次區域組織，以加速發展汶萊 - 印尼 - 馬來西亞 - 菲律賓的四國社會經濟發展，減少邊界管制，發展落後邊緣地區的建設，

【註1】 Greater Mekong Subregion, https://www.greatermekong.org/
【註2】 BURNEI DARUSSALAM-INDONESIA-MALAYSIA-PHILIPPINES EAST ASEAN GROWTH AREA, https://bimp-eaga.asia/

在馬來西亞沙巴州的首府亞庇（Kota Kinabalu）設有促進中心作爲秘書處。主要合作發展目標爲交通、基礎設施和資訊產業；農業產業和自然資源；旅遊和中小企業發展領域。涵蓋區域爲汶萊、印尼的加里曼丹省、蘇拉威西、伊利安查亞和馬魯古群島；馬來西亞的沙撈越及沙巴州、納閩島；菲律賓的棉蘭老島及巴拉望島。菲律賓在區域航運部分，曾提出要求發展駛上駛下（RO/RO）客貨輪的連接各國的區域航線網路，以促進菲律賓、印尼及馬來西亞鄰近島際間的客貨運需求，促進偏遠地區的交通建設發展。

3. **東協船東聯合會**（Federation of ASEAN Shipowners' Associations, FASA）[註3]

總部在新加坡，1975 年 11 月經印尼船東協會發起，以促進東協區域航運與貿易發展及航運相關事務的協調爲目標，1981 年 5 月經東協第 14 屆標準委員會第 5 次會議許可，成爲東協非政府機構組織。

4. **東協港口協會**（ASEAN Ports Association, APA）[註4]

1974 年在馬來西亞沙巴州成立，以促進東協區域貿易及港口發展交流爲目標，現有 9 個會員國（東協的寮國爲內陸國除外），正式會員爲官方的港務管理機關，一般會員爲私人企業或團體。

[註3] ASEAN Maritime Authorities（東協各國航運管理機關網站索引）
圖片來源：http://www.fasa.org.sg/?page_id=1163
[註4] ASEAN Ports Association(APA), https://apaport.org/
圖片來源：http://www.apamalaysia.com/wp-content/uploads/2012/10/apa2.png

5. 東協 - 泛北部灣經濟合作區[註5]

　　是東協的次區域合作區域，北部灣經濟區地處中國大陸沿海西南端，與東協國家陸海相連，由南寧、北海、欽州、防城港、玉林、崇左所轄行政區域組成，是中國大陸西部大開發和面向東盟開放合作的重點地區。北部灣經濟區已建成中國大陸第一條連接東協高速公路－南寧至友誼關高速公路，建成客運國際定期列車－南寧至越南河內（嘉林）國際旅客列車。另北部灣經濟區已將沿海三港（北海、欽州、防城港）整合爲廣西北部灣港。

　　北部灣相關概念可分兩種：

－環北部灣：廣西沿海、廣東雷州半島、海南西部、越南東北部，

－泛北部灣：中國、越南、馬來西亞、新加坡、印尼、菲律賓、汶萊。

廣西北部灣沿海港口分布圖

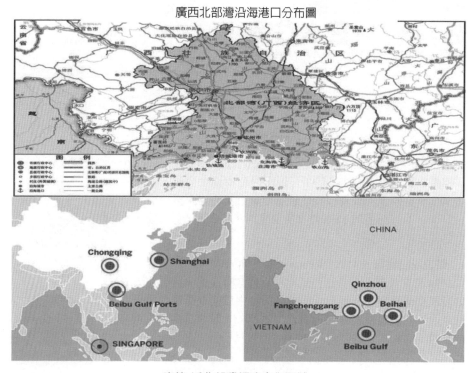

東協-泛北部灣經濟合作區域

[註5]　Guangxi's ports make the right connections
http://www.chinadailyhk.com/articles/160/189/208/1502785072847.html

東協互聯互通整體規劃 2025（MPAC 2025）

整體規劃是東協在2016年推動一整合化進程和建立東協共同體的戰略之一，並且在2015年總體規劃之後延續了共同體未來的趨勢，相互聯繫。作為連接和約束東協共同體三大支柱：東協盟政治與安全共同體、東協盟經濟共同體和東協社會文化共同體。總體規劃遠景將通過五個構面帶動聯結，即基礎設施、數位創新、無縫物流、法制改革和人員移動。

面對區域經貿整合趨勢，以及整體對外經貿策略考量，臺灣發布「新南向政策」政策綱領，提出「新南向政策推動計畫」，全方位發展與東協、南亞及紐澳等國家的關係，促進區域交流發展與合作，同時也打造臺灣經濟發展的新模式，並重新定位我國在亞洲發展的重要角色，創造未來價值。

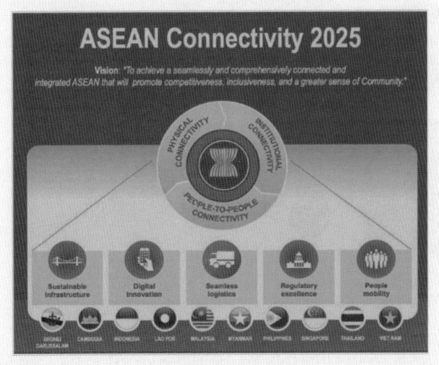

資料來源：MASTER PLAN ON ASEAN CONNECTIVITY 2025
https://asean.org/wp-content/uploads/2016/09/Master-Plan-on-ASEAN-Connectivity-20251.pdf

Unit 17-3 南亞區域

　　臺灣「新南向政策」推動對外交流、貿易及投資，地理範圍可分為南亞、東南亞及南太平洋三個區塊，與中國大陸「21世紀海上絲綢之路」部分範圍重疊（東非及波斯灣地區除外），這些國家與地區的物流發展與海上港口現況，也是一般人較陌生的領域。

印度、南亞次大陸（The Indian subcontinent constitutes, the South Asian region）

◎ 印度（Republic of India, India），首都：新德里（New Delhi）。
◎ 巴基斯坦（Islamic Republic of Pakistan, Pakistan），首都：伊斯蘭瑪巴德（Islamabad）。
◎ 孟加拉（People's Republic of Bangladesh, Bangladesh），首都：達卡（Dhaka）
◎ 尼泊爾（Federal Democratic Republic of Nepal, Nepal），首都：加德滿都（Kathmandu），內陸國。
◎ 不丹（Kingdom of Bhutan, Bhutan），首都：辛布（Thimphu），內陸國
◎ 斯里蘭卡（Democratic Socialist Republic of Sri Lanka, Sri Lanka），首都：可倫坡（Colombo）。
◎ 馬爾地夫（Republic of Maldives, Maldives），首都：馬列市（Male）
※ 錫金（Sikkim），首府：甘托克（Gangtok），1975年被印度併入為錫金邦。

※ 喀什米爾（Kashmir），首府：舊都—斯里那加（Srinagar），印屬喀什米爾首府：查謨（Jammu）及巴屬喀什米爾首府：穆扎法拉巴德（Muzaffarabad），1947 年喀什米爾成為一個主權有爭議地區，今分別由印度、巴基斯坦和中國大陸三方控制。

◎ 恆河（Ganges or Ganga river）流經北印度、尼泊爾及孟加拉等國區域，為此區域最大河流，為各國內河運輸的主流。

◎ 阿富汗（Islamic Republic of Afghanistan , Afghanistan），首都：喀布爾（Kabul）。

主要國家機關（構）介紹

1. 印度航運部（Ministry of shipping, Indian）

航運部主管 200 個地區性港口及 12 個主要港口及航運事務，印度全國現行有 13 個主要商港分布在全國東西兩側海岸，位於東側孟加拉灣的印諾爾（Ennore Port，後更名 Kamarajar）是唯一由民間公司經營管理的港口，其他 12 個國際商港由航運部依法（The Major Port Trusts Act, 1963）設立港口信託委員會（Port Trust Board）代表中央政府管理國營港口及鄰近土地，委員會由港口員工、船東、船舶運送業、託運人及相關利害關係人組成，12 港口為：加爾各答（Kolkata）、孟買（Mumbai）、清奈（Chennai）、坎德拉（Kandla）、加瓦拉爾尼赫魯（Jawaharlal Nehru Port ）（靠近孟買）、莫爾穆岡（Mormugao）、班加羅爾（New Mangalore）、科欽（Cochin）、杜蒂戈林（V.O. Chidambaranar Por）（舊稱 Tuticorin Port）、布萊爾（Port Blair）（Andaman and Nicobar islands）、維沙卡帕特南（Visakhapatnam）、帕拉迪布（Paradip）。

Ministry of shipping, Indian, http://shipmin.gov.in/

2. 印度港口協會（Indian Ports Association, IPA）

是印度航運部管理港口的上層智庫組織，負責港口發展、港口作業效率及整體港口發展事項。主要工作目標是推動技術－經濟方面有關港口規劃及營運的研究，提供港口管理的解決方案及決策支援工具；以改善港口作業及營運效率。

Indian Ports Association, IPA, http://ipa.nic.in/

3. 印度內陸港管理局（Land Ports Authority of India）

是屬印度內政部邊境管理部門下的單位，辦公室設在新德里，業務是負責邊境貿易與旅遊的進出管理與安全。由於印度與孟加拉、緬甸、中國大陸、不丹、尼泊爾、巴基斯坦有陸域相連，印度不同區域的鐵公路需經過其他國家相通，為方便貨物及旅客安全進出，在邊界沿線上設置 13 個內陸港口岸，供貨物及旅客進出及檢查。

Land Ports Authority of India, http://lpai.gov.in/content/

4. 印度民營港口及碼頭協會（Indian Private Ports & Terminals Association, IPPTA）

是依法成立的印度民間社團組織，會址
設在孟買，由印度的民營貨櫃碼頭及散裝碼
頭業者所組成，代表印度港口民營產業的聲
音，會員共有 16 家業者。

Indian Private Ports & Terminals Association,
http://www.ippta.org.in/

1. 巴基斯坦國海運部（Ministry of Maritime Affairs, Pakistan）

海運部是設於首都伊斯蘭瑪巴德（Islamabad），秘書長及主要管理部門設於喀拉
蚩（Karachi），2004 年時由通訊部分離出獨立設置，2017 年以前原名為 Ministry of
Ports and Shipping，為中央政府的組織部門之一，主要功能是藉由提供政策及法規指
引，發展港口及增進航運安全標準，以使巴基斯坦的港口及航運產業能得到充分發
展。

Ministry of Maritime Affairs, Pakistan, http://moma.gov.pk/

2. 巴國三個主要國際商港

KARACHI PORT TRUST PORT-QASIM-AUTHORITY GWADAR PORT AUTHORITY

(1) 喀拉蚩港信託（Karachi Port Trust），http://kpt.gov.pk/
(2) 卡西姆港務局（Port Qasim Authority），https://www.pqa.gov.pk/en
(3) 瓜達爾港務局（Gwadar Port Authority），http://www.gwadarport.gov.pk/

1. 孟加拉航運部（Ministry of Shipping, Bangladesh）

設立在首都 - 達卡，下轄有孟國 3 個主要海港，港務局局長
是由軍職擔任，第一大國際商港的吉大港佔全國 80% 的海運運
輸量，航運部並管理 22 個河港，孟加拉有全世界最密集的內
陸河道運輸系統，因此設有孟加拉內陸港港務局（Bangladesh
Land Port Authority）與孟加拉內河運輸管理局（Bangladesh
Inland Water Transport Authority）、孟加拉內河運輸公司（Bangladesh Inland Water
Transport Corporation）等海運部所屬機關。另有關航運安全管理則由其下屬的航運處

（Department of Shipping）來負責。

(1) 孟加拉航運部（Ministry of Shipping, Bangladesh），https://mos.gov.bd/

(2) 吉大港港務局（Chittagong Port Authority），http://cpa.gov.bd/

(3) 蒙格拉港務局（Mongla Port Authority），http://www.mpa.gov.bd/

(4) 帕亞拉港務局（Payra Port Authority），http://www.ppa.gov.bd/

1. 斯里蘭卡港口航運部（Ministry of Ports and Shipping）

斯里蘭卡中央政府設置有港
口航運部（Ministry of Ports and
Shipping）設有斯里蘭卡港務局
（Sri Lanka Ports Authority），

負責管理可倫坡港（Colombo
Port）、加勒港（Galle Port）、亭可馬里（Trincomalee Port）、坎凱桑圖賴港（KKS
Port）、Oluvil Port 及其他作業碼頭。

(1) South Asia Gateway Terminals（可倫坡港，John Keells Holdings、長榮海運及丹麥
摩勒集團、斯里蘭卡港務局合資）

https://www.sagt.com.lk/

(2) Colombo International Container Terminals（中國招商局港口控股公司與斯里蘭卡港
務局合資）

http://www.cict.lk/

2. 斯里蘭卡港務局（Sri Lanka Ports Authority）

是 1979 年依據該國港口法成立，將可倫坡港管理委員會及兩家公民營法定公司
（貨物裝卸及港口服務）合併而成。

Sri Lanka Ports Authority, https://www.slpa.lk/port-colombo/ministry

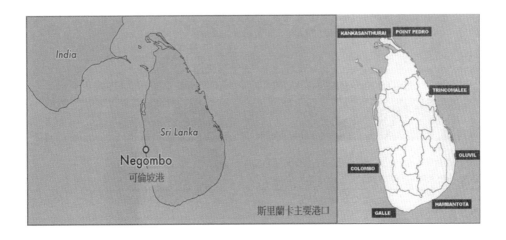

斯里蘭卡主要港口

南亞國家區域合作協會（SAARC）

南亞國家區域合作協會（South Asian Association for Regional Cooperation, SAARC），或稱為南亞區域聯盟，它是1985年12月8日在孟加拉的首都-達卡成立，旨在推動南亞人民間友誼、信任與理解、加速區域經濟成長、該地區文化和藝術的推廣、加強南亞各國彼此信賴關係、對各個相關議題進行對話的平台，1987年1月17日秘書處總部設於尼泊爾的首都-加德滿都。此組織最早是1980年5月由孟加拉總統（Ziaur Rahman）所發起倡議，由於南亞各國領土面積、人口規模及經濟發展基礎的差異頗大，聯合國分類為經濟發展較落後地區，也有歷史及領土上的爭議，目前是一個比較鬆散的區域合作組織，未來規劃分階段行成削減關稅及建立共同貨幣政策，發展為區域自由貿易區及關稅同盟，再形成區域經濟整合。會員國有孟加拉、不丹、印度、馬爾地夫、尼泊爾、巴基斯坦、斯里蘭卡、阿富汗（2005年11月加入）。南亞國家區域合作協會設有農業、能源、文化、結核及愛滋病、災防等五個區域研究合作中心：

1. SAARC Agriculture Centre (SAC)，孟加拉的達卡（Dhaka）
2. SAARC Energy Centre (SEC)，巴基斯坦伊斯的蘭瑪巴德（Islamabad）
3. SAARC Cultural Centre (SCC)，斯里蘭卡的可倫坡（Colombo, Sri Lanka）
4. SAARC Tuberculosis and HIV/AIDS Centre (STAC)，尼泊爾的加德滿都（Kathmandu）
5. SAARC Disaster Management Centre (SDMC)，印度（India）

資料來源：South Asian Association for Regional Cooperation
http://www.saarc-sec.org/

中國大陸在南亞次大陸的港口投資

中國大陸近年推動一帶一路的新絲路計畫，西方對其海上絲路亦稱為珍珠鏈戰略，即中國大陸在南海與印度洋至阿拉伯海的航運線上進行重點港口投資，以確保海上運輸線的海運穩定及安全，特別是環繞印度次大陸的巴基斯坦（瓜達爾港）、斯里蘭卡（漢班托塔港）、孟加拉（吉大港）、緬甸（皎漂港）等國港口，其地理位置在軍事及經濟上都其有重要地位，引起印度對挑戰其印度洋勢力的疑慮，中國大陸以長期貸款及承攬港灣工程建設方式取得該國港埠土地長期的營運及管理權利。

珍珠鏈戰略是一項由印度政治界提出的概念，描述了對中國在印度洋施加影響力的意圖的猜想[1]。它指的是從中國大陸到非洲之角上蘇丹港之間，中國的民用和軍用設施，以及這些設施與中國重要航道的關係。中國的重要航道經過了幾個「瓶頸」，包括曼德海峽、馬六甲海峽、荷姆茲海峽和龍目海峽，以及沿岸的巴基斯坦、斯里蘭卡、孟加拉國、馬爾地夫和索馬利亞等國家。

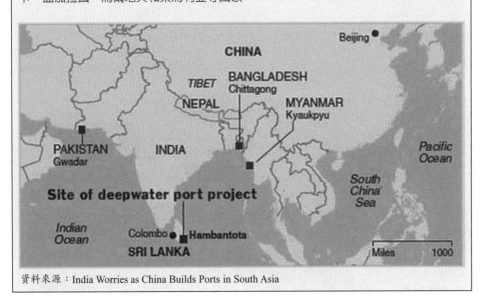

資料來源：India Worries as China Builds Ports in South Asia

Unit 17-4 南太平洋區域

　　南太平洋區域位於紐、澳兩國的北側及東側海域，有許多珊瑚環礁所形成的島國，其國土海域面積遠大於其陸地面積，各國人口稀少又聚居於少數小島，港口設施大都不全、作業規模很小，主要是外國漁業補給及漁產品出口，外國小型貨船是跳島航線經紐、澳至日本、新加坡進行進出口作業。

　　主要分爲密克羅尼西亞（Micronesia）、玻里尼西亞（Polynesia）、美拉尼西亞（Melanesia）三個主要島群所組成，大多爲珊瑚環礁個別散布在廣大海面上。各國雖然島上面積不大，但所屬經濟海域廣大、漁業資源豐富，國際郵輪也在此熱帶海洋港口進行不定期跳島式彎靠。因其海上地理戰略位置重要，現在是中國大陸「一帶一路」計畫的南太經濟走廊的目標，也是臺灣遠洋漁船的重要作業區域及補給基地。南太平洋各島國因地緣關係及經濟規模甚小，二戰後大多接受亞洲發展銀行（日本主導）與澳洲政府的經濟援助及對港口等公共建設的管理協助。

大洋洲及南太平洋（Oceania and South Pacific region）

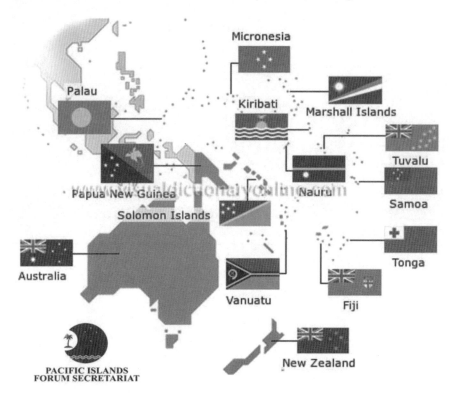

◎ 澳大利亞（Commonwealth of Australia, Australia），首都：坎培拉（Canberra）。
◎ 紐西蘭（New Zealand），首都：威靈頓（Wellington）。
◎ 帛琉（Republic of Palau, Palau），首都：美麗坵（Melekeok）。
◎ 巴布亞紐幾內亞（Independent State of Papua New Guinea, Papua New Guinea），
　　首都：摩士比港（Port Moresby）。
◎ 密克羅尼西亞聯邦（Federated States of Micronesia），首都：帕理基爾（Palikir）。
◎ 馬紹爾群島（Republic of the Marshall Islands, Marshall Islands），首都：馬久羅
　　（Majuro）。
◎ 諾魯（Republic of Nauru, Nauru），首都：雅連（Yaren）。
◎ 索羅門群島（Solomon Islands），首都：荷尼阿拉（Honiara）。
◎ 東加（Kingdom of Tonga, Tonga），首都：努瓜婁發（Nuku'alofa）。
◎ 吐瓦魯（Tuvalu），首都：富那富提（Funafuti）。
◎ 斐濟（Republic of Fiji, Fiji），首都：蘇瓦（Suva）。
◎ 萬那杜（Republic of Vanuatu, Vanuatu），首都：維拉港（Port Vila）。
◎ 吉里巴斯（Republic of Kiribati, Kiribati），首都：塔拉瓦（Tarawa）。
◎ 薩摩亞（Independent State of Samoa, Samoa），首都：阿庇亞（Apia）。
◎ 庫克群島（自治政府）（Cook Islands），首都：阿瓦盧阿（Avarua）。
◎ 紐埃（自治政府）（Niue），首都：阿洛非（Alofi）。

主要國家機關（構）介紹

1. **澳洲運輸部**（Department of Transport, Australian）
　　運輸部（DoT）從 2009 年 7 月 1 日組織重整，原先的規劃和基礎建設業務劃分到三個新機關。運輸部主要任務為運輸策略規劃及政策、運輸作業功能，以及西澳地區的人與商業的運輸系統的連結；並確保道路、鐵路、機場及港口能構成安全的網路，並推動基礎建設、教育及管制的工作以促進經濟的成長發展。
Department of Transport, Australian
https://www.transport.wa.gov.au/Freight-Ports/port-authorities.asp

2. **澳大利亞海事安全局**（Australian Maritime Safety Authority）
　　是澳洲政府的海事管制機關，提供有關海事安全及防止船舶污染、對海洋環境的保護工作，以及在澳洲水域的航行安全導航服務（燈塔），也進行全國性的研究並負責海空運輸事故的搜救工作。

Australian Maritime Safety Authority

https://www.amsa.gov.au/

3. 澳洲港口協會（Ports Australia）

是一會員制的民間組織，會員是澳洲的港口或提供澳洲港口服務的組織，現在有 27 個港口代表，包括 4 個主要貨櫃港、重要貨物輸出港及地區性港口；另外

有 24 個會員組織是提供港口有效率及安全作業服務的相關組織。主要工作爲組成工作小進行會員間的交流及對政府就港口管理政策提出建言，協會並每兩年辦理港口商務相關會議，邀請專家進行廣泛的研討；另外工作小組的專家並出版相關專業工作手冊。

Ports Australia

https://www.portsaustralia.com.au/

4. 澳洲主要港口

(1) 雪梨港（Sydney Harbor）

　　https://www.portauthoritynsw.com.au/sydney-harbour/

(2) 布里斯班港（Port of Brisbane）

　　https://www.portbris.com.au/

(3) 達爾文港（Drawin Port）

　　https://www.darwinport.com.au/

(4) 新南威爾斯港（Port Authority of New South Wales）

　　https://www.portauthoritynsw.com.au/

(5) 肯布拉港（Port Kembla）

　　https://www.portauthoritynsw.com.au/port-kembla/

(6) 揚巴港（Port of Yamba）

　　https://www.portauthoritynsw.com.au/port-of-yamba/

(7) 紐卡索港（Newcastle Harbour）

　　https://www.portauthoritynsw.com.au/newcastle-harbour/

(8) 伯塔尼港（Port Botany）

　　https://www.portauthoritynsw.com.au/port-botany/

(9) 伊甸園港（Port of Eden）

　　https://www.portauthoritynsw.com.au/port-of-eden/

1. 紐西蘭運輸部（Ministry of Transport, New Zewaland）

是紐西蘭負責複合運輸、水運、空運、鐵公路運輸及相關法規的中央機關，海運是很重要的貨物外銷方式，大部分港口是民營化，少數地方政府占有部分的股份，政府主要觀注的重點在港口的生產效率、改善海運及貨物運輸的公共資訊流通，以及海運部分的安全改善事項。

https://www.transport.govt.nz/

2. 紐西蘭海事局（Maritime NZ）

是對海岸及內陸水運進行管制及執行，並對安全、保安及環境保護進行管理的政府機關，由紐西蘭運輸部部長依 1994 年海洋運輸法（Maritime Transport Act 1994）指派 5 位委員成立。

https://www.maritimenz.govt.nz/default.asp

3. 紐西蘭主要港口

(1) 奧克蘭港（Ports of Auckland）
　　https://www.poal.co.nz/
(2) 陶朗加港（Port of Tauranga）
　　https://www.port-tauranga.co.nz/
(3) 內皮爾港（Port of Napier）
　　https://www.napierport.co.nz/
(4) 威靈頓港（Wellington Harbour）
　　https://www.centreport.co.nz/
(5) 尼爾遜港（Port Nelson）
　　https://www.portnelson.co.nz/commercial/
(6) 利特爾頓港（Port of Lyttelton）
　　http://www.lpc.co.nz/

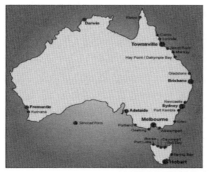

澳洲及紐西蘭的主要港口

太平洋島國論壇（Pacific Islands Forum）

太平洋島國論壇（Pacific Islands Forum）是一個由太平洋諸國參加的國際組織。該組織的秘書處位於斐濟蘇瓦，旨在加強太平洋獨立國家之間合作的政府間組織。該組織成立於1971年8月5日在紐西蘭首都-威靈頓成立「南太平洋論壇」，2000年10月改名為「太平洋島國論壇」。論壇以「藍色太平洋」為主題，強調對此區域的經貿促進、海域永續發展、政府治理能力等的對話。

就領土與經濟規模是以澳大利亞與紐西蘭最大，其餘為小型海洋環礁型島國，大多受澳、紐兩國的經濟援助及軍事協防。參與國家有18國：澳大利亞、庫克群島、斐濟、法屬玻里尼西亞、吉里巴斯、馬紹爾群島、密克羅尼西亞聯邦、諾魯、新喀里多尼亞、紐西蘭、紐埃、帛琉、巴布亞紐幾內亞、薩摩亞、索羅門群島、東加、吐瓦魯、萬那杜。

太平洋島國論壇秘書處訂有2017-2021年的四大策略架構：
1. 增進以人為本的發展
2. 極大化我們共有太平洋的潛能
3. 增加經濟財富
4. 為和平與穩定來強化太平洋的治理

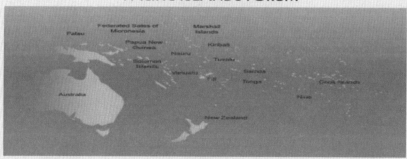

資料來源：Pacific Islands Forum Secretariat, https://www.forumsec.org/

附　錄

附錄 1　港埠統計名詞定義

附錄 2　水運統計名詞定義

附錄 3.1　臺灣港務股份有限公司從業人員甄試命題大綱 _ 港埠經營管理（師級）

附錄 3.2　臺灣港務股份有限公司從業人員甄試命題大綱 _ 港埠經營管理（員級）

附錄 4.1　考選部公務人員高等考試命題大綱 _ 港埠經營管理（航運行政）

附錄 4.2　考選部公務人員普通考試命題大綱 _ 港埠經營管理概要（航運行政）

附錄 5.1.1　臺灣港務股份有限公司從業人員甄試試題 _ 港埠經營管理（師級）

附錄 5.1.2　臺灣港務股份有限公司從業人員甄試試題 _ 港埠經營管理（師級）

附錄 5.1.3　臺灣港務股份有限公司從業人員甄試試題 _ 港埠經營管理（師級）

附錄 5.1.4　臺灣港務股份有限公司從業人員甄試試題 _ 港埠經營管理（師級）

附錄 5.1.5　臺灣港務股份有限公司從業人員甄試試題 _ 港埠經營管理（師級）

附錄 5.2.1　臺灣港務股份有限公司從業人員甄試試題 _ 港埠經營管理概要（員級）

附錄 5.2.2　臺灣港務股份有限公司從業人員甄試試題 _ 港埠經營管理概要（員級）

附錄 5.2.3　臺灣港務股份有限公司從業人員甄試試題 _ 港埠經營管理概要（員級）

附錄 5.2.4　臺灣港務股份有限公司從業人員甄試試題 _ 港埠經營管理概要（員級）

附錄 6.1.1　109 年公務人員高等考試三級考試試題

附錄 6.1.2　108 年公務人員高等考試三級考試試題

附錄 6.1.3　107 年公務人員高等考試三級考試試題

附錄 6.1.4　106 年公務人員高等考試三級考試試題

附錄 6.1.5　105 年公務人員高等考試三級考試試題

附錄 6.1.6　104 年公務人員高等考試三級考試試題

附錄 6.1.7　103 年公務人員高等考試三級考試試題

附錄 6.2.1　109 年公務人員普通考試試題

附錄 6.2.2　108 年公務人員普通考試試題

附錄 6.2.3　107 年公務人員普通考試試題

附錄 6.2.4　106 年公務人員普通考試試題

附錄 6.2.5　105 年公務人員普通考試試題

附錄 6.2.6　104 年公務人員普通考試試題

附錄 6.2.7　103 年公務人員普通考試試題

附錄1　港埠統計名詞定義【註1】

一、港埠設備統計（Harbors Equipment Statistics）

中文名詞	英文名詞	定義
航道	Channel	供給船舶出入及通過之一定水路。
港灣	Harbor	指具有天然或人工的屏障，並具有足夠之水域與水深，可供船舶安全碇泊者。
港埠	Port	除具有良好之港灣條件外，還必須備有碼頭、倉棧、修護設備及供水、供油，以供船舶裝卸貨物及旅客上下之需，是水路交通的樞紐。
商港	Commercial Port	指通商船舶出入之港。
國際商港	International Commercial Port	指准許中華民國船舶及外國通商船舶出入之港。
國內商港	Domestic Commercial Port	指非中華民國船舶，除經中華民國政府特許或為避難得准其出入外，僅許中華民國船舶出入之港。
自由港	Free Port	以港的一部分或全部劃為自由港，凡進出該港的貨物不受海關的管制並准予在港區內將貨物改裝、轉運、儲存或加工製造等，如輸入內陸則需辦理通關手續，課徵關稅。
工業港	Industrial Port	專為臨海工業設立之港，輸入多為工業原料，輸出則為成品。
漁港	Fishery Port	指供漁船使用，作為漁業根據地之港，便利遠洋及近海漁船停泊、補給、卸魚、冷藏及加工等作業。
棧埠設施	Stevedoring & Warehousing Facilities	指商港設施中，有關貨物裝卸、倉儲、駁運作業及服務旅客之設施。
倉庫	Warehouse	位於港區碼頭後線或郊區，以長期存放貨物為目的，避免貨物遭受風吹雨淋日曬之有建築物遮蔽場所，多為高層建築。
通棧	Transit-sheds	碼頭前線倉庫，供即將裝船之出口貨或方由船上卸下之進口貨臨時存放之場所，多為空間寬闊之單層建築。
倉棧	Warehouse & Transit-sheds	指位於港區之倉庫與通棧之合稱。
船席	Berth	指碼頭、浮筒或其他繫船設施，供船舶停靠、裝卸貨物及上下旅客之水域。
碼頭	Wharf	港埠中供船舶停靠、貨物裝卸及旅客上下所用之處所稱為碼頭。

【註1】 交通統計名詞定義（港埠），中華民國交通部。https://www.motc.gov.tw/ch/home.jsp?id=61&parentpath=0%2C6&mcustomize=statistics102.jsp

中文名詞	英文名詞	定義
貨櫃碼頭	Container Terminal	專供裝卸貨櫃之碼頭。
客運碼頭	Passenger Terminal	專供客船碇泊之碼頭。
穀類碼頭	Grain Wharf	專供穀類船停靠之碼頭。
雜貨碼頭	General Cargo Wharf	專供什貨船停靠之碼頭。
公用碼頭	Public Wharf	由港務管理機關（構）投資興建而供一般使用之碼頭。
快速碼頭	Speedy Wharf	由港務管理機關（構）指定部分碼頭為快速裝卸碼頭，規定其必須於限定的時間內裝卸完畢駛離。
優先靠泊碼頭	Preferential Berthing Wharf	由港務管理機關（構）指定部分碼頭為優先靠泊碼頭，使特定之船種或合於特定條件之船舶得享受優先靠泊之權利。
繫船浮筒	Mooring Buoy	指在停泊區內（如錨地或迴船池）以纜繩固定繫於海底之圓形浮體，亦為繫船設施之一。
泊地	Anchorage	一稱錨地或拋錨地，係指船舶在規定水面之碇泊地點。
迴船池	Turning Basin	設於各種航道交匯點，為供船舶調頭及轉變航行方向之水域。
港池	Basin	係港區內的水域，依自然環境形成或由人工圍築或挖掘而成，供船舶航行及停泊之處。
船渠	Wet Dock / Basin	指有閘門可控制水位之密閉式船塢，可供船舶進出裝、卸貨物，廣義解釋與港池同義。
交通船	Shuttle Boat	指專供來往港內勤務船舶或港內海岸間搭載人員交通用之船舶。
給水船	Water Supply Barge	指設有水艙及抽水設備，供給各輪船用水之船舶。
起重船	Floating Crane	亦稱水上起重機，係裝於船上之起重機，以供停泊於浮筒、錨地或碼頭外檔之船裝卸貨物。
挖泥船	Dredger	亦稱水上挖泥機，乃開拓水道、建築港灣、挖掘水下基礎、維持水深、挖掘泥沙之特種船舶。
拖船	Tug Boat	擔任港區水域商船之靠泊及移泊作業之船。
駁船	Lighter / Barge	用來駁運貨物之小型船舶。
帶解纜船	Mooring and Unmooring Boat	擔任商船離靠碼頭或浮筒帶、解纜作業之船。
絞盤／絞車	Winch	利用捲筒捲繞鋼索連結貨艙吊桿滑輪組或錨鍊之裝置，以帶動繩索起卸貨物或帶纜用，依供給動力可分為電動式、油壓式及氣壓式。
陸上起重機	Mobile Crane	可自由行走並專供陸上裝卸貨物之移動式起重機。

中文名詞	英文名詞	定義
堆高機	Fork Lift Truck	為一種裝有貨叉等積載裝置，經由備有之桅桿將貨物上舉或下放，並能夠舉著貨物前後自由走動之搬運車。
吊桿	Derrick / Lift	係由支桿、滑車、鋼索、吊鉤等所組成之貨物裝卸機具。
橋式貨櫃起重機	Container Gantry Crane	設置於碼頭岸肩，為貨櫃輪裝卸專用機具，且須在地面鋪設軌道，以便移動，其操作靈活、快速、安全，為目前貨櫃場前線主要裝卸機具。
門式起重機／高架換載起重機	Transtainer	貨櫃場內裝卸機具之一，專供貨櫃裝卸車之用，可堆積多層貨櫃。
跨載機	Straddle Carrier	貨櫃搬運機具的一種，搬運貨櫃時，騎跨在貨櫃的上面，所以稱之為跨載機。可供貨櫃裝卸車之用，亦可將貨櫃由堆積場直接挾至船邊裝船。
拖車	Trailer	雜貨碼頭使用之，包括車頭一輛，尾車一列，由車頭拖帶而行，可載貨 10 噸至 20 噸，車身轉動靈活，在倉間內也可行駛。
船塢	Dock	供船舶新造或修理的場所，塢身之內可容納船舶，並控制使水排出或進入。塢內有水時船舶可以進出，塢內無水時可進行修造工作。
乾船塢	Dry Dock	船塢塢底低於水平面，岸側三面（抬立面）為鋼板樁、鋼筋混凝土板樁或整塊混凝土建構之塢壁，塢口設有活動閘門（塢門），待修船舶進塢後，關閉塢門並抽除塢內海水，使船舶坐於塢底之塢墩上，塢內成為乾燥場所，以利修繕工作。出塢時由塢門進水孔道引海水入塢至船舶浮起後，將修妥之船舶拖出塢外。
浮船塢	Floating Dock	塢本身可在水中浮沉移動者謂之浮船塢，是一種兩側有牆，前後端開敞的平底船，塢身斷面如英文字母 U 字形，簡稱浮塢。船舶欲進塢時，浮船塢引進海水至壓載水艙，使浮塢本體下沉至足夠船舶進入之深度，待修船舶拖至定位後，再將壓艙水抽除使船舶坐墩浮出水面，以利修理。修妥後再行沉塢，使船舶隨之下水拖離浮塢。
船台／滑道	Slipway	供船舶起水、下水之用。係在水域岸邊陸側地面沿岸線向海水面下建構混凝土斜坡道，斜坡上鋪設固定軌道並裝設船架，以絞車操縱牽引船架將待修船舶拖至岸邊陸地修理，或供新建船舶下水之場地。
海堤	Sea Dike / Sea Embankment	指劃分港外與陸地，防止港外潮流、波浪侵入，以保護陸地及陸上設施安全之設施工程。
防波堤	Breakwater	防止港外波浪侵入，以蔽護港內船舶安全之設施工程。
防砂堤	Groin	指防止因流砂之移動沉滯而淤塞港內之設施工程。

中文名詞	英文名詞	定義
導流堤	Training Wall	引導流水流放深海之設施工程，其功用在防止淤沙阻塞航道，多建於海岸漂沙量大之海灣口或內河入海之港口。
穀倉	Silo	專供儲存穀類之倉庫，為蜂房式倉格建築，並有機械設備，可使船艙穀類直接經由吸穀機之輸送系統卸入倉內。
貨櫃存放場	Container Yard (C.Y.)	俗稱貨櫃場，專門存放貨櫃之場地。其性質與貨櫃堆積場不同，貨櫃可作較長時間之存放。惟該場有時須配合貨櫃基地中貨櫃集散站之作業，進行貨櫃之裝拆，故空櫃亦存放該場。
貨櫃堆積場	Marshalling Yard (M.Y.)	Marshalling Yard（M.Y.） 貨櫃堆積場俗稱調度場、或儲轉場、或排列場、或調配場，為貨櫃基地營運設施之一，連接貨櫃船席後之場地。凡貨櫃裝貨完竣等待裝船，或貨櫃卸船等待內陸運輸，均先堆集於貨櫃堆積場，故需廣大之土地面積，但基本原則，貨櫃堆積場之面積，以能容納裝卸 1 艘船次的貨櫃數量，在港埠常占貨櫃基地總面積百分之五十至六十五。
貨櫃集散站	Container Freight Station (C.F.S.)	櫃集散站係供海關指定為未稅進出口貨物拆裝櫃作業場地，主要任務是對拼裝貨櫃的貨物，實施裝櫃或拆櫃，及驗關之處理。該站通常位於港埠貨櫃基地中，或港埠近郊，或內陸交通線幅輳之處。其業務範圍包括貨櫃之裝填與卸空作業、貨櫃存放場地供應、貨櫃及貨物之裝卸搬運機具出租、貨櫃檢查及保管、冷藏貨櫃之供電、代理貨櫃出租、貨櫃機具與拖車之保養修護、貨櫃化貨物連鎖倉庫等。
自備走台	Self-provided Trolley	船上自備的貨櫃起重機。
輸送帶	Conveyor	係由馬達、變速箱、鍊條及片狀橡膠所組成，作為輸送裝卸貨物之機具。

二、港埠財務統計（Harbor Finance Statistics）

中文名詞	英文名詞	定義
營業收入	Operating Revenues	係指因經營本業（凡供應港埠服務等）而發生之收入皆屬之。
營業支出	Operating Expenses	係指因經營本業（凡提供港埠業務等）而發生之成本與費用皆屬之。
營業利益（損失）	Operating Profit(Loss)	係指營業收入扣除營業支出（即營業成本及營業費用）後之餘額。其為正數表示本期營業獲利之數；其為負數表示本期營業損失之數。
營業外利益（損失）	Non-operating Profit(Loss)	凡非因經營本業而發生之收益扣除非因經營本業而發生之費用及損失後之餘額，其為正數表示本期營業外獲利之數；其為負數表示本期營業外損失之數。

中文名詞	英文名詞	定義
平均每一員工營業收入	Average Operating Revenues per Employee	係指營業收入除以總員工人數而得,其公式如下:平均每一員工營業收入=營業收入/總員工人數
平均每一員工營業利益(損失)	Average Operating Profit or Loss per Employee	係指營業利益(損失)除以總員工人數而得,其公式如下:平均每一員工營業利益(損失)=營業利益(損失)/總員工人數
平均每一員工獲利能力	Average Earnings per Employee	係指盈餘(淨利)除以總員工人數而得,其公式如下:平均每一員工獲利能力=盈餘(淨利)/總員工人數 其中盈餘(淨利)係指營業利益加上營業外利益後之餘額。
港灣業務營業收支比率	Port Business Revenues & Expenses Ratio	係指港灣營業收入除以港灣營業支出所得之百分比。其計算公式如下:港灣業務營業收支比率=港灣業務營業收入/港灣業務營業支出×100% 港灣業務營業支出係指港灣費用與分攤於港灣業務之維持費用、業務費用、管理費用及其他營業費用。
棧埠業務營業收支比率	Terminal Operational Revenues & Expenses Ratio	係指棧埠營業收入除以棧埠營業支出所得之百分比。其計算公式如下:棧埠業務營業收支比率=棧埠業務營業收入/棧埠業務營業支出×100% 棧埠業務營業支出係指棧埠費用與分攤於棧埠業務之維持費用、業務費用、管理費用及其他營業費用。
平均每個貨櫃裝卸成本	Average Cost for a Loading or Unloading Container	係歸屬成本分攤於貨櫃裝卸業務成本除以貨櫃裝卸數量而得。其計算公式如下:平均每個貨櫃裝卸成本=歸屬或分攤於貨櫃裝卸業務之成本(棧埠費用+維持費用+業務費用+管理費用+其他營運成本)/本期貨櫃裝卸數量。
平均每日每噸倉儲成本	Average Remaining Ton Day Cost	係歸屬成本分攤於倉儲業務成本除以貨物延日存倉量而得。其計算公式如下:平均每日每噸倉儲成本=歸屬或分攤於倉儲業務之成本(棧埠費用+維持費用+業務費用+管理費用+其他營運成本)/本期貨物延日存倉量。
商港服務費	Port Service Due	商港管理機關就入港船舶、離境之客船旅客及在商港裝卸之貨物,依商港服務費收取保管及運用辦法所收取之商港服務費。

三、港埠業務統計(Harbor Business Statistics)

中文名詞	英文名詞	定義
艘次	Number of Ship	指一特定期間內進(出)港船舶之艘數,同一船舶多次進(出)港者,仍按次數計列。
艘小時	Vessel-hour	船舶碇泊碼頭之計費單位。
在港時間	Ship Time in Port	指船舶進港通過信號台至離港通過信號台所需時間。

中文名詞	英文名詞	定義
輪船運轉時間	Turn Round Time	指船舶抵達港外錨泊等侯進港至離港期間，運轉所需之時間，包含港外等待時間，在港時間。
繫浮筒時間	Mooring Buoy Hour	指船舶靠泊浮筒所停靠之時間，即離開浮筒解纜時間減移靠浮筒繫纜時間。
靠泊碼頭時間	Wharfing Hour	指船舶靠泊碼頭所停靠之時間，即解纜時間減繫纜時間。
靠泊船席時間	Berthing Hour	指船舶靠泊船席所停靠之時間，即靠泊碼頭時間及繫浮筒時間之和。
港外等待時間	Ship Waiting Time for Berth	船舶在港外錨泊區等待進港之時間，不包括船方因素及船舶航行港外時間。
進出港旅客人數	Incoming and Outgoing Passenger	係指由船舶載運到港或出港之上、下船旅客人數。
船席使用率	Utilization Rate of Berth	係衡量船席使用情形之比率，指船舶靠泊船席所使用之總時間除以船席數與可靠泊時間之乘積所得之百分比。 其計算公式如下：船席使用率＝Σ（解纜時間 - 繫纜時間）/（船席數 × 每船席可靠泊時間） 其中，船席係指碼頭、浮筒或其他繫船設施，供船舶停靠、裝卸貨物及上下旅客之水域；每船席可靠泊時間每日以 24 小時計。
碼頭使用率	Utilization Rate of Wharf / Berth Occupancy Rate	衡量碼頭使用情形之比率，依其用途，一般有 3 種計算基礎，即以使用時間、船長、艘日。舉例如下，在 1 天之內 1 座碼頭，船舶停靠了 12 小時，其時間使用率為 50%；200 公尺長之碼頭，1 天內僅停了 1 艘 100 公尺之船，停靠時間為 12 小時，則其使用率為（100 / 200）×（12 / 24）＝ 25%；1 天內 1 座碼頭停了 2 艘日，則其使用率為 200%。
平均每船舶靠泊碼頭時間	Average Wharfing Hour	指船舶靠泊碼頭所停靠總時間除以碇泊艘次而得。 其計算公式如下：平均每船舶靠泊碼頭時間＝Σ（解纜時間 - 繫纜時間）/ 碇泊艘次
平均每船舶靠泊船席時間	Average Berthing Hour	指船舶靠泊船席所停靠總時間除以碇泊艘次而得。 其計算公式如下：平均每船舶靠泊船席時間＝Σ（靠碼頭時間 + 繫浮筒時間）/ 碇泊艘次
船舶壅塞指數	Vessel Congestion Index	指船舶港外等待進港時間除以在港時間所得之百分比。 其公式如下：船舶擁塞指數＝所有船舶港外等待進港時間 / 所有船舶在港時間 ×100% 其中，船舶在港時間指輪船進港通過信號臺至離港通過信號臺所需時間。
裝貨	Loading	指由碼頭岸肩、駁船或水面上裝貨上船，其單位通常以計費噸為準。

中文名詞	英文名詞	定義
卸貨	Unloading / Discharge	指由船上卸至碼頭岸肩、駁船或水面上，其單位通常以計費噸為準。
計費噸	Revenue Ton / Freight Ton	係指港埠裝卸或船舶運送貨物之計費單位。貨物以其容積噸或重量噸計量，採其中較大者作為計費依據，其量即為計費噸。
貨物裝卸量	Cargo Tonnage Handled	船舶貨物裝卸作業所計算的噸量，通常以計費噸計算，謂之貨物裝卸量。
貨物吞吐量	Cargo Throughput	船舶進出港所裝載貨物之重量（以重量噸計算），進港之貨量為吞量，出港之貨量為吐量。
進港貨物量	Inbound Cargo Tonnage	係指進入港口之船運貨物量（以重量噸計算），包括進口及國內航線貨物量。
出港貨物量	Outbound Cargo Tonnage	係指離開港口之船運貨物量（以重量噸計算），包括出口及國內航線貨物量。
貨櫃裝卸量	Container Handled	船舶貨櫃裝卸作業所計算的數量。貨櫃以 TEU 計量，即折合 20 呎貨櫃數量。
管道裝卸量	Pipe Line Handling	利用裝設地面上下或水面上下之管道輸送貨物之裝卸量。
延人工時	Man-hour	延人工時係指裝卸貨物所使用之人數，與其所耗費時間之乘積，在某特定時間內之總延人工時可以下式表示： 總延人工時 ＝ Man$_i$×H$_i$ 其中：Man$_i$：第 i 次裝卸貨物所使用之人數 H$_i$：第 i 次裝卸貨物所耗費之小時數 N：該時間內之貨物裝卸總次數
延機工時	Machine-hour	係指裝卸貨物所占用之機具數，與其耗費時間之乘積，在某一特定時間內之總延機工時可以下式表示： 總延機工時 ＝ Mach$_i$×H$_i$ 其中：Mach$_i$：第 i 次裝卸貨物所占用之機具數 H$_i$：第 i 次裝卸貨物所耗費之小時數 N：該時間內之貨物裝卸總次數
貨物裝卸效率	Cargo Handling Efficiency	貨物裝卸效率通常分為人的效率與機具的效率，其計算公式以裝卸貨量除以延人工時或延機工時可得，一般機具的效率可分為毛貨物裝卸效率與淨貨物裝卸效率兩種。目前我國港埠統計採用淨貨物裝卸效率。
毛貨物裝卸效率	Gross Cargo Handling Rate	船舶靠碼頭至離碼頭單位時間內裝卸貨物數量之比率。
淨貨物裝卸效率	Net Cargo Handling Rate	裝卸機具實際作業時間內裝卸貨物數量之比率。

中文名詞	英文名詞	定義
貨櫃裝卸效率	Container Handling Rate	總裝卸貨櫃數量除以實際裝卸作業時間而得。 計算公式如下： 貨櫃裝卸效率＝總裝卸貨櫃數量（個）/延機（或延人）小時。
橋式貨櫃起重機裝卸效率	Handling Rate of Container Gantry Crane	使用橋式貨櫃起重機總裝卸貨櫃數量除以橋式貨櫃起重機實際裝卸作業時間而得。計算公式如下： 橋式貨櫃起重機裝卸效率＝使用橋式貨櫃起重機總裝卸貨櫃數量（個）/貨櫃橋式機延機（或延人）小時
倉棧容量	Warehouse & Transit-sheds Capacity	各倉棧中，除留必要空間與通道外，所有用作堆貨空間之容積，在同一時間中所能儲存貨物之最大計費噸量。
進倉量	Warehouse & Transit-shed's Receiving	特定期間內，存進倉棧之貨物噸量
出倉量	Warehouse & Transit-shed's Delivery	特定期間內，從倉棧提出之貨物噸量
存倉量	Warehouse & Transit-shed's Remaining	倉棧內現有貨物之噸量。
延日存倉量	Ton-day of Storage	在特定期間內，每日存倉貨物噸量之累積數，即貨物存倉噸數與存倉日數之乘積和。
倉棧延日總容量	Capacity of Storage in Ton-day	係指某倉棧之容量與其使用日數之乘積，如一月分之延日總容量為倉棧容量乘以 31 可得。
倉棧使用率	Warehouse & Transit-shed's Utilization Rate	係指某倉棧在某一時期之延日存倉量，除以該時期之延日總容量之百分比，由該百分比可以了解，該倉棧在該時期中之使用狀況與閒置情形。
平均存倉日數	Average Storage Day	係指某倉棧在某一時期內，平均每公噸進倉貨物之儲存日數，計算公式為該時期之延日存倉量除以進倉量而得。
倉棧週轉率	Warehouse & Transit-shed's Turnover Rate	係指某倉棧在某一時期中，每單位倉棧容量存放貨物之比例。 計算公式為： 當月週轉率＝
理貨	Tally	貨物在港區交運作業時，在裝船、卸船以至進倉、出倉時，必須檢視點交其數量是否相符，嘜頭是否齊全，貨品有無受損，由船方或倉棧方指派專人予以清點劃分，此種工作，即謂之為理貨。
貨櫃化程度	Degree of Containerization	其公式如下：貨櫃化程度＝貨櫃貨噸數 /（吞吐量－散裝貨噸數）×100%
港區內海事案件艘數	Marine Casualties at the Port	指船舶（不包括漁船）在當地商港區域內發生碰撞、觸礁、擱淺、失火、爆炸、洩漏、傾覆、機器故障及有關船舶載運之貨、船員或旅客之非常變故等海事案件之船舶艘數。

中文名詞	英文名詞	定義
自由貿易港區事業	Free Trade Zone Enterprise	指經核准在自由港區內從事貿易、倉儲、物流、貨櫃（物）集散、轉口、轉運、承攬運送、報關服務、組裝、重整、包裝、修配、加工、製造、檢驗、測試、展覽或技術服務之事業。
課稅區	Tax Zone	關稅領域內除保稅區外之區域。
保稅區	Bonded Area	自國外運抵國境之貨物，在未完成通關手續前，供其於海關監控（核准）下存放而暫免繳稅之區域。
科學工業園區	Science Industrial Park	為引進高級技術工業及科學技術人才，以激勵國內工業技術之研究創新，並促進高級技術工業之發展，行政院國家科學委員會依科學工業園區設置管理條例之規定，報請行政院核定設置之園區。
加工出口區	EPZ（Export Processing Zone）	為促進投資及國際貿易，經濟部依加工出口區設置管理條例及其施行細則之規定，報請行政院核定設置之出口區。
保稅工廠	Bonded Factory	依公司法組織登記設立之股份有限公司設有登記合格之工廠，依海關管理保稅工廠辦法規定向海關申請核准之工廠。
免稅額	Exemption Amount	依自由港區事業向海關通報自國外進儲貨物（F1報單）價格與稅則號別經計算免徵之「關稅、營業稅及推廣貿易服務費」。
進儲國外貨物	Foreign Goods to Be Stored	指由船舶卸進港區倉棧儲存之進口貨物。
輸往國外貨物	Goods for Export	指以船舶運往國外之出口貨物。

附錄2　水運統計名詞定義【註1】

一、水運設備統計（Water Transportation Equipment Statistics）

中文名詞	英文名詞	定義
船舶	Ship / Vessel	依船舶法規定行駛於水面或水中之交通工具，總噸位 50 噸以上之非動力船舶，或總噸位 20 噸以上之動力船舶，或依海商法規定在海上航行或在與海相通水面或水中行駛之船舶。
輪船	Power-driven Vessel	藉由動力航行之任何船舶。
小船	Small Ship	依我國船舶法規定，總噸位未滿 50 噸之非動力船舶，或總噸位未滿 20 噸之動力船舶謂之。
客船	Passenger Ship	指搭載乘客超過 12 人之船舶。
客貨船	Passenger & Cargo Ship	指兼載貨物之客船。
貨船	Cargo Ship	指裝載貨物之船舶，可細分為貨櫃船、子母船、冷藏船、穀類船、油船、礦砂船、煤船、木材船、散裝船、乾貨船、砂石船、液化石油氣船（LPG）、液化天然氣船（LNG）、油礦兩用船（車輛運輸船）、水泥船、多用途船、液體化學船等。
貨櫃船	Container Ship	具有特殊設計與佈置之船，其貨艙有垂直隔間構造，每一艙隔空間大小適與貨櫃的長寬相當，該船之用途僅能作為貨櫃運輸之用。
混合貨櫃船	Combination Container Ship	具有吊上吊下型與駛進駛出型船艙內部結構設計之貨櫃船。
全貨櫃船	Full Container Ship	全船均裝載貨櫃之船舶（不包括半貨櫃船）。
半貨櫃船	Semi-container Ship	兼具載運貨櫃與什貨之船舶。
駛進駛出型貨櫃船	Roll-on Roll-off Ship（RORO）	此種貨櫃船船尾開一艙門，以供拖車駛進駛出。艙門開啟時，即有一鋼製跳板伸出，搭在船席岸肩與船艙之間，拖車裝上貨櫃，即由此門駛進艙內，或由艙內駛出，此種裝卸貨櫃的方法稱之為駛進駛出法。
汽車船	Car Carrier	以裝載車輛為目的之船。
子母船	Lighter Aboard Ship（LASH）	為特殊設計之母船，可裝載若干駁船，此所載之駁船猶若子船，裝卸時毋須停靠碼頭，到港泊錨後即可將子船卸下、裝上，節省滯港時間，同時亦有部分經特殊設計可裝載貨櫃，如此則子船與貨櫃可同時裝載，故亦屬貨櫃船之一種。

【註1】 交通統計名詞定義 (水運)，中華民國交通部。https://www.motc.gov.tw/ch/home.jsp?id=61&parentpath=0%2C6&mcustomize=statistics102.jsp

中文名詞	英文名詞	定義
油船	Oil Tanker	指專為載運散裝油類或其他液體貨物之船舶。船內需設縱橫隔間，分成若干小區隔，船中央設幫浦室，有主支管通於各油槽內。
冷藏船	Reefer / Refrigerated Cargo Ship	需利用裝有冷藏設備可調節空氣與濕度，以運送易腐敗之食物、水果等之船舶。
礦砂船	Ore Carrier	為裝載大量礦砂而特別設計之船舶。
煤船	Coal Carrier	為裝載大量煤炭而特別設計之船舶。
木材船	Timber Carrier / Log Carrier	專為裝運木材或原木之船舶，通常船艙寬大，艙內無樑柱及中層甲板，並有特殊裝卸設備。
散裝船	Bulk Carrier	指專為載運無需包裝散裝貨物之船舶。
乾貨船	General Cargo Ship	指專為載運需包裝能計件雜貨之船舶。
貨櫃	Container	裝運貨物的箱形容具，可以反覆使用，便於搬運並確保貨物之完整與安全。
實櫃	Loaded Container	稱重櫃，即裝有貨物之貨櫃。
空櫃	Empty Container	未裝貨物之貨櫃。

二、水運人事統計（Water Transportation Personnel Statistics）

中文名詞	英文名詞	定義
船員	Seafarer	服務於商船上之人員謂之，其職稱分為船長及海員兩種。
雇用人	Employer	指船舶所有權人及其他有權僱用船員之人。
甲級船員	Officer	指持有交通部核發適任證書之航海人員、船舶電信人員及其他經交通部認可之船員。
乙級船員	Rating	指除甲級船員以外之其他船員。
船長	Master / Captain	船長為受雇用人僱用，依法指揮全體海員、旅客及在船任何人，並管理全船一切事務，及負維護全船生命財產安全之責任。
海員	Seaman	受雇用人僱用，由船長指揮，服務於船舶上之所有人員，計分艙面部、輪機部、電信部、事務部。
大副	Chief Mate / Chief Officer	應於航泊時當值及秉承船長之命，負全船行政責任，督率艙面部、事務部各級海員執行工作。其職位次於船長，於船長無法執行職務時，由其指揮全船。
船副	Deck Officer	應於航泊時當值及秉承上級主管之命執行工作。
水手長	Bosun	秉承大副或當值航行員之命，督率各級水手執行工作。

中文名詞	英文名詞	定義
輪機長	Chief Engineer	秉承船長之命，綜理輪機部事務，督率輪機部各級海員執行工作。
大管輪	Second Engineer	應於航泊時當值及秉承輪機長之命，處理輪機部技術及行政事務，督率輪機部各級海員執行工作。
管輪	Engineer Officer	應於航泊時當值及秉承上級主管之命，協助處理輪機部事務。

三、水運業務統計（Water Transportation Business Statistics）

中文名詞	英文名詞	定義
總噸位	Gross Registered Tonnage (GRT) / Gross Tonnage (GT)	係指船舶圍蔽部分減去免丈部分之總容積 V，以立方公尺計之，乘以係數 K 所得船舶大小之數字。（依 1969 年國際船舶噸位丈量公約，GT ＝ KV，K ＝ 0.2 ＋ 0.02log10V）
登記噸位／淨噸位	Net Registered Tonnage (NRT) / Net Tonnage (NT)	又稱淨噸，指依全船可裝載客貨部分之總容積 Vc，乘以係數 Kc 所得之數字。（NT ＝ KcVc，Kc ＝ 0.2 ＋ 0.02log10Vc）
載重噸位	Deadweight Tonnage (DWT)	係指船舶之裝載能力，即除船舶船身、機器，設備，以及固定裝備等外，可以裝載客、貨、燃料、淡水及船員與給養品之重量。
船舶排水量噸位	Ship's Displacement Tonnage	一船舶浮於水面時，其所排去水之重量，即等於該船之重量，此種所排去之水量，即稱為該船之排水量。但因船舶體積過於龐大，無法直接估量排水量之重量，造船廠乃根據浮力原理，以相當於船舶沒入水中部分所排開同體積大小之水量，而間接計算其重量。其公式如下：排水量噸位＝ LD.L.W.L. ＝設計滿載長度。BMLD ＝船之模寬。DMLD ＝船之最高載重線吃水。Cb ＝船型係數。35＝淡水水域 36＝海水水域
船級	Classification	指驗船協會對於商船所訂船殼構造及其機器設備之等級標準，為船舶航運價值之重要條件。船東新造船舶或修理船舶均委請驗船協會予以監造或監修，並經協會檢驗合格後而訂船級。
航速	Speed	船舶航行之速率，以每小時所行駛之浬數表示之，（1 浬＝ 1.852 公里）習慣上稱「節」（KNOT）。
吃水	Draft / Draught	即水面至船底龍骨最低點之垂直距離，可以表明船舶航行之安全深度。

中文名詞	英文名詞	定義
船舶國籍	Nationality of Vessel / Flag of Vessel	船舶必須有一國籍，無國籍或多於一個國籍之船舶，不能享受國際法之保護。船舶國籍通常以其所懸國旗表示之。
船籍港	Port of Vessel Registry	船舶在某港口辦理船籍登記手續，則此港口即為該船之船籍港，其名稱應標明於船尾中央。
船齡	Age of Vessel	每艘輪船自造成下水起算之現有年數。
國輪	National-flagged Ship	船籍港為我國港口，持有我國交通部核發之國籍證書者謂之。
外輪	Foreign Ship	凡商船未持有我國核發之國籍證書者謂之。
權宜國籍船	Flag-of-convenience Ship (FOC's)	本國航商所有之船舶基於下列之權宜因素，改懸權宜船籍國之國旗，轉入其國籍。 （一）可降低其營運成本（如較低之稅捐以及檢查標準等）。 （二）戰時避免本國政府之徵用而無法營運。 （三）經營航線不受政治因素之限制。 （四）運價亦不受本國管制，較富彈性。
航線	Route	指輪船所載運客貨起訖港口之航行路線。
定期船	Liner	凡具有固定航線，照預定的商港與航期，作規則與連續的航行，從事客貨運輸之船舶稱之。
不定期船	Tramp	凡行駛不固定航線、船期，並無固定停靠港埠之船舶稱之。
航運同盟	Shipping Conference / Liner Conference	各輪船公司為謀減少惡性競爭，進而促成合作協調，乃分航線或某一航行區域，以協議方式組成卡特爾（Cartel）之同盟，定有統一運價及運送條件，凡加入該等同盟之船舶均屬之。
非航運同盟	on Shipping-conference / Non Liner-conference	凡未加入某一航線或某一航行區域內運費同盟之船舶均屬之。
船舶丈量	Vessel Measurement	指丈量船舶之總噸位與淨噸位，以表明船舶大小及核定客貨裝載容積大小，俾策進航行安全，並為徵稅收費之依據。
船舶檢查	Vessel Survey	指航政主管機關為經常保障船舶航行安全，對船舶之構造、船殼、機器及船上救生、救火與航行用具、無線電訊等設備，實施定期、臨時或特別檢查。
港口國管制檢查	Port State Control Inspection	為確保從外國進入本國港口的船舶都能符合海事安全及防止海水污染與提升船員工作環境等而對自外海進港的外國籍船舶所作的檢查，以漸次消除全球不合於公約規定之次標準船。
海事案件	Ship-wreck / Marine Incident / Sea Accident / Casualty	指船舶在海上發生沉沒、觸礁、擱淺、碰撞、失火、爆炸、傾覆、機器故障或其他意外事故及有關船舶、貨載、船員或旅客之非常事變等案件。

中文名詞	英文名詞	定義
我國海域	Domestic Sea	我國飛航情報管制區內之海域。
外國海域	Foreign Sea	指我國飛航情報管制區以外之海域。
引水	Pilot	係指在港埠、沿海、內河或湖泊之水道引領船舶航行而言。
船舶載貨噸數	Ship Cargo Tonnage by Weight	船舶貨物運送計算單位，一船根據船舶進出口報單及國內貨物艙單所載重量噸為計算單位。
船運貨物	Shipped Cargo	指海運中船舶所載，除郵件、船用品、設備品、行李外之一切財物。
延噸海浬	Ton-nautical Mile / Ton-mile	載貨噸數與起訖港浬程數之乘積。
船舶旅客人數	Number of Passenger Aboard Ship	指搭客船或客貨船進出各港之旅客人數。
延人海浬	Passenger-nautical Mile	客運人數與航行浬程數之乘積。
雜貨	General Cargo	有外包裝並可計件之貨物謂之。以工業產品居多，每次託運數量不多，然單位價值高，故運費較高。
貨櫃貨	Containerized Cargo	以貨櫃運輸之櫃內貨物。
散裝貨 / 散貨	Bulk Cargo	指凡不用箱、包、袋、桶、塑膠袋等裝包或綑紮之貨物而散裝於船艙者，如油料、穀類、礦砂、煤、木材等。
管道貨	Pipeline Cargo	係指利用管道輸送之貨物，如散油、水泥、液化原料等。
嘜頭	Mark	貨物的標誌俗稱嘜頭，係在貨物包裝外層印刷識別標記。
艙單	Manifest	商船裝運貨物之記錄，分進口及出口兩種，艙單內分 3 大欄，上欄列錄艙單號數、船東姓名、代理行名稱、船名、國籍、噸位、船長姓名、起運口岸、進港日期、停泊地點等，中欄列錄艙單號數、提單號數、下貨單號碼、標記及號碼、貨物件數、包裝式樣、貨名、貨物重量、收件人等。下欄則列載船公司或代理行、船長等並予以簽名蓋章。船公司或代理行在商船出港或進港前，應按規定分送港務機關及海關
重量噸	Weight Ton	重量噸分為長噸（English or Long Ton）、短噸（American or Short Ton）、公噸（Metric or Continental Ton）、中國噸（Chinese Ton）4 種，1 長噸等於 2,240 磅，1 短噸等於 2,000 磅，1 公噸等於 1,000 公斤或 2,204.621 磅，1 中國噸等於 2,000 市斤。
容積噸 / 體積噸	Measurement Ton	此種按照貨物體積計算之噸數，稱為容積噸，或稱呎碼噸，普通以 1 立方公尺為 1 噸。

中文名詞	英文名詞	定義
翻艙	Shifting	指將船舶艙內貨物調換位置之動作。
折合 20 呎貨櫃數	Twenty-foot Equivalent Unit (TEU)	係各類型貨櫃折合 20 呎貨櫃之數量,其折算方式如下: 10 呎 1 個＝ 0.5TEU,20 呎 1 個＝ 1TEU,40 呎 1 個＝ 2TEU, 45 呎 1 個＝ 2.25TEU,1Feet=1 呎 =0.3048 公尺。
貨櫃規格	Container Specification	8 呎 ×8 呎 ×10 呎者稱為 10 呎貨櫃,不滿 10 呎者以 10 呎計算。 8 呎 ×8 呎 ×20 呎者稱為 20 呎貨櫃,8 呎 ×8 呎 ×40 呎者稱為 40 呎貨櫃, 8 呎 ×8 呎 ×45 呎者稱為 45 呎貨櫃。
貨櫃化比率	Ratio of Containerization	一般有兩種計算基礎,第一種係指在某一時間內,以貨櫃承運之櫃內貨物重量,占該時期海運貨物總重量之百分比。第二種係指在某一時間內,以貨櫃承運之櫃內貨物重量,占該時期海運貨物扣除不能貨櫃化之貨物(如散裝貨)後總重量之百分比。一般以第二種較常應用。
整裝貨櫃	Full Container Load (F.C.L. 或簡稱 CY 櫃)	貨櫃的類別,係依裝貨狀況分類的一種。凡一個貨主的貨物,裝滿貨櫃,運交同一目的地之單一貨主者屬之。
併裝貨櫃	Less Than Container Load (L.C.L. 或簡稱 CFS 櫃)	貨櫃的類別,係依裝貨狀況分類的一種。凡數個貨主之貨物,來自內陸各起運地,由內陸貨櫃集散站,或港埠貨櫃基地中之貨櫃集散場,依照運往同一目的港者,拼湊裝入一只貨櫃,到達目的港貨櫃基地,或內陸貨櫃集散站,開櫃分送內陸各地之數個受貨人者屬之。
轉口貨櫃	Transit Container	由國外裝運暫時卸存港埠貨櫃基地後,等待轉運國外之貨櫃稱之。
轉運貨櫃	Transshipment Container	由國外裝運暫時卸存國內港埠貨櫃場後,等待另行轉船至國內其他國際港口或由國內其他國際港裝運卸存另一國際港、再行裝船出口之貨櫃稱之。

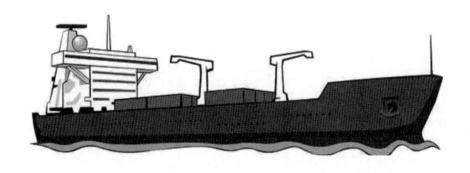

附錄3.1　臺灣港務股份有限公司從業人員甄試命題大綱_港埠經營管理（師級）

適用級別	適用類科
師級	航運管理
專業知識及核心能力	一、瞭解港埠之性質。 二、熟悉港埠設施管理系統。 三、具備港埠管理相關知識。 四、具備港埠經營管理能力。

命題大綱
一、港埠之性質 （一）港埠種類、功能與對經濟之重要性 （二）我國港埠發展現況 （三）世界港埠發展趨勢
二、港埠設施管理 （一）水域設施 （二）船舶服務設施 （三）碼頭、棧埠及倉儲設施 （四）旅客服務設施 （五）其他港埠設施
三、港務管理 （一）船舶進出港作業與管理 （二）港區安全與保全 （三）船舶交通管理與港口國管制 （四）港務管理體制
四、港埠經營策略 （一）港埠規劃、建設與管理 （二）港埠行銷與招商策略 （三）自由貿易港區發展策略 （四）提升港埠競爭力相關策略 （五）水岸開發對於港埠經營的影響 （六）科技如何運用在港埠經營上

備註	表列命題大綱為考試命題範圍之例示，惟實際試題並不完全以此為限，仍可命擬相關之綜合性試題。

附錄3.2　臺灣港務股份有限公司從業人員甄試命題大綱_港埠經營管理（員級）

適用級別	適用類科	
員級	航運管理	
專業知識及核心能力	一、瞭解港埠之性質。 二、熟悉港埠設施種類。 三、具備港埠管理知識。 四、理解港埠經營主要策略。	
命題大綱		
一、港埠之性質 （一）港埠種類、功能 （二）我國港埠現況及未來發展趨勢		
二、港埠設施 （一）水域設施 （二）碼頭、棧埠及倉儲設施 （三）旅客服務設施		
三、港務管理 （一）船舶進出港作業與管理 （二）港區安全與保全		
四、港埠經營策略 （一）港埠規劃、建設與管理 （二）提升港埠競爭力相關策略 （三）科技在港埠經營所扮演的功能		
備註	表列命題大綱為考試命題範圍之例示，惟實際試題並不完全以此為限，仍可命擬關之綜合性試題。	

資料來源：臺灣港務股份有限公司網站＿資訊公開＿人才招募
https://www.twport.com.tw/Upload/A/RelFile/CustomPage/3941/f477134a-f8e5-4863-8b06-26e07d464ae3.pdf

附錄4.1　考選部公務人員高等考試命題大綱_港埠經營管理（航運行政）

適用考試名稱	適用考試類科
公務人員高等考試三級考試	航運行政
專業知識及核心能力	一、了解港埠之性質。 二、熟悉港埠設施管理系統。 三、具備港埠管理相關知識。 四、具備港埠經營管理能力。
命題大綱	
一、港埠之性質 （一）港埠種類、功能與對經濟之重要性 （二）我國港埠發展現況 （三）世界港埠發展趨勢	
二、港埠設施管理 （一）水域設施 （二）船舶服務設施 （三）碼頭、棧埠及倉儲設施 （四）旅客服務設施 （五）其他港埠設施	
三、港務管理 （一）船舶進出港作業與管理 （二）港區安全與保全 （三）船舶交通管理與港口國管制 （四）港務管理體制	
四、港埠經營策略 （一）港埠規劃、建設與管理 （二）港埠行銷與招商策略 （三）自由貿易港區發展策略 （四）提升港埠競爭力相關策略	
備註	表列命題大綱為考試命題範圍之例示，惟實際試題並不完全以此為限，仍可命擬相關之綜合性試題。

附錄4.2　考選部公務人員普通考試命題大綱_港埠經營管理概要（航運行政）

適用考試名稱	適用考試類科
公務人員普通考試	航運行政
專業知識及核心能力	一、了解港埠之性質。 二、熟悉港埠設施種類。 三、具備港埠管理知識。 四、理解港埠經營主要策略。
命題大綱	
一、港埠之性質 　（一）港埠種類、功能 　（二）我國港埠現況及未來發展趨勢	
二、港埠設施 　（一）水域設施 　（二）碼頭、棧埠及倉儲設施 　（三）旅客服務設施	
三、港務管理 　（一）船舶進出港作業與管理 　（二）港區安全與保全	
四、港埠經營策略 　（一）港埠規劃、建設與管理 　（二）提升港埠競爭力相關策略	
備註	表列命題大綱為考試命題範圍之例示，惟實際試題並不完全以此為限，仍可命擬相關之綜合性試題。

資料來源：考選部網站 _ 首頁 > 應考人專區 > 考試資訊 > 命題大綱
https://wwwc.moex.gov.tw/main/content/wfrmContentLink4.aspx?inc_url=1&menu_id=154&sub_menu_id=611

附錄5.1.1　臺灣港務股份有限公司從業人員甄試試題_港埠經營管理（師級）

臺灣港務股份有限公司 110 年度新進從業人員甄試專業科目試題
筆試科目：港埠經營管理
甄選類科：A1_ 師級 _ 航運管理

題號	題目
1	1. 請述明港埠之主要功能為何？ 2. 並請論述：我國港群所屬各大商港區域，所具備的功能為何？
	配分：共計 25 分，第 1 小題 15 分，第 2 小題 10 分。
2	行銷（marketing）是全球各大企業拓展業務的重要利器，國際港埠營運亦不例外。港埠經營者應徹底改變過去被動地「等待顧客上門」的態度，轉為為主動式「以顧客為導向」，真正瞭解顧客需求，重視顧客對服務的滿意度。我國的港埠事業亦屬於國際運輸服務的一環，請站在港務公司經營者立場，以服務業 7P（Product，Price，Promotion，Place，People，Pysical Environment，Process）的立場，一一為港務公司擬定可行的行銷策略。
	配分：共計 25 分
3	1. 請述明港埠之主要功能為何？ 2. 並請論述：我國港群所屬各大商港區域，所具備的功能為何？
	配分：共計 25 分，第 1 小題 15 分，第 2 小題 10 分。
4	我國目前自由貿易港區共有六海一空，請問： 1. 何謂自由貿易港區（FTZ）？ 2. 六海自由貿易港區是哪六個港區？ 3. 請站在臺灣港務公司立場，列舉自由貿易港區的競爭利基？
	配分：共計 25 分，第 1 小題 10 分，第 2 小題 5 分，第 3 小題 10 分。
5	為構建我國商港未來整體發展方向並研擬發展策略，2020 年版運輸政策白皮書（海運），擬訂 106～110 年國際商港發展目標為「強化亞太樞紐港地位，成為亞洲最佳服務港口」，並研訂五大面向之發展目標。請說明此港埠政策的五大面向及其發展目標各是為何？
	配分：共計 25 分

附錄5.1.2　臺灣港務股份有限公司從業人員甄試試題_港埠經營管理（師級）

臺灣港務股份有限公司 109 年度新進從業人員甄試筆試試題
甄選類科：師級 A01 航運管理
測驗科目：專業科目 1- 港埠經營管理
第 1 頁，共 1 頁
本科考試時間為 80 分鐘，每題二十五分，總分為一百分，請依序作答

一、請將下列名詞中翻英，並扼要解釋之：
  (1) 地主港（5 分）
  (2) 繫船浮筒（5 分）
  (3) 錨地（5 分）
  (4) 防波堤（5 分）
  (5) 信號台（5 分）

二、港埠與物流發展是相輔相成，隨著國際物流發展，港埠逐漸形成物流專區，請問：
  (1) 何謂港埠物流？（5 分）
  (2) 試從港埠附加價值創造觀點，論述港埠在國際物流中所扮演之四種角色轉變及主要作業功能。（20 分）

三、請問港埠經營行銷在選擇市場涵蓋策略時，必須考慮哪些關鍵要素？

四、為創造自由及無障礙之流通環境，我國提出自由貿易港區概念，並在各海港設置自由貿易港區。
  (1) 請分別就自由貿易港區之設計理念、定義及主管機關進行說明。（7 分）
  (2) 所具備足以吸引廠商投資之利基為何？（10 分）
  (3) 請協助港務公司試擬在自由貿易港區內可行之業務模式。（8 分）

附錄5.1.3　臺灣港務股份有限公司從業人員甄試試題_港埠經營管理（師級）

臺灣港務股份有限公司 108 年度新進從業人員甄試專業科目試題
筆試科目：港埠經營管理
甄選類科：11_ 師級 _ 航運管理

題號	題目
1	請說明下列有關臺灣商港之經營及管理現況： 1. 依據商港法之規定，商港之經營及管理業務的負責機關為何？ 2. 實務上，臺灣各商港（含離島）經營業務的負責機關為何？
	配分：第 1 小題 10 分，第 2 小題 15 分，共 25 分
2	在國際商港內，影響貨櫃碼頭營運績效的因素可分為二大類，包括： 1. 內部因素（企業可以自控部分）； 2. 外部因素（受外界影響且企業難以自控）。 請針對這二大類因素分別列舉其影響因素，每類因素至少列出 3 項並說明之。
	配分：第 1 小題 12 分，第 2 小題 13 分，共 25 分
3	請說明臺灣港務股份有限公司針對港區空氣污染防制有哪些具體措施。
	配分：25 分
4	臺灣各大港埠內，含括有各種貨棧、儲庫、碼頭等營運空間，其招商與引資策略，會影響未來招商項目的營運體制與其經營模式。請您述論：可能會影響港埠招商引資的 5 項經營環境議題。
	配分：每項 5 分，共 25 分。

附錄5.1.4　臺灣港務股份有限公司從業人員甄試試題_港埠經營管理（師級）

臺灣港務股份有限公司 107 年度新進從業人員甄試專業科目試題
筆試科目：港埠經營管理
甄選類科：航運管理（師級）

題號	題目
1	請詳細說明我國島內七大商港（港群）發展的定位與未來發展。
	配分：35 分
2	何謂綠色港口（Green Ports）或生態港口（Eco-Ports）？與傳統港口比較下，綠色港口具備哪些優勢？請說明港務公司已推動的「臺灣港群綠色港口推動方案」內容。
	配分：25 分
3	我國港埠發展情況已由求過於供時代轉變成供大於求，在港務局公司化後以及全球碼頭能量供給過剩下，臺灣港務公司在貨櫃碼頭營運模式上已變得更具有彈性，請簡述至少五項，依港務公司觀點提出研擬對策？
	配分：20 分
4	在未來主航線母船大型化趨勢下，航商考量航線規劃時效率與成本的因素後，停靠軸心港的數目有逐漸減少的傾向，這也是為何當前全球貨櫃港積極爭取成為軸心港之主因。而主航線港口的硬體建設則必須滿足哪些條件方能吸引主幹線船舶彎靠？
	配分：20 分

附錄5.1.5　臺灣港務股份有限公司從業人員甄試試題_港埠經營管理（師級）

臺灣港務股份有限公司 106 年度新進從業人員甄試專業科目試題
筆試科目：港埠經營管理
甄選類科：11 航運管理（師級）

題號	題目
1	在我國的「國營港務股份有限公司設置條例」中，述明我國交通部為了經營商港，故設立了國營港務股份有限公司，由政府獨資經營。請問：有關港務公司的業務範圍為何？
	配分：20 分
2	港埠的經營，不僅僅是現行業務的管理而已，也要經過慎密的未來規劃。規劃過程的第一步驟就是界定問題，以求發現缺失和瓶頸。所以，避免規劃本身的缺失，是規劃成功的先決條件。請述明：在港埠規劃的過程中，常會產生的一些典型的缺失有哪些？（請至少列舉 8 項）
	配分：20 分
3	貨櫃港口與航商之間的相互依存與合作關係，密不可分，全球各大貨櫃港口的競爭要素中，皆期望能夠具有可及性（accessibility）與聯結性（connectivity）這二種優勢，以吸引更多貨櫃航商前來靠泊，並祈創造更多的貨櫃吞吐量。請問您：何謂貨櫃港口的可及性與聯結性？（具體舉例說明更佳）
	配分：20 分
4	請問臺灣港務股份有限公司，企業社會責任之推動目標有哪些？並請論述其在港埠經營管理層面採取哪項具體政策以落實企業社會責任？此政策執行構面為何？
	配分：20 分
5	請解釋下列名詞： (1) 自由港 (2) 樞紐港 (3) Storage Factor (4) TEU (5) Bill of Lading
	配分：每小題 4 分，共 20 分

附錄5.2.1　臺灣港務股份有限公司從業人員甄試試題_港埠經營管理概要（員級）

臺灣港務股份有限公司 110 年度新進從業人員甄試專業科目試題

筆試科目：港埠經營管理概要

甄選類科：B1 員級 _ 航運管理

題號	題目
1	1. 港埠乃是「港」與「埠」二字合稱，亦即「港灣」與「埠地」（或稱棧埠）兩部分。請問： (1) 何謂「港灣」？（5 分） (2) 何謂「埠地」？（5 分） (3) 港埠之功能有哪些？請列舉五項。（5 分） 2. 商港法對於下列專用詞語之定義為何： (1) 國際商港（5 分） (2) 商港區域（5 分）
	配分：25 分
2	商港法對於「商港設施」之定義為何？（5 分）請具體說明「商港設施」包括哪些設施？（20 分）
	配分：25 分
3	目前許多港埠內均設置自由港區，請問： (1) 何謂「自由港區」？（10 分） (2) 自由港區內得設置自由港區事業，何謂「自由港區事業」？（10 分） (3) 自由港區內得設置自由港區事業以外之事業，何謂「自由港區事業以外之事業」？（5分）
	配分：25 分
4	1. 關於港埠之船席調配作業，請回答下列問題： (1) 船席調配原則為何？（5 分） (2) 船席調配制度分為先到先靠（或稱臨時指泊）、優先指泊、以及承租碼頭靠泊（或稱長期碇泊）等三種制度，請問此三種制度之意義及優、缺點？（10 分） 2. 何謂 Vessel Traffic Services（VTS）？（10 分）
	配分：25 分

附錄5.2.2　臺灣港務股份有限公司從業人員甄試試題_港埠經營管理概要（員級）

臺灣港務股份有限公司 109 年度新進從業人員甄試筆試試題
甄選類科：員級 B01 航運管理
測驗科目：專業科目 1- 港埠經營管理概要
第 1 頁，共 1 頁
本科考試時間為 80 分鐘，每題二十五分，總分為一百分，請依序作答

一、試請將下列名詞中翻英並扼要解釋之：
　　(1) 港口國管制（5 分）
　　(2) 貨櫃堆積場（5 分）
　　(3) 迴船池（5 分）
　　(4) 貨櫃存放場（5 分）
　　(5) 繫船柱（5 分）
二、請條列式概述運送人針對航線選擇灣靠港的主要衡量要素為何？
三、港埠依國家政策之限制區分之，可以分為國際商港、國內商港、自由港等分類，請論述何謂自由港（Free Port）？
四、在港區內的各類倉庫中，若以業務性質進行區分，可以分為 (1) 聯鎖倉庫、(2) 保稅倉庫。
　　請分別論述二者之個別意涵。
　　試題公告

附錄5.2.3　臺灣港務股份有限公司從業人員甄試試題_港埠經營管理概要（員級）

臺灣港務股份有限公司 108 年度新進從業人員甄試專業科目試題

筆試科目：港埠經營管理概要

甄選類科：31 員級 _ 航運管理

題號	題目
1	港埠的成功關鍵因素有哪些？請分別敘述之。
	配分：共 25 分
2	優良的泊地（Anchorage）應具備哪些條件？請分別敘述之。
	配分：共 20 分
3	港埠與城市的發展具有共存共榮的效果，請說明當港埠與城市產生良好的結合時可帶來的直接與間接經濟效益有哪些？
	配分：共 25 分
4	名詞解釋 （一）拖船（Tug Boat） （二）航道（Channel） （三）引水人（Pilot） （四）吞吐量（Cargo Throughput） （五）聯鎖倉庫（Customs Joint Lock Warehouse） （六）保稅倉庫（Bonded Warehouse）
	配分：每小題 5 分，共 30 分。

附錄5.2.4　臺灣港務股份有限公司從業人員甄試試題_港埠經營管理概要（員級）

臺灣港務股份有限公司 107 年度新進從業人員甄試專業科目試題

筆試科目：港埠經營管理概要

甄選類科：航運管理（員級）

題號	題目
1	依據港埠經營型態可分為幾類型？目前台灣港埠經營型態屬於何種類型？試分別敘述之。
	配分：第 1 小題 20 分，第 2 小題 5 分，共 25 分
2	為減少港區空氣汙染減量，臺灣港務公司自 104 年起陸續逐年推動港區減排計畫，請簡述各階段施行的計畫內容？
	配分：20 分
3	影響港口運輸需求的因素有哪些？
	配分：共 25 分
4	名詞解釋 (1)BOT（build-operate-transfer） (2)Berth (3) 自由貿易港區 (4) 商港服務費（Port Service Charge） (5) 貨櫃集散站（Container Freight Station） (6) 綠色港口
	配分：30 分

附錄6.1.1　109年公務人員高等考試三級考試試題

類科：航運行政

科目：港埠經營管理

考試時間：2 小時 座號：

※ 注意：

（一）禁止使用電子計算器。

（二）不必抄題，作答時請將試題題號及答案依照順序寫在試卷上，於本試題上作答者，不予計分。

（三）本科目除專門名詞或數理公式外，應使用本國文字作答。

一、何謂港埠規劃？並請說明港埠規劃之目標。（25 分）

二、請說明港埠物流相關業者有那些？其主要業務各有那些？（25 分）

三、請說明影響港埠未來發展趨勢之因素有那些？（25 分）

四、請說明港埠政策之性質，以及我國現階段之港埠政策主要內容。（25 分）

附錄6.1.2　108年公務人員高等考試三級考試試題

類科：航運行政

科目：港埠經營管理

考試時間：2 小時 座號：

※ 注意：

（一）禁止使用電子計算器。

（二）不必抄題，作答時請將試題題號及答案依照順序寫在試卷上，於本試題上作答者，不予計分。

（三）本科目除專門名詞或數理公式外，應使用本國文字作答。

一、請說明港埠在促進國家經濟繁榮上可扮演何種角色？（25 分）

二、請說明港務當局應具備那些管理能力，以發揮港埠設施之效能？（25 分）

三、請說明港埠管理所面臨之主要風險有那些？其性質各為何？（25 分）

四、港埠應採取何種措施，以提升其物流業務之競爭力？（25 分）

附錄6.1.3　107年公務人員高等考試三級考試試題

類科：航運行政

科目：港埠經營管理

考試時間：2 小時 座號：

※ 注意：

（一）禁止使用電子計算器。

（二）不必抄題，作答時請將試題題號及答案依照順序寫在試卷上，於本試題上作答者，不予計分。

（三）本科目除專門名詞或數理公式外，應使用本國文字作答。

一、請說明下列名詞在港埠管理中的意義：（每小題 5 分，共 25 分）

　　（一）silo

　　（二）tug boat

　　（三）transit shed

　　（四）apron

　　（五）wharf

二、何謂船席調配制度？一般而言，船席調配制度可分為那三種？請分別說明之。（25 分）

三、影響碼頭作業能量之主要因素有那些？請說明之。（25 分）

四、商港是一個國家重要的交通樞紐，請問商港在經濟發展中的角色為何？請說明之。（25 分）

附錄6.1.4　106年公務人員高等考試三級考試試題

類科：航運行政
科目：港埠經營管理
考試時間：2 小時 座號：

※ 注意：

（一）禁止使用電子計算器。

（二）不必抄題，作答時請將試題題號及答案依照順序寫在試卷上，於本試題上作答者，不予計分。

（三）本科目除專門名詞或數理公式外，應使用本國文字作答。

一、船舶貨物裝卸在不同季節或海洋地區亦以不同之吃水限制，所以在載重線標示中必須明確表示，請繪製出美國驗船協會之證明標示並說明之。（25 分）

二、分道航行制的設立通常用於港口進出港船舶管理，其條件為船舶密度大、航線交叉之區域，請敘述何謂分道航行制。（25 分）

三、港口國管制對於違章和扣船的規定中，基於那些因素可以將船舶確認為次標準船舶？（25 分）

四、試論述我國發展國際郵輪母港之策略，中央政府、地方政府與港務公司所應採取的作為為何？（25 分）

附錄6.1.5　105年公務人員高等考試三級考試試題

類科：航運行政
科目：港埠經營管理
考試時間：2 小時 座號：
※ 注意：
（一）禁止使用電子計算器。
（二）不必抄題，作答時請將試題題號及答案依照順序寫在試卷上，於本試題上作答者，不予計分。
（三）本科目除專門名詞或數理公式外，應使用本國文字作答。

一、試說明我國先後推動的自由貿易港區與自由經濟示範區政策之兩個政策的理念有何差異？（15 分）又其施行地理區域範圍有何差異？（10 分）

二、試說明 SOLAS 修正案通過的核實貨櫃重量公約（Verified Gross Mass：VGM），請說明其規定內容及核實貨櫃重量的方式有那幾種方式？（15 分）依照公約規定，港口業者是否需要實際負責貨櫃重量的秤重作業？（10 分）

三、試論述巴拿馬運河擴建完工，對於世界貨櫃港埠發展的影響。（25 分）

四、常見的港口土地使用策略有那些種類？（25 分）

附錄6.1.6 104年公務人員高等考試三級考試試題

類科：航運行政
科目：港埠經營管理
考試時間：2 小時 座號：
※ 注意：
（一）禁止使用電子計算器。
（二）不必抄題，作答時請將試題題號及答案依照順序寫在試卷上，於本試題上作答者，不予計分。
（三）本科目除專門名詞或數理公式外，應使用本國文字作答。

一、港口國管制制度對航運的影響可分為港區安全、港埠營運與海運經營三個構面，請以此三構面分別論述之？（25 分）
二、交通部於 101 年 3 月設立臺灣港務股份有限公司，統轄基隆、臺中、高雄及花蓮四個分公司，以「港群」觀念統合各港經營發展，期能提高港埠整體競爭力。請論述該公司之業務範圍與未來發展策略。（25 分）
三、目前國內綠色港埠推動做法可包括硬體改善及管理制度相配合，請分別闡述硬體改善及管理制度可採行之措施。（25 分）
四、我國的港埠設施應如何配合船舶大型化之趨勢持續改善、擴充，請分別以基隆港、臺中港、臺北港與高雄港分別論述之。（25 分）

附錄6.1.7　103年公務人員高等考試三級考試試題

類科：航運行政
科目：港埠經營管理
考試時間：2小時 座號：
※ 注意：
（一）禁止使用電子計算器。
（二）不必抄題，作答時請將試題題號及答案依照順序寫在試卷上，於本試題上作答者，不予計分。
（三）本科目除專門名詞或數理公式外，應使用本國文字作答。

一、何謂船舶交通管理及其功能？（20分）
二、試論述實施港口國管制（Port State Control: PSC）的目的。（10分）港口國管制會進行優先檢查的船舶對象為何？（10分）
三、試繪圖論述港埠貨櫃基地常見貨櫃搬運作業方法有那幾種？（15分）我國臺灣地區的港埠大多採用那一種作業方法？（5分）
四、試列舉論述目前歐盟港埠所重視的港埠環保議題有那些。（10分）
五、我國國際港口現正積極爭取國際郵輪靠泊，發展郵輪港埠業務，試論述我國港務公司及航港局因為郵輪靠泊而能直接收取的費用有那些及其計費方式。（10分）
六、試論述港埠行銷常用的方式有那些？（20分）

附錄6.2.1　109年公務人員普通考試試題

類科：航運行政

科目：港埠經營管理概要

考試時間：1 小時 30 分 座號：

※ 注意：

（一）禁止使用電子計算器。

（二）不必抄題，作答時請將試題題號及答案依照順序寫在試卷上，於本試題上作答者，不予計分。

（三）本科目除專門名詞或數理公式外，應使用本國文字作答。

一、請說明政府在港埠發展上可扮演那些角色？（20 分）

二、影響貨櫃航商選擇停靠港的因素有那些？（25 分）

三、何謂綠色港埠？推動綠色港埠政策對港埠經營有何意義？（25 分）

四、請說明交通部航港局及臺灣港務公司之主要職權。（30 分）

附錄6.2.2　108年公務人員普通考試試題

類科：航運行政

科目：港埠經營管理概要

考試時間：1 小時 30 分 座號：

※ 注意：

（一）禁止使用電子計算器。

（二）不必抄題，作答時請將試題題號及答案依照順序寫在試卷上，於本試題上作答者，不予計分。

（三）本科目除專門名詞或數理公式外，應使用本國文字作答。

一、請說明臺灣港埠發展所面臨之挑戰。（25 分）

二、臺灣港埠應採何種措施以配合郵輪業務之發展？（25 分）

三、港務作業之主要功能包括那些？（25 分）

四、請說明貨櫃碼頭和港埠貨櫃終站之設施及機具。（25 分）

附錄6.2.3　107年公務人員普通考試試題

類科：航運行政
科目：港埠經營管理概要
考試時間：1 小時 30 分 座號：
※ 注意：
（一）禁止使用電子計算器。
（二）不必抄題，作答時請將試題題號及答案依照順序寫在試卷上，於本試題上作答者，不予計分。
（三）本科目除專門名詞或數理公式外，應使用本國文字作答。

一、請說明下列名詞在港埠管理中的意義：（每小題 5 分，共 25 分）
　　（一）full and complete
　　（二）IMDG code
　　（三）LOA
　　（四）Ro/Ro container ship
　　（五）LCL
二、請說明「棧埠管理」所包含的業務。（25 分）
三、就貨櫃基地之貨櫃搬運作業而言，何謂「車架法」？何謂「門式移載機法」？請說明比較之。（25 分）
四、服務商港之倉庫依儲存貨物之不同，可分為那幾類？請說明之。（25 分）

附錄6.2.4　106年公務人員普通考試試題

類科：航運行政

科目：港埠經營管理概要

考試時間：1 小時 30 分 座號：

※ 注意：

（一）禁止使用電子計算器。

（二）不必抄題，作答時請將試題題號及答案依照順序寫在試卷上，於本試題上作答者，不予計分。

（三）本科目除專門名詞或數理公式外，應使用本國文字作答。

一、何謂港灣（Harbor）？何謂港埠（Port）？（25 分）

二、棧埠業務費率主要係屬貨物負擔費用，請依類別分別敘述之。（25 分）

三、港埠管理首要目標為確保港埠安全，而威脅港埠安全最大者為火警，通棧或倉庫為港埠易發生火警場所之一，請敘述通棧或倉庫火警之原因。（25 分）

四、各國發展經濟以厚植國力，因此港埠發展應運而生，港埠費率為經濟發展中的一個環節，試問港埠費率定價的功能為何？（25 分）

附錄6.2.5　105年公務人員普通考試試題

類科：航運行政
科目：港埠經營管理概要
考試時間：1小時30分 座號：
※ 注意：
（一）禁止使用電子計算器。
（二）不必抄題，作答時請將試題題號及答案依照順序寫在試卷上，於本試題上作答者，不予計分。
（三）本科目除專門名詞或數理公式外，應使用本國文字作答。

一、港埠經營型態可概分為①地主港、②工具港、③營運港、與④地主、工具、營運混合港四大類，請詳加論述其運作上的差異？（20分）

二、（一）請問何謂港埠通棧？（5分）（二）在設計通棧時，請問如何估算未來通棧所需要的處理貨物容量？（10分）（三）請問通棧的貨物可以堆高高度主要與那些因素有關？（10分）

三、試論述聯合國於2004年通過實施的「國際船舶暨港口設施保全章程」（ISPS Code）（一）施行的主要目的（10分）（二）實施範圍（10分）（三）ISPS締約國的港口保全等級。（10分）

四、港灣業務費率是一般港埠費率中的一主要收費項目，請問大致上我國的港灣業務費率又可細分為那幾類收費細項，並請說明這些細項的計費基礎？（25分）

附錄6.2.6　104年公務人員普通考試試題

類科：航運行政
科目：港埠經營管理概要
考試時間：1 小時 30 分 座號：
※ 注意：
（一）禁止使用電子計算器。
（二）不必抄題，作答時請將試題題號及答案依照順序寫在試卷上，於本試題上作答者，不予計分。
（三）本科目除專門名詞或數理公式外，應使用本國文字作答。

一、解釋下列名詞：（每小題 5 分，共 25 分）
　　（一）商港
　　（二）商港設施
　　（三）船席
　　（四）集散港（feeder port）
　　（五）自由貿易港區
二、一座標準的現代化港埠貨櫃場（貨櫃基地），應具備那些設施？（25 分）
三、港埠之能否發展應具備那些自然要素、管理要素與經濟要素，請敘述之？（25 分）
四、為因應船舶大型化的影響，港埠應採何種措施？（25 分）

附錄6.2.7 103年公務人員普通考試試題

類科：航運行政

科目：港埠經營管理概要

考試時間：1 小時 30 分 座號：

※ 注意：

（一）禁止使用電子計算器。

（二）不必抄題，作答時請將試題題號及答案依照順序寫在試卷上，於本試題上作答者，不予計分。

（三）本科目除專門名詞或數理公式外，應使用本國文字作答。

一、試論述港埠之功能。（10 分）

二、試論述港灣管理包括那些業務。（15 分）

三、港口水域設施應該包括那些項目？（10 分）又規劃港口水域設施時應考量之因素爲何？（15 分）

四、碼頭設計形式可分爲那兩大類及其適用環境。（15 分）

五、試論述港區污染來源？（10 分）又對於上述污染來源之可能防治方式爲何？（10 分）

六、試詳加論述港務長之主要職能爲何？（10 分）如遭遇緊急情況或重大災難時，港務長是否可以獨立管轄指揮救難而不須受港口商業經營團隊領導管轄？（5 分）

家圖書館出版品預行編目資料

圖解港埠經營管理／張雅富作. ――初
　版.――臺北市：五南圖書出版股份有限公
　司, 2022.01
　面；　公分
　ISBN 978-626-317-449-8（平裝）

1.港埠管理

557.52　　　　　　　　110020639

5I59

圖解港埠經營管理

作　　　者 ― 張雅富

發 行 人 ― 楊榮川

總 經 理 ― 楊士清

總 編 輯 ― 楊秀麗

副總編輯 ― 王正華

責任編輯 ― 張維文

封面設計 ― 王麗娟

出 版 者 ― 五南圖書出版股份有限公司

地　　　址：106台北市大安區和平東路二段339號4樓

電　　　話：(02)2705-5066　　傳　　真：(02)2706-6100

網　　　址：https://www.wunan.com.tw

電子郵件：wunan@wunan.com.tw

劃撥帳號：01068953

戶　　　名：五南圖書出版股份有限公司

法律顧問　林勝安律師事務所　林勝安律師

出版日期　2022年1月初版一刷

定　　　價　新臺幣400元

經典永恆・名著常在

五十週年的獻禮——經典名著文庫

五南，五十年了，半個世紀，人生旅程的一大半，走過來了。

思索著，邁向百年的未來歷程，能為知識界、文化學術界作些什麼？

在速食文化的生態下，有什麼值得讓人雋永品味的？

歷代經典・當今名著，經過時間的洗禮，千錘百鍊，流傳至今，光芒耀人；

不僅使我們能領悟前人的智慧，同時也增深加廣我們思考的深度與視野。

我們決心投入巨資，有計畫的系統梳選，成立「經典名著文庫」，

希望收入古今中外思想性的、充滿睿智與獨見的經典、名著。

這是一項理想性的、永續性的巨大出版工程。

不在意讀者的眾寡，只考慮它的學術價值，力求完整展現先哲思想的軌跡；

為知識界開啟一片智慧之窗，營造一座百花綻放的世界文明公園，

任君遨遊、取菁吸蜜、嘉惠學子！